Passion Musik

Constantin Floros

Passion Musik

Eine wissenschaftliche Autobiografie

SCHOTT

Bibliografische Information der Deutschen Nationalbibliothek
Die Deutsche Nationalbibliothek verzeichnet diese Publikation in der Deutschen Nationalbibliografie; detaillierte bibliografische Daten sind im Internet über http://dnb.d-nb.de abrufbar.

978-3-95983-547-3 (Paperback)
978-3-95983-548-0 (Hardcover)

© 2017 Schott Music GmbH & Co. KG, Mainz
www.schott-buch.com

Umschlagmotiv: Wassily Kandinsky: *Composition VIII*, 1923.

Printed in Germany

Inhalt

Etablierte und Außenseiter – Vorwort

Nicht nur in fast allen Bereichen der Gesellschaft, sondern auch in der Welt der Wissenschaft spricht man von Etablierten und Außenseitern – eine aktuelle Problematik, für die sich viele interessieren. Aufschlussreich in dieser Hinsicht ist zunächst die Einschätzung des Soziologen Norbert Elias, der als österreichischer Jude nach Großbritannien emigrierte und an der Universität Leicester Soziologie lehrte. Er wohnte in einem Vorort der wachsenden Industriestadt und beschrieb in einer empirischen Untersuchung, die er zusammen mit seinem Schüler John L. Scotson durchführte, anschaulich die Konfliktsituation zwischen den alteingesessenen Bewohnern des Ortes und den Zugezogenen.[1] Bezeichnenderweise distanzierten sich die Etablierten von den neuen Mitbewohnern, ließen sich auf keine privaten Kontakte mit ihnen ein und stigmatisierten sie massiv. Da die neuen Bewohner von den Alteingesessenen als etwas Fremdes und Bedrohliches wahrgenommen wurden, wurden sie nicht selten in eine Gegnerschaft getrieben, »ohne recht zu wissen, was da geschah und gewiss ohne eigenes Verschulden.« Nicht ohne Berechtigung übertrugen die beiden Autoren dieser Fallstudie die in einer englischen Stadt beobachtete Dynamik auf die gesellschaftlichen Verhältnisse allgemein.

Von einer anderen Perspektive aus betrachtete der Literaturwissenschaftler Hans Mayer das Thema in seinem grundlegenden Buch mit dem schlichten Titel »*Außenseiter*«.[2] Dabei ging er von der Beobachtung aus, wonach die bürgerliche Ordnung gescheitert sei und traf eine fundamentale Unterscheidung zwischen den »intentionellen« und den »existentiellen« Außenseitern, zu denen er vor allem die Frauen, die Homosexuellen und die Juden zählte. In einem weiteren Aufsatz wagte er später die These, »dass es in unserer Geschichte kaum eine Menschengruppe gegeben hat, die nicht unter besonderen gesellschaftlichen Konstellationen ins Außenseitertum gedrängt und entsprechend behandelt wurde, was häufig der Vernichtung gleichkam.«[3]

Interessante Bemerkungen zu dieser Problematik stammen auch
von dem österreichischen Wissenschaftstheoretiker Franz
M. Wuketits.[4] Seiner Hauptthese zufolge vollzieht sich die Entwicklung der Wissenschaft »nicht als linearer, geradliniger Prozess«,
sondern als ›Zickzackweg‹, der manche Verirrungen zulässt. Dabei
kommt die Dynamik wissenschaftlicher Erkenntnis nicht zuletzt
durch die Vielfalt ihrer Akteure zustande, unterschiedliche Tempe-
ramente, die auf ihre jeweils eigene Art und Weise Wissen schaffen
– eine Einsicht, die von Albert Einstein stammt. Nach Wuketits
sind Außenseiter als Pioniere, Wegweiser und Reformer unerlässlich. Viele von ihnen waren im Grunde Dilettanten, andere waren
in wissenschaftlichen Institutionen gut etabliert, »doch wurden sie
von ihrer Zunft ins Abseits gestellt«. Nicht wenige sind bei ihren
Zeitgenossen auf Argwohn und Ablehnung gestoßen, ignoriert
oder bekämpft worden und haben erst nach ihrem Tod die ihnen
gebührende Anerkennung gefunden.

Das Buch porträtiert 35 Naturwissenschaftler aus den letzten
200 bis 300 Jahren, die als Außenseiter gewirkt, letztlich aber der
Wissenschaft unverzichtbare Dienste erwiesen haben. Man staunt
nicht wenig, wenn man erfährt, dass zu ihnen Johannes Kepler,
Alexander von Humboldt oder Charles Darwin gerechnet werden.

Als Musikwissenschaftler habe ich die Ehre, zu den Außenseitern zu gehören. Der verdiente britische Publizist Norman Lebrecht schrieb in einem Artikel über die Mahler-Forschung Kurt
Blaukopfs und meine eigene: »Best among them were Kurt Blaukopf and the Greek-born Constantin Floros, whose outsider perspective was frequently insightful; both, notably, were better recei-
ved in English translation than in the German.«[5] Die entscheidende Frage für mich lautet: Welche ist die offizielle Lehre der etablierten Kollegen, und warum bin ich ein Außenseiter?

Mein Buch versucht eine Antwort auf diese Frage. Es porträtiert
mehrere prominente Komponisten, Dirigenten und Wissenschaftler und versucht, das Wesen des Phänomens Musik von verschiedenen Aspekten her zu beleuchten. Im Mittelpunkt stehen kultur-

geschichtliche, biografische, psychologische, philosophische, kritische, ästhetische und axiologische Fragen.

Meine Eltern

Glücklich bin ich darüber, aus einer musikalischen Familie zu stammen. Mein Vater war Dirigent, meine Mutter Pianistin. Beide waren in Kleinasien zu Hause. Mein Vater lebte in Konstantinopel, heute Istanbul, meine Mutter in Smyrna, heute Izmir. Konstantinopel war bis 1453 Hauptstadt des oströmischen Reiches, Smyrna eine prosperierende Handelsstadt am Mittelmeer. Nach dem gescheiterten Versuch des griechischen Premierministers Elephterios Venizelos, die ehemals griechischen Städte seinem Staat einzuverleiben und dem verlorenen Griechisch-Türkischen Krieg konfiszierten die Türken das Vermögen der griechischen Staatsangehörigen und zwangen diese, nach Griechenland auszuwandern, entsprechend den Bedingungen des Vertrages von Lausanne 1923. Ohne sich zu kennen und zu ahnen, dass sie sich später begegnen würden, zogen mein Vater und meine Mutter mit ihren Familien nach Saloniki.

Mein Vater Epameinondas (1886-1966) hatte in Istanbul das renommierte amerikanische Gymnasium Robert College absolviert. Er war leidenschaftlicher Geigenspieler. Deshalb schickten ihn seine Eltern nach Berlin, wo er das Glück hatte, von namhaften Professoren unterrichtet zu werden: Engelbert Humperdinck in Komposition und Arno Kleffel im Dirigieren. Nach erfolgreich beendetem Studium (sechsjähriger Aufenthalt in Berlin) kehrte er mit Diplomabschluss nach Istanbul zurück.

Im Jahr 1920 gründete er dort ein Philharmonisches Orchester, das er bis 1922 dirigierte. Außerdem trat er wiederholt als Solist und Primarius eines namhaften Streichquartetts auf.

Nach seiner Übersiedlung nach Saloniki im Jahr 1924 entwickelte er eine äußerst rege künstlerische und pädagogische Tätigkeit. 1927 gründete er das »Makedonische Konservatorium«, das noch heute existiert und in dem namhafte Musiker ausgebildet wurden. Zehn Jahre später wurde er ins neu gegründete Staatliche Konservatorium als Professor für Dirigieren berufen. In der Folge dirigierte er in Saloniki und in anderen griechischen Städten symphonische Werke vornehmlich des deutschen Repertoires. Darüber hinaus führte er Chorwerke wie Mozarts »Requiem«, den »Messias« von Händel, »Antigone« und »Athalia« von Mendelssohn zum ersten Mal in Griechenland auf. Da staatliche Förderung nicht selbstverständlich war, bezahlte er Fehlbeträge für die Konzerte, die er organisierte, nicht selten aus eigener Tasche.

Er war ein universal gebildeter Musiker, der gerne Einführungen in musikalische Kunstwerke wie Beethovens Symphonien schrieb und Vorträge hielt, geehrt von Schülern und gefürchtet von Widersachern wegen der hohen künstlerischen Ansprüche, die er stellte. Er hinterließ zahlreiche Bearbeitungen griechischer Volkslieder für Chor, die noch heute gesungen werden.

Meine Mutter Antigone, geborene Sarandidou (1907-1996), studierte am makedonischen Konservatorium Klavier und lernte dort meinen Vater kennen und lieben. Sie heirateten im Jahr 1929. Nach ihrem Examen gab meine Mutter viele Jahre lang Klavierunterricht. Eine sehr enge Bindung zu ihr hat mich mein Leben lang begleitet, und noch heute, viele Jahre nach ihrem Tod, denke ich oft an sie. Immer wieder kommen mir ihre überaus reiche emotionale Innenwelt, ihr scharfsinniger Verstand und ihr ausgeprägtes Gerechtigkeitsgefühl in den Sinn.

Ich bin am 4. Januar 1930 in Saloniki geboren.

Saloniki, meine Heimatstadt

In gewisser Weise bin ich in zwei Kulturen aufgewachsen: der griechischen und der deutschen. Meine Eltern sprachen zu Hause griechisch. Mein Vater sprach fließend Deutsch und so wurde ich recht früh mit der Sprache vertraut, zumal als ich die deutsche Schule besuchte, die nach dem Ende des Krieges ihre Pforten schloss. Das Abitur machte ich danach 1947 auf dem griechischen humanistischen Gymnasium mit dem Großen Graecum und dem Großen Latinum.

Als Kind erlebte ich traumatisiert die Schrecken des Krieges. Italien hatte 1940 Griechenland den Krieg erklärt, und italienische Flugzeuge bombardierten wahllos meine Heimatstadt. Die Keller, in die wir meist nachts flüchteten, waren keineswegs gut geschützt. Noch heute habe ich das Einschlagen von Bomben im Ohr. Während der anschließenden deutschen Besatzung haben wir teilweise buchstäblich gehungert. Immer wieder lagen auf den Straßen mit Laken bedeckte Leichen. Der Anblick war mir unheimlich.

Hinzu kam die tägliche Verwunderung darüber, dass jüdische Bürger, sephardische Juden, die aus Spanien stammten und meist wohlhabend waren, verschwanden. Niemand fragte, wo sie geblieben waren. Aber alle wussten, warum sie weg waren.

Während der deutschen Besatzung gab es in Griechenland wie in anderen europäischen Ländern engagierten Widerstand, vor allem in der Provinz.[1] Nach dem Ende des Krieges verschlimmerte sich die politische Situation zusehends. Kommunisten und Rechtsextreme bekämpften sich bis aufs Messer. Durch hohen Einsatz der Engländer konnte der kommunistische Einfluss eingedämmt werden.

Seit meiner frühen Jugend galt meine passionierte Liebe der Musik und der Wissenschaft. Zum Glück war die Bibliothek meines Vaters reich an deutschen Büchern, und zwar sowohl an musikwissenschaftlichen Lehrbüchern als auch an philosophischen Schriften. Als 15jähriger las ich *Die Welt als Wille und Vorstellung* von

Arthur Schopenhauer und *Also sprach Zarathustra* von Friedrich
Nietzsche. Nietzsche faszinierte mich nicht etwa wegen seiner
Lehre vom Übermenschen, sondern wegen seines erstaunlichen
Mutes. An altgriechischer Literatur las ich Homer und die Tragiker
Aischylos, Sophokles und Euripides. Ich bewunderte die altgriechi-
sche Mythologie wegen ihres Tiefsinns und ihrer ewigen Aktualität.
Ich schätzte auch den neugriechischen Schriftsteller Nikos Ka-
zanzakis mit seinem Werk über die Asketik und den großen Lyriker
Konstantinos Kawafis sehr. Kawafis regte mich später zu einer
Liedkomposition an. Aus dem Drang, Neues zu entdecken – ein
urwissenschaftliches Bedürfnis – las ich alles über das Ehepaar
Curie.

Unter der strengen Anleitung meines Vaters begann ich meine
musikalischen Studien. Zu Hause hatten wir keinen Schallplatten-
spieler, weil man Vater davon überzeugt war, ein guter Musiker
müsse aus der Partitur den Klang der Musik im inneren Ohr wahr-
nehmen können. So durchlief meine musikalische Ausbildung alle
denkbaren Stadien. Ich habe Klavier und Geige, auch Bratsche
gespielt, Harmonielehre gründlich geübt und später Musiktheorie,
von Kontrapunkt an, Dirigieren und Komposition gelernt. Die
Ausbildung begann mit Generalbassübungen und Partiturspiel, ich
spielte Choräle von Johann Sebastian Bach, Streichquartette von
Haydn und Mozart und Symphonien des gängigen Repertoires. In
der Kantorei meines Vaters sang ich bis zur Pubertät regelmäßig.

Meine besonderen Vorlieben galten den Klaviersonaten
Beethovens und der Klaviermusik von Johannes Brahms. Später
kamen die romantischen Opern und die Musikdramen Richard
Wagners hinzu. Seit meinem 17. Lebensjahr lag der Klavierauszug
von *Tristan und Isolde* täglich auf meinem Klavierpult, so dass ich
dieses Werk bald auswendig konnte. Als Neunzehn- bzw. Zwan-
zigjähriger legte ich am Staatlichen Konservatorium in Saloniki die
Prüfungen als Chorleiter und Operndirigent ab. Examensstücke
waren Glucks *Orfeo* und Carl Maria von Webers *Freischütz*. Nach
dem 1947 abgelegten Abitur studierte ich auf Wunsch meiner

Eltern vier Jahre lang Jura an der Universität von Saloniki. Das Bürgerliche Gesetzbuch lernte ich dabei so gut wie auswendig. Besonders angetan war ich von den Vorlesungen von Professor Periklis Vizoukidis über das römische Recht. Dieser Themenbereich blieb mir lebhaft in Erinnerung, nicht zuletzt weil er mir half, meine Lateinkenntnisse zu verbessern. Meine persönliche Begeisterung galt jedoch nicht der Juristerei, sondern der Musik, der Kunst und der Musikwissenschaft. Dieses Fach, wie auch das der Kunstgeschichte, war allerdings damals an griechischen Universitäten noch nicht vertreten, und meine Chancen, ein Stipendium für ein Studium im Ausland zu bekommen, waren gleich Null.

Während meiner letzten Studienjahre in Saloniki verkehrte ich viel mit meinen Freunden Jannis Mandakas, Andreas Kasasis und Christos Chatzopoulos. Mandakas, ein Schüler meines Vaters, war ein begabter Musiker und Chorleiter, der leider früh starb. Kasasis und Chatzopoulos wurden erfolgreiche Rechtsanwälte, Kasasis einmal Minister in der Regierung Papandreou, gab aber dieses Amt bald auf.

Eine Freundin hatte ich in Saloniki nicht. Es galt als ungeschriebenes Gesetz, dass ein Mädchen aus bürgerlichem Haus um seinen Ruf zu wahren keinen Freund haben durfte, es sei denn, um ihn später zu heiraten. Wir beneideten deshalb einen unserer Kommilitonen, der mit einer jungen und attraktiven Arbeiterin befreundet war.

Musikmetropole Wien

Nach mehreren vergeblichen Versuchen gelang es 1951 meinen Eltern, nach dem Abschluss meines ersten Staatsexamens an der juristischen Fakultät für mich ein zweijähriges Stipendium für ein Studium im Ausland zu bekommen. Eine Verlängerung war von Anfang an ausgeschlossen. Wir dachten sofort an ein Studium in Wien. Aber es wurde auch gleich klar: Sollte ich ein Studium an der Philosophischen Fakultät der Wiener Universität anstreben, müsste ich mit diesem eher kargen Stipendium vier Jahre lang auskommen. Als Student lebte ich in Wien deshalb keineswegs in Saus und Braus, sondern eher asketisch. Ohne in Ernährungsfragen erfahren zu sein, magerte ich bald so sehr ab, dass ein erfahrener Arzt mir dringend riet, alles zu tun, um schnellstens wieder zuzunehmen.

Österreich stand damals unter dem Protektorat der Alliierten, die in ihren berühmten Jeeps durch Wien fuhren. Es war die Zeit, die man aus dem Film Der dritte Mann kennt. Der Schwarzmarkt blühte. Ich wohnte zunächst am Naschmarkt, also relativ zentral, musste mir aber bald ein billigeres Zimmer mit Flügel in der Pratergegend suchen. Mein damaliges Quartier lag in der sowjetisch besetzten Zone, die als recht gefährlich galt. Erfreulicherweise machte ich dort keine unangenehmen Erfahrungen. Später wohnte ich längere Zeit im idyllischen Pötzleinsdorf.

An der Wiener Universität studierte ich Musikwissenschaft bei Erich Schenk, Kunstgeschichte bei Carl Swoboda, Philosophie bei Leo Gabriel und Psychologie bei Hubert Rohracher. Erich Schenk war damals mit der Niederschrift seiner Standardbiographie über Wolfgang Amadeus Mozart beschäftigt. Dies hatte für mich den Vorteil, dass ich den Lebenslauf des großen Salzburger Komponisten und dazu grundsätzliche Fragen der Mozart-Forschung gewissenmaßen von der Pike auf lernen konnte. Sämtliche Nummern des Köchel-Verzeichnisses waren mir präsent. Profitiert habe ich auch von den Vorlesungen Adolf Nowaks, des später führenden Bruckner-Spezialisten, über die Gregorianik.

Alfred Uhl

Carl Swoboda hielt in einem mehrsemestrigen Zyklus Vorlesungen über die Kunst von den alten Ägyptern bis zur Moderne, genauer bis zum Impressionismus. Diese Vorlesungen sagten mir sehr zu, und ich eignete mir ein recht gründliches Wissen über mein Nebenfach Kunstgeschichte an. Beim Rigorosum war ich so gut vorbereitet, dass mich Swoboda fragte, ob ich nicht auch in Kunstgeschichte promovieren wolle.

Wesentliche Anregungen bekam ich darüber hinaus von Leo Gabriel, der eine ausgezeichnete Einführung in die Philosophie des Existentialismus gab. Jean Paul Sartre war damals en vogue. Gabriels hochinteressantes Buch *Von Buddha zur Existenz* las ich sehr aufmerksam. Ähnliches kann ich von der Psychologie von Hubert

Rohracher nicht behaupten. Die positivistische Richtung, die er vertrat, behagte mir nicht. Ich bewunderte damals wie heute Sigmund Freud, Carl Gustav Jung, den Philosophen des Lebens Viktor Adler und später Erich Fromm.

An der Wiener Musikakademie, so hieß später die Wiener Musikuniversität, belegte ich die Studienfächer Komposition und Dirigieren. Da ich schon aus Griechenland Diplome für Chor- und Opernleitung besaß, empfahl man mir in Wien, ein zweijähriges Meisterstudium aufzubauen.

Mein erster Lehrer in der Kompositionslehre war Felix Petyrek. Meines Erachtens war er sanft und außerordentlich sympathisch. Als ich ihm eine Liedkomposition über Konstantinos Kawafis vorspielte, schien er ziemlich beeindruckt und sagte mir, offenbar ernst: »Sie werden der erste griechische Opernkomponist!« Er kannte die griechischen Musikverhältnisse sehr gut, denn er hatte mehrere Jahre in Athen unterrichtet.

Bald nach meinen ersten Unterrichtsstunden erkrankte er leider schwer. Ich übersiedelte deshalb in die Klasse von Alfred Uhl, eines ehemaligen Schülers von Franz Schmidt. Auch Uhl empfand ich als sehr sympathisch, stets freundlich und liebenswürdig mit einem leichten Anflug von Ironie. Meist am Klavier sitzend, analysierte er für uns Klaviersonaten von Beethoven. Anschließend besprach er eingehend die Kompositionsversuche seiner Schüler. Offenbar hatte er ein Faible für schwungvolle, spritzige Stücke. Zwölftonkompositionen mochte er nicht. Überhaupt wussten wir damals von Arnold Schönberg relativ wenig. Als ich Uhl einmal ein Stück in freier Atonalität vorlegte, lobte er es zwar, doch ich merkte, dass ihm meine Hinwendung zu dieser Richtung nicht behagte. Mein damaliges Vorbild in der Komposition war Olivier Messiaen.

Unter den Professoren der Wiener Musikakademie war Hans Swarowsky der Star. Er war ein Schüler Schönbergs und schätzte Mahler, Richard Strauss und den Dirigenten Clemens Krauss sehr. Klavier spielte er brillant, wie ein versierter Korrepetitor, und er versteckte seine universale Bildung nicht. Kenntnisreich konnte er über viele verschiedene Themen sprechen, sowohl über Musik als auch über Kunst allgemein.

Er besprach mit uns Symphonien der Wiener Klassiker Mozart und Beethoven, außerdem Werke von Brahms, Bruckner und Mahler. Dirigieren verstand er als »Dienst am Werk«, dem Stardirigententum begegnete er mit totaler Ablehnung. Ich habe viel von ihm gelernt: zunächst die Kunst des Dirigierens und die Prinzipien der musikalischen Interpretation, sodann eine äußerst präzise Schlagtechnik, die theatralische Gesten jeder Art verschmähte, außerdem die Auseinandersetzung mit Tempofragen, die genaue Beachtung der Phrasierung und Artikulation, der Dynamik und der sogenannten Vortragsbezeichnungen, die in vielen Fällen den musikalischen Ausdruck beschreiben. Überdies förderte er meinen Sinn für die Analyse der großen Kunstwerke der Romantik und der Klassik.

Besonderen Wert legte er darauf, uns die Temporelationen in der Symphonik beizubringen, und war fest davon überzeugt, dass bei Mozart und wohl auch bei Bruckner zwischen langsamer Einleitung zu Beginn einer Symphonie und lebhaftem Sonatensatz die Temporelation 1:2 bestünde. Er verabscheute zu langsame Tempi und gravierende Tempomodifikationen. Den Puls der klassischen Musik hielt er für relativ schnell. Selbst die Marcia funebre der Eroica nahm er zügig. Er verehrte Johann Nestroy und Karl Kraus sehr.

Neben der Klasse von Swarowsky besuchte ich regelmäßig auch die Klasse von Gottfried Kassowitz, eines liebenswürdigen Menschen und Schülers von Arnold Schönberg und Alban Berg.[1] Mit ihm nahmen wir die durchschnittlichen Werke des Opernrepertoires durch, so Mozarts Figaro, Don Giovanni und Die Zauberflöte, Verdis Rigoletto, Othello und Aida, Puccinis Bohèhme und Madame Butterfly und Richard Strauss' Salome, Elektra und den Rosenkavalier. Andere Werke des Repertoires wie Verdis Falstaff, Puccinis Tosca und Turandot und Alban Bergs epochales Werk Wozzeck standen nicht auf dem Lehrplan. Als Lehrer wurde Kassowitz nicht müde, auf den »kantablen Vortrag« hinzuweisen. Gesanglichkeit war ihm die höchste musikalische Kategorie.

Trotz der wirtschaftlichen und politischen Krise der Zeit war Wien damals eine Musikmetropole par excellence. Das Gebäude der legendären Wiener Oper war im Krieg vernichtet worden, die Aufführungen fanden deshalb im Theater an der Wien statt. Sie waren von einem besonderen Nimbus umgeben. Ich hörte dort mehrmals Elisabeth Schwarzkopf, Irmgard Seefried, Sena Jurinac, Anton Dermota und Julius Patzak singen. Ein Opernbesuch war damals auch für die nicht wohlhabenden Wiener, die die Galerie bevölkerten, ein großes Ereignis. Selbst Friseure konnten kompetent über prominente Sänger urteilen. Wir, die Musikstudenten, belegten die sehr preiswerten Stehplätze fast jeden Abend und lernten auf diese Weise mit Blick auf die Klavierauszüge, die wir mitbrachten, die wichtigsten Werke des Opernrepertoires kennen. Ich erinnere mich an lebhafte Diskussionen über instrumentationstechnische Fragen.

Insgesamt betrachtet, zeichnete sich das Wiener Musikleben durch Vielseitigkeit und Abwechslungsreichtum aus. Sowohl der luxuriöse Musikvereinssaal als auch das Konzerthaus waren für uns Tempel der Kunst. Viele namhafte Dirigenten und Komponisten kamen nach Wien. Legendär war die Aufführung des Lieds von der Erde durch die Mahler-Apostel Bruno Walter und Kathleen Ferrier. Es erklangen mehrere Symphonien von Karl Amadeus Hartmann und Johann Nepomuk David unter der Leitung der Komponisten, ferner Chorwerke von Frank Martin und Franz Schmidt. Interessanterweise war Mahler Anfang der Fünfzigerjahre noch ein Geheimtipp. Wie prägend die Wiener Studienjahre für mich verliefen, wird noch deutlich werden.

Mein Mentor Heinrich Husmann

Vor sechzig Jahren war es für einen jungen Musikwissenschaftler, der eine Habilitation anstrebte, üblich, sich in ein völlig anderes Gebiet jenseits seiner Dissertation zu vertiefen. Während meiner Studienjahre in Wien 1951 – 1955 beschäftigte ich mich vorwiegend mit Fragen der Mozart-Forschung, speziell mit den Ursprüngen seiner Musik. Im Sommer 1955 wurde ich mit der Dissertation Carlo Antonio Campioni als Instrumentalkomponist promoviert.

Über ein Stipendium der großzügigen Alexander von Humboldt-Stiftung kam ich im September 1957 nach Hamburg, um mich auf die Musik des Mittelalters zu spezialisieren. Heinrich Husmann (1908-1983) war ein renommierter Mediävist und universal gebildeter Gelehrter, der weit über die engen Grenzen seines Fachs hinauszugehen trachtete. Er war Historiker und Systematiker in Personalunion, gleichzeitig Philologe und Musikethnologe. Historische Musikwissenschaft ohne systematische Grundierung zu betreiben, schien ihm unsinnig, ebenso wie Systematische Musikwissenschaft ohne historische Kenntnisse.[1] Er genoss als Mittelalterforscher internationales Ansehen und hatte eine Vorliebe für Mathematik, ein Fach, das er studiert hatte, und Physik. Zum Beispiel interessierte er sich lebhaft auch für akustische Fragen, für Tonsysteme und für Algorithmen.

Ihm verdanke ich prägende Einsichten und Maximen, die mir lebenslang in Erinnerung geblieben sind: so die Auffassung, ein Wissenschaftler habe seinen Horizont ständig zu erweitern, sowie die feste Überzeugung, er dürfe niemals etwas behaupten, was er nicht beweisen könne.

Husmann hatte keine Scheu vor harter Arbeit, Zeitknappheit und Schwierigkeiten, und er stellte an sich und seine Mitarbeiter die höchsten Ansprüche. Dafür zwei Beispiele: Da er viele Jahre lang über den gregorianischen Choral und die byzantinische Kirchenmusik geforscht hatte, beherrschte er natürlich Latein und Griechisch fließend. Nichtsdestotrotz schreckte er in seinen letzten

Lebensjahren nicht davor zurück, Syrisch zu lernen, um über die christliche Musik der Syrer forschen zu können. Sein damaliger Assistent für Historische Musikwissenschaft Dr. Heinz Becker, später Ordinarius in Bochum, hatte zwar das Große Latinum, aber nicht das Graecum, was seinerzeit eine der Voraussetzungen für die Habilitation in der Philosophischen Fakultät war. Becker musste also, auch weil Husmann es für selbstverständlich hielt, Altgriechisch lernen und bereute es nicht. Er nutzte insofern die Situation, als er den altgriechischen Aulos zum Thema seiner Habilitationsschrift machte.

Im Jahr 1958 brachte Husmann seine seinerzeit umstrittene Einführung in die Musikwissenschaft heraus, in der er die Auffassung vertrat, dass es sich bei diesem Fach um eine dreiteilige Disziplin handele:

»Ehe man die Geschichte der Musik untersucht, hat man die stilistischen Hilfsmittel, die man dazu benutzt, klarzustellen. Wenn man die historische Entwicklung der Musik verfolgt, muss man zunächst wissen, was Musik überhaupt ist und welches ihre einzelnen Wesenszüge sind. Aber umgekehrt kann man diese systematische Musikwissenschaft nicht entwickeln, wenn man nicht die ganze Geschichte der Musik in allen Einzelheiten genau kennt und überschaut. Denn es ist genauso deutlich, dass die Geschichte eben die Tatsachen liefert, die systematisch erklärt werden sollen.

Und ebenso notwendig ist es, den Gesichtskreis auch über die ganze Erde auszudehnen und nicht die europäische Musikentwicklung als die einzig interessante und wichtige anzusehen. Historische, systematische und vergleichende Musikwissenschaft bilden eben ein Ganzes, in dem sie sich wechselseitig bestimmen und voraussetzen.

Man begreift, dass es noch nicht unternommen worden ist, diese universale Aufgabe der Synthese der drei Zweige der Musikwissenschaft zu bewältigen. Das vorliegende Buch macht diesen Versuch.«[2]

Heinrich Husmann

Husmanns breiter wissenschaftlicher Horizont wurde für mich vorbildlich. Um meine Kenntnisse zu erweitern, besuchte ich regelmäßig seine Vorlesungen und Seminare über Systematische Musikwissenschaft und Musikethnologie. Mein allererstes Referat in einem seiner Seminare galt den »Masseeigenschaften des Tones«. Außerdem vertiefte ich mich damals in das Studium der außereuropäischen Tonsysteme. Slendro und Pelog wurden mir geläufig. Mehrere Jahrzehnte später arbeitete ich über die Musik von György Ligeti und profitierte von diesem Wissen. Eine Zeitlang besuchte ich übrigens auch die Veranstaltungen des bekannten Ägyptologen Hans Hickmann. Von ihm lernte ich viel über die ältesten Formen der Cheironomie. Außerdem transkribierte ich eine Aufnahme mit nubischer Musik.

Unter den Auspizien von Husmann verfasste ich eine Habilitationsschrift über »Das mittelbyzantinische Kontakienrepertoire«.[3] Kontakion stellt eine der wichtigsten Gattungen byzantinischer Hymnographie und Musik dar. Die prominentesten Gedichte dieser Gattung stammen von Romanos, einem der bedeutendsten Dichter des ersten Jahrtausends. Seine Texte wurden im Mittelalter sowohl in syllabischer als auch in melismatischer Fassung gesungen. Jahrelang studierte ich die melismatischen Gesänge und erstellte eine kritische Edition – ein Unterfangen, das in der Byzantinistik damals nicht üblich war. Zwanzig Handschriften legte ich meinen Untersuchungen zugrunde. Dabei konnte ich feststellen, dass die melismatischen Gesänge jeweils in zwei Versionen existieren. Ich registrierte sorgfältig die Varianten zwischen ihnen und analysierte die Struktur der Melodien und die Besonderheiten des modalen Systems. Im Frühjahr 1961 reichte ich die dreibändige, fast tausend Seiten umfassende Arbeit bei der Philosophischen Fakultät der Universität Hamburg ein und wurde habilitiert. Die Deutsche Forschungsgemeinschaft versprach, die Druckkosten zu übernehmen. Bedauerlicherweise blieb die Arbeit ungedruckt, weil die erforderlichen Anträge seitens des musikwissenschaftlichen Instituts nicht gestellt wurden.

Von 1959 bis 1961 war ich wissenschaftlicher Mitarbeiter von Heinrich Husmann und erhielt Stipendien von der Deutschen Forschungsgemeinschaft. Als Husmann Hamburg verließ, um den ehrenvollen Ruf nach Göttingen anzunehmen, war ich plötzlich auf mich gestellt. Nach meiner Habilitation durfte ich zwar in Hamburg Vorlesungen und Seminare anbieten, erhielt aber zunächst keine Diäten, von gelegentlichen Beihilfen abgesehen. Um meine Familie zu versorgen, musste ich längere Zeit nachts Generalbassstücke aussetzen, um überleben zu können. Die Situation wurde bald schwierig, und ich begann, über eine Auswanderung nach USA nachzudenken. Auf dem Salzburger Kongress von 1964 traf ich Professor Heinz Dräger, den Ordinarius für Systematische Musikwissenschaft in Austin an der University of Texas. Ich klagte ihm mein Leid und fand zum Glück Gehör. Einige Zeit später bekam ich die erfreuliche Nachricht, dass ich als Musikhistoriker an diese Universität berufen werden könnte, wenn ich es wollte. Als ich dies Husmann telefonisch mitteilte, war er entsetzt. »Kommen Sie mit dem nächsten Zug nach Göttingen«, sagte er zu mir. Nachdem ich ihm von den Schwierigkeiten in Hamburg erzählt hatte, fuhr er eigens von Göttingen aus zum Universitätsrektorat nach Hamburg, um sich dafür einzusetzen, dass ich ab 1964 eine Diätendozentur bekam.

Dass ich heute in Hamburg lebe und arbeite, verdanke ich keinem anderen als Heinrich Husmann.

Der Weg zur Interdisziplinarität

Im Jahr 1948 publizierte der renommierte Romanist Ernst Robert Curtius sein Buch *Europäische Literatur und Lateinisches Mittelalter*, das mehrmals aufgelegt wurde.[1] Großes Aufsehen erregte seine These, wonach der Fortschritt der geschichtlichen Wissenschaften sich überall da vollziehen werde, »wo Spezialisierung und Ganzheitsbetrachtung sich kombinieren und durchdringen«. Das war ein Plädoyer für die interdisziplinäre Öffnung der geschichtlichen Wissenschaften. Meine persönlichen Erfahrungen als Musikwissenschaftler bestätigten diese Auffassung in vollem Umfang. Ohne transdisziplinäre Forschung kann man Musikwissenschaft heute nicht mehr betreiben. Dazu ist es freilich erforderlich, konkrete Fragen an die einzelnen Disziplinen zu stellen und die einschlägigen Antworten auf einen gemeinsamen Nenner zu bringen. Dazu ein Beispiel:

Die Erforschung des Gregorianischen Chorals gehört zweifellos zu den bedeutendsten Errungenschaften der Musikwissenschaft. Als eine überragende Leistung werten wir heute die Arbeit der Benediktiner von Solesmes, die seit dem ausgehenden 19. Jahrhundert die ältesten Choralhandschriften untersuchten, ihre Notationsweisen minuziös analysierten und auf diese Weise die vielgerühmte Editio Vaticana vorlegen konnten. In ihre Arbeit bezogen sie selbstverständlich auch Forschungsergebnisse der Liturgie- und Kirchengeschichte, des Bibelstudiums, der Paläographie und der mittellateinischen Musiktheorie mit ein. Dass sie die überaus relevante Frage nach der Vorgeschichte des Gregorianischen Chorals nicht eindeutig klären konnten, hängt auch damit zusammen, dass die Forschungsergebnisse einer Schwesterdisziplin – des umfangreichen Bereichs der byzantinischen Kirchenmusik – praktisch nicht von ihnen herangezogen wurden. Mehrere Jahrzehnte lang verliefen die Gregorianik und die musikalische Byzantinistik parallel und jede für sich ohne jegliche Kommunikation.

Als ich 1957 mit meinen mediävistischen Forschungen begann, wurde ich mit drei unabhängigen Disziplinen konfrontiert: der Gregorianik-Forschung, dem Bereich der byzantinischen Kirchenmusik, und dem Gebiet der altslawischen Kirchenmusik. Für alle drei Bereiche gab es Spezialisten, die sich nur für ihr Fach interessierten und von den anderen Gebieten keine oder nur wenig Ahnung hatten. Mein Hauptinteresse galt zunächst der byzantinischen Musik und dem altslawischen Choral, später wandte ich mich der Erforschung des gregorianischen Chorals zu. Nach und nach wurde mir bewusst, dass zwischen den drei Bereichen im Mittelalter vielfältige Beziehungen bestanden hatten. Als erstes erkannte ich, dass man die altslawische Musik ohne die Kenntnis der byzantinischen gar nicht erforschen kann. Dazu musste ich in erster Linie Kirchenslawisch lernen, eine Sprache, die ich damals nicht beherrschte. Die ältesten mittelalterlichen Melodien sind mit Zeichen geschrieben, die adiastematisch sind, das heißt, die nur den Verlauf der Melodien anzeigen, nicht aber den Intervallwert. Deshalb ist es erforderlich, sie mit späteren diastematischen Neumierungen zu vergleichen, die leicht lesbar sind.

In der altslawischen Musik existieren zwei verschiedene Notationssysteme: die sogenannte sematische, d.h. sinngemäße und die Kondakarien-Notation. In der sematischen sind die sogenannten Zeichen, Neumen, in einer Reihe angefügt, in der Kondakarien-Notation hingegen in zwei Reihen. Die obere enthält die sogenannten großen Hypostasen, das sind Zeichen, die ganze melodische Formeln oder Figuren bezeichnen. In den unteren Zeilen sind die kleinen Zeichen angeordnet. Die offensichtlichen Divergenzen, die zwischen den byzantinischen und den altslawischen Aufzeichnungen bestehen, resultieren zunächst aus einem verständlichen Grund: Bei der Übersetzung der griechischen Texte ins Kirchenslawische konnte die Anzahl der griechischen Silben nicht immer getreu beibehalten werden.

Wesentlich komplexer als die sematische ist die Kondakarien-Notation. Mehrere Jahrhunderte lang galt sie als rätselhaft und als mysteriöses Gebiet der altslawischen Musik. Erfreulicherweise gelang mir 1963 mit Hilfe einer kombinierten Methode ihre Entzifferung.[2]

Unbekannte, aber plausible Zusammenhänge existieren auch zwischen dem gregorianischen Choral und der byzantinischen Musik. Dies erscheint einleuchtend, wenn man bedenkt, dass die byzantinische Kunst einen beträchtlichen Einfluss auf den Westen ausgeübt hat. Man denke nur an die Kathedrale in Venedig, an die Mosaiken von San Vitale in Ravenna, an die Kathedrale Santa Maria in Monreale in Sizilien, auch an manche Kirchen in Frankreich. Die byzantinische Ikonenmalerei war im Westen berühmt. Außerdem bestanden bis zum 8. Jahrhundert enge politische und kirchenhistorische Beziehungen zwischen dem Patriarchat und dem byzantinischen oströmischen Reich. Bedeutend ist ferner, dass viele lateinische und byzantinische Neumen dasselbe oder ein ähnliches Aussehen haben. Die Namen mehrerer lateinischer Neumen sind griechisch oder aus dem Griechischen übersetzt. In mittellateinischen Traktaten tauchen des Öfteren griechische Termini auf, und beide Bereiche bedienen sich desselben Tonartensystems, des sogenannten Oktoechos. Alle diese Zusammenhänge anschaulich zu machen, war das Anliegen meines Buches Universale Neumenkunde, das 1970 erschien.[3]

Das dreibändige Buch behandelt die ältesten byzantinischen, slawischen und lateinischen Choralnotationen. Die ältesten Aufzeichnungen datieren vom 9. bis zum 13. Jahrhundert und sind adiastematisch, weshalb sie für unentzifferbar gehalten wurden. Durch das Studium der Neumen und der zahlreichen Neumentabellen, vor allem aber durch den Vergleich mit späteren diastematischen Versionen, schließlich durch namenkundliche, semeiographische und semasiologische (semantische) Untersuchungen gelang es mir, diese rätselhaft anmutenden Notationen zu dechiffrieren.

Es stellt sich die Frage, warum ich mich mit den ältesten Notationen beschäftigte und nicht mit jüngeren. Die Antwort darauf könnte lauten: Weil die Kirchenmusik aller Konfessionen ständig der Weiterentwicklung unterworfen ist. Die einzelnen Melodien entfernen sich im Laufe der Jahrhunderte voneinander. Deshalb kommt der Untersuchung der Anfänge besondere Bedeutung zu.

Als junger Mann ist man weniger tolerant als in späteren Jahren. Am Anfang meiner Studien wunderte ich mich darüber, wie einige Kollegen von Dingen sprachen oder urteilten, von denen sie kaum Ahnung hatten. Heute wissen wir es: Spezialistentum ist zwar unerlässlich, Universalismus ist aber gefragt.

Humane Musik

Was ist Musik und was vermag sie? Worin besteht ihr Wert? Diese Fragen werden des Öfteren gestellt. Doch werden sie auf unterschiedliche Weise beantwortet, offenbar je nach der erkenntnistheoretischen Position, die man bezieht.

Meiner Meinung nach ist Musik kein bloßes Klangspiel, kein bloßer akustischer Reiz und ebenso wenig ein tönendes Kaleidoskop, sondern eine Kunst mit einem bedeutsamen anthropologischen Bezug. Als lebendige Äußerung des Menschen hat sie ein menschliches, ein humanes Substrat. Sie wird von Menschen »gemacht«, ist oft Menschen gewidmet. Und sie ist vor allem für die Menschen bestimmt. Sie hat grundsätzlich eine psychische, eine geistige und eine soziale Tiefendimension.

Von der Kunst meinen übrigens viele, dass sie in das Leben eingebettet sei und in einem soziokulturellen Zusammenhang verschiedene Funktionen erfülle. Meiner Auffassung nach hat Musik immer mit Erfahrungen des Menschen zu tun. Sie bildet nicht die Realität, die platte Wirklichkeit ab, sondern die Wirklichkeit des Menschen überhaupt, also auch das Absurde, das Verrückte, das Manieristische, den Bereich des Traumes, den gesamten humanen Kosmos, in dem die Phantasie einen überaus relevanten Bereich ausmacht.

Komponisten schreiben ihre Werke für sich, für einen Auftraggeber, für Menschen, zu denen sie in einer Beziehung stehen, für die Öffentlichkeit oder die Nachwelt. Viele Komponisten haben bestimmte Absichten, senden Botschaften aus, wollen mit ihrer Musik etwas bewirken. Es gilt daher, diese Intentionen behutsam zu eruieren.

Die Legenden der griechischen Antike schreiben der Musik eine Zauberkraft, eine übernatürliche Wirkung zu. Quintessenz des Orpheus-Mythos ist der Glaube, dass die Musik nicht nur den Menschen, sondern auch die ganze Natur, alles Lebendige bezaubern kann. Der Gesang des Orpheus zähmt die wilden Tiere, zieht die Pflanzen und die Bäume in seinen Bann, und bezwingt sogar die finsteren Ungeheuer der Unterwelt. Seine Musik ist imstande, selbst Steine zu erweichen.

Überblickt man die Entwicklung der Musikwissenschaft in den vergangenen sieben bis acht Jahrzehnten, so wird man mit zahlreichen Richtungen, Tendenzen und Trends konfrontiert. Eines scheint freilich für fast alle Richtungen bezeichnend zu sein: der Wille zur Abstraktion, das Bemühen, die Kunstwerke an und für sich zu studieren, auf der Suche nach bestimmten höheren Gesetzmäßigkeiten. Dabei wird der Künstler selbst oft an den Rand der Betrachtung gedrängt. Mit der Zeit wurde es modisch, verächtlich oder zumindest mit Herablassung von »Biographik« und »Inhaltsästhetik« zu sprechen.

Die so genannte Strukturanalyse stand mehrere Jahrzehnte lang hoch im Kurs, biographische Forschung war dagegen nicht nur berüchtigt, sondern geradezu verpönt.[1] Ein solches Bekenntnis zum Spezialistentum hatte unweigerlich eine bedenkliche Einengung des wissenschaftlichen Horizonts zur Folge. Alles, was nicht unmittelbar mit der Struktur des notierten Kunstwerkes zu tun hatte, wurde bewusst ausgeklammert und allenfalls anderen Disziplinen zugeschoben. Erfreulicherweise stagniert die wissenschaftliche Erkenntnis nur selten.

Neue Fragestellungen erfordern ein neues methodisches Vorgehen. In den vergangenen vierzig Jahren gewann die Einsicht an Boden, dass ein Kunstwerk kein bloßes Artefakt ist, sondern vielfach auch die Persönlichkeit des Autors widerspiegelt. Kein Geringerer als Robert Schumann schrieb im April 1838 an seine geliebte Clara Wieck:

»Es afficiert mich alles, was in der Welt vorgeht, Politik, Literatur, Menschen – über alles denke ich nach meiner Weise nach, was sich dann durch die Musik Luft machen, einen Ausweg suchen will. Deshalb sind auch viele meiner Compositionen so schwer zu verstehen, oft auch bedeutend, weil mich alles Merkwürdige der Zeit ergreift und ich es dann musikalisch aussprechen muss.«[2]

Was Schumann hier von sich sagt, gilt für die bedeutendsten
Komponisten des 19. Und 20. Jahrhunderts, angefangen von Lud-
wig van Beethoven bis Richard Strauss, Arnold Schönberg und
Alban Berg. Viele von ihnen ließen sich bei ihrer Produktion von
persönlichen Erlebnissen, existentiellen Fragen, religiöser und
weltanschaulicher Problematik wie von sozialen und politischen
Ideen stimulieren. Die Erforschung ihrer vielgestaltigen geistigen
Welt bildet eine unentbehrliche Voraussetzung für ein tieferes
Verständnis ihrer Werke und erfordert zwangsläufig Exkurse in die
Psychologie und Psychoanalyse, in die Bereiche der Theologie und
in die Sozial- und Zeitgeschichte.

Um das Dargelegte an einigen Beispielen zu verdeutlichen:
Kann man Johann Sebastian Bachs geistliche Musik ohne Kenntnisse der lutherischen Theologie erforschen? Können Beethovens
Werke wie das historisch-allegorische Ballett Die Geschöpfe des
Prometheus op. 43, die Marcia funebre sulla morte d'un Eroe aus
der Klaviersonate in As-Dur op. 26, die großartige Eroica op. 55,
die Siebente Symphonie op. 92 oder Wellingtons Sieg oder Die
Schlacht bei Vittoria op. 91 ohne Kenntnisse der zeitgeschichtli-
chen Ereignisse und des politischen Engagements des Komponisten rezipiert werden? Ist es möglich, Schumanns Klaviermusik,
etwa die Davidsbündlertänze op. 6, den Carnaval op. 9, die Phan-
tasiestücke op. 12, die Kreisleriana op. 16, die Phantasie op. 17
ohne die kontextuelle Berücksichtigung einschlägiger literarischer
Texte etwa von Jean Paul oder E.T.A. Hoffmann zu verstehen?
Überhaupt: Kann man die Musik eines Liedes, einer Kantate, eines
Oratoriums, einer Oper, eines Musikdramas oder eines handlungs-
orientierten Balletts interpretieren, ohne zuvor den zugrundelie-
genden Text und das choreographische Szenar zu studieren und
nach allen Seiten hin zu durchleuchten? Darüber hinaus bedarf es
keiner eingehenden Argumentation, dass manche zentrale Themen
wie beispielsweise der Orpheus-Mythos nur interdisziplinär behandelt werden können, nämlich in Koordination mit allgemein histo-

rischen, philologischen, psychoanalytischen, religions-, kunst- und musikgeschichtlichen Fragestellungen.

Es ist höchste Zeit einzugestehen: Die Fokussierung der Musikwissenschaft auf philologische, archivalische, genuin musikhistorische oder ausschließlich strukturanalytische Fragen reicht nicht aus. Es ist unumgänglich, das Interesse aufs Ganze zu richten. Anders formuliert: Den Forschungshorizont durch psychologische, religiöse, zeitgeschichtliche Aspekte zu erweitern. Es gilt, der Komplexität der Musik und des Schaffensprozesses Rechnung zu tragen und der Interpretation den gebührenden Raum zu geben. Die geistige Tiefendimension bedeutender musikalischer Kunstwerke total zu ignorieren und sich auf die Untersuchung des »Klangleibs« zu beschränken: für mich gibt es keine schlimmere Verirrung. Und ebenso verhängnisvoll ist, dass die Erforschung des eminent wichtigen Bereichs des musikalischen Ausdrucks buchstäblich in den Anfängen steckt.

Interdisziplinäre Forschung wird allen Gebieten der Musikwissenschaft zu Gute kommen. Die Musikethnologie zum Beispiel hat bereits viel von ihr profitiert. Ihre Bedeutung manifestiert sich nicht zuletzt in semantischen Fragestellungen – ein wichtiger Punkt, in dem sich die Musik von der Sprache unterscheidet. Im Gegensatz zur Sprache, die über eine geschärfte Semantik verfügt, ist die Tonkunst von Hause aus semantisch vage. Dennoch haben viele Komponisten in allen Zeiten verstanden, ihren Werken außermusikalische Bedeutung zu verleihen. Das gelang ihnen durch Zitate, durch Anspielungen auf eigene und fremde Werke, durch musikalisch-rhetorische Figuren, durch Leitmotive und »charakteristische« Motive, Leitrhythmen, Leitharmonien und idiophonische Klangsymbole aller Art.[3]

Von der Bachforschung kann man behaupten, dass sie zu den bisher am gründlichsten untersuchten Gebieten des Faches gehört. Johann Sebastian Bachs Biographie ist bis ins kleinste Detail rekonstruiert worden. Die Grundzüge seiner Musiksprache liegen offen vor uns. Sowohl seine weltlichen als auch seine geistlichen

Werke wurden mehrfach ausführlich erörtert. Jüngst legte Martin Petzold voluminöse Untersuchungen über die geistlichen Kantaten ebenso unter theologischen wie unter musikwissenschaftlichen Aspekten vor – zweifellos ein Meilenstein in der Geschichte der Forschung.[4] Auch auf diesem Gebiet bleibt jedoch noch viel zu tun. Eine künftige Aufgabe wird es sein zu klären, wie Bach sein theologisches Denken musikalisch umsetzt.

In meiner wissenschaftlichen Arbeit nimmt die Skizzenforschung einen breiten Raum ein. Ich studiere recht intensiv Skizzen von Beethoven, Schumann, Bruckner, Mahler, Schönberg, Alban Berg und György Ligeti. Das war und ist aus zwei Gründen unerlässlich: Die Skizzen geben uns wertvolle Aufschlüsse über den Entstehungsprozess der Komposition und enthalten vielfach auch verbale Anmerkungen, die den geistigen Hintergrund der Werke beleuchten. Besondere Bedeutung für die Absichten der Komponisten kommt auch ihren Briefen, ihren Tagebüchern und gelegentlichen Schriften zu. Man wende nicht ein, dass alle diese Quellen persönlich gefärbt und deshalb für die Forschung unverbindlich seien und die wahren Sachverhalte verbergen.

Eine interdisziplinäre Öffnung der Musikwissenschaft setzt naturgemäß intensivere Studien auf mehreren Gebieten und eine umfassendere Ausbildung der Dozenten und Studierenden voraus. Dadurch werden aber die Chancen gebessert, dass unser Fach, von dem viele nicht wissen, wozu es da ist und was es leistet, wieder in die Reihe der Kultur- und Humanwissenschaften aufgenommen wird.

Gedanken über die Tiefendimension der Musik

Musik ist für viele eine ätherische immaterielle Kunst, die im Gegensatz zur Sprache keine verbal auslegbare Bedeutung besitzt. Von keinem geringeren als Victor Hugo stammt das Aperçu »Das Reich der Musik beginnt da, wo das Reich der Worte aufhört.«

Entgegen dieser Auffassung vertrete ich die Ansicht, dass die Musik eine humane Kunst ist, die eine emotionale und oft eine bedeutsame geistige Dimension hat. Unter allen Künsten löst sie die stärksten Emotionen aus. Seit jeher gilt sie deshalb als Sprache des Herzens, der Gefühle, der tiefen Empfindungen. Für Robert Schumann war sie »Seelensprache« und für Hegel »Kunst der Innerlichkeit«.

Eine Vorstellung von der geistigen Tiefendimension der Musik bekommt man, wenn man an die Musikdramen Richard Wagners, die Symphonien Gustav Mahlers oder an manche Werke Ludwig van Beethovens denkt, beispielsweise an seine Pathétique, an die Eroica, die Pastorale oder an die Neunte Symphonie. Unter geistiger Tiefendimension verstehe ich den geistigen Gehalt, wobei Gehalt und Ausdruck übereinstimmen. Geistiger Gehalt wohnt nicht bloß der ausgesprochenen oder unausgesprochenen Programmmusik inne, sondern jeder ausdrucksstarken Musik. Man darf nie aus den Augen verlieren, dass der Ausdruck eine eminent wichtige musikalische Kategorie ist.

Der bedeutende Philosoph Ludwig Wittgenstein meinte, dass das Verständnis der Musik eine Lebensäußerung des Menschen sei.[1] Gustav Mahler sah das ähnlich; er vertrat die Ansicht, im musikalischen Kunstwerk spreche sich der ganze Mensch aus, also auch der denkende, der leidende Mensch. Tatsächlich wendet sich die sogenannte »große« Musik an den ganzen Menschen, an sein Ohr, seine Empfindungen und an seinen Verstand.

Wichtig für das musikalische Hören ist das Erkennen der emotionalen und geistigen Dimensionen eines Kunstwerks. Dabei dürfen wir nicht vergessen, dass es verschiedene Arten von Musik gibt. Alban Berg, der sarkastische Aperçus liebte, kommentierte die unterschiedliche Wirkung der Musik auf die Menschen folgender-maßen: »Den meisten Menschen geht die Musik in die Beine, nicht so vielen in die Hände und Arme; noch geringer ist die Anzahl derer, denen sie in den Mund geht, aber den wenigsten geht sie in den Kopf – und doch allen Menschen ins Herz.«[2]

Dem dänischen Philosoph Sören Kierkegaard verdanken wir die kluge Einsicht, wonach die Musik eine Art Sprache sei. Was ver-bindet sie mit der Sprache? Kierkegaard zufolge dreierlei: Neben der Sprache ist die Musik das einzige Medium, das sich an das Ohr wendet. Wie die Sprache verlaufe auch sie in der Zeit, während das Element der übrigen Medien der Raum sei. Und wie die Sprache sei die Musik ein sinnliches Medium, wobei in ihr viel stärker als in der Sprache Gewicht auf den Klang gelegt werde.[3]

Dass die Musik sprachähnlich ist, daran ist nicht zu zweifeln. Bezeichnenderweise wurde sie im Zeitalter des Barock »Klangrede« genannt. Rhetorische Prinzipien, die sogenannten musikalisch-rhetorischen Figuren, spielen in der älteren Tonkunst eine wesent-liche Rolle. Sie dienen als Träger außermusikalischer Bedeutung – eine Funktion, die im 19. Jahrhundert die Leitmotive und die soge-nannten »charakteristischen« Motive übernehmen. Dadurch findet eine bedeutsame Bedeutungsaufladung und Psychologisierung der Musik statt. Sie wird zu einem Medium, das nicht nur Emotionen, sondern auch Gedanken und philosophische weltanschauliche wie religiöse Ideen ausdrücken kann. Dies ist nicht erst in der Musik-dramatik Richard Wagners der Fall, sondern bereits wesentlich früher, so in Carl Maria von Webers Freischütz und in den Werken von Hektor Berlioz.

Immer wieder wird behauptet, dass es beim Hören auf die Er-kennung der formalen Strukturen und Strategien ankomme, zum Beispiel auf die Entwicklung und Verarbeitung der Themen, auf die musikalische Logik. Nicht minder relevant ist jedoch, Klang-farben, dynamische Prozesse, musikalische Charaktere und Nuan-cen des Ausdrucks bewusst wahrzunehmen. Und noch bedeutsamer erscheint das Bemühen, die Absichten eines Komponisten herauszufinden. Dies setzt allerdings Vertrautheit mit seiner Musik- und Symbolsprache voraus, und diese kann man nur durch geduldiges wiederholtes Hören erreichen.

Mein Nachdenken über die Tiefendimension der Musik begann spätestens im Jahr 1957 in Hamburg. Um 1970 vertiefte ich mich in fundamentale Fragen der Mahler-Forschung. Dabei stellte sich mir die Frage, ob Mahlers Symphonik wirklich so »absolut« sei, wie man allenthalben behauptete. Waren die authentischen Programme zu seinen ersten Symphonien wirklich so irrelevant, wie man damals glaubte? Auch hier führten meine Nachforschungen zu überraschen Resultaten.

Es wurde deutlich, dass Mahler, um seine poetischen und weltanschaulichen Absichten transparent zu machen, sich einer weitverzweigten und reichen Symbolsprache bediente, von deren Bedeutung nur wenige seiner Zeitgenossen eine Ahnung hatten. Überaus bedeutend ist die folgende Äußerung in einem Gespräch mit seiner Vertrauten Natalie Bauer-Lechner aus dem Jahr 1896:

»Alle Verständigung zwischen dem Komponisten und dem Hörer beruht auf einer Konvention: dass der letztere dieses oder jenes Motiv oder musikalisches Symbol, oder wie man es sonst nennen mag, als den Ausdruck für diesen oder jenen Gedanken oder eigentlichen geistigen Inhalt gelten lässt. Das wird jedem bei Wagner besonders gegenwärtig sein; aber auch Beethoven und mehr oder weniger jeder hat seinen besonderen, von der Welt akzeptierten Ausdruck für alles. Was er sagen will. Auf meine Sprache aber sind die Menschen noch nicht eingegangen. Sie haben keine Ahnung, was ich sage und was ich meine, und es scheint ihnen sinnlos und unverständlich.«[4]

Die emotionelle Tiefendimension der Musik erschließt sich, wenn man die weitgefächerte Skala der Ausdruckcharakteristika bewusst wahrnimmt, so zum Beispiel das Fröhliche und das Traurige (giocoso und mesto), das Passionierte (*appassionato*), das Graziöse, das Ausdrucksvolle, das Ernste, das Gesangliche (*grazioso, espressivo, grave, cantabile*), das Wilde (*feroce*), das Religiöse (*religioso*). Viele Komponisten vor allem des 19. Jahrhunderts bedienen sich solcher und ähnlicher Ausdrucksbezeichnungen.[5]

Die geistige Tiefendimension der Musik manifestiert sich dann in mehrfacher Hinsicht. Wie andere Komponisten vor ihm so lädt auch Gustav Mahler seine Symphonik durch verschiedene Mittel auf, die ihr eine außermusikalische Bedeutung verleihen. Die wichtigsten sind folgende:

Entlehnungen aus dem Liedschaffen. Für seine ersten drei Symphonien übernahm Mahler die instrumentale Substanz schon existierender Lieder und verarbeitete sie symphonisch. Auf diese Weise wird auch der Sinn der Texte still mit übernommen.

1   Charakteristische Motive und Zitate. Zur symphonischen Darstellung seiner geistigen Welt nutzte Mahler eine größere Anzahl ›charakteristischer Motive‹ – ein von Franz Liszt geprägter Terminus, die er der symphonischen und musikdramatischen Tradition des 19. Jahrhunderts entlehnte.

2   Leitharmonien, d.h. bestimmte charakteristische Akkordfolgen und Leitrhythmen.

3   Idiophonische Klangsymbole. So symbolisiert das Tamtam vielfach den Todesbereich in seinen verschiedensten Ausprägungen. Die Glocken versinnbildlichen dagegen die Ewigkeit. Das Glockenspiel dient in vielen Fällen als Klangrequisit der Musik der Engel. Die Herdenglocken charakterisieren nach Mahlers eigener Erläuterung ein »verhallendes Erdengeräusch«, das der »auf höchstem Gipfel im Angesicht der Ewigkeit« Stehende vernimmt.

4   Musikalische Genres und Charaktere. Unter dem Terminus ›Charaktere‹ sind musikalische Satztypen mit herausragenden Stilcharakteristika und ausgeprägten

Ausdrucksvaleurs zu verstehen. Es lassen sich Charaktere vokaler und instrumentaler Provenienz sowie Tanzcharaktere unterscheiden. Jedem Charakter ist ein bestimmtes semantisches Feld eigen.

Auf diese Weise spiegelt Mahlers universale Symphonik alle wesentlichen Fragen des Menschen und der Welt.[6] Besonders wichtig ist in diesem Zusammenhang, dass Mahler die existentiellen, religiösen und weltanschaulichen Fragen, die ihn intensiv beschäftigten, in seinen Symphonien thematisierte. Er glaubte fest an das Erlebnis als unentbehrliche Voraussetzung des künstlerischen Schaffens, an die Auffassung der Kunst als Antizipation des Schicksals, an die Priorität des Geistigen vor dem Materiellen und an die Unsterblichkeit, will heißen an die Fortdauer der Existenz nach dem Tode. Seine Religiosität trug persönliche Züge und vereinigte Christliches und Buddhistisches mit neuzeitlichen Reflexionen.

Die Semantisierung der Musik war eines der wichtigsten Anliegen fast aller bedeutenden Komponisten des 19. und der ersten Hälfte des 20. Jahrhunderts. Genannt seien hier nur Hector Berlioz, Franz Liszt, Richard Wagner, Peter Tschaikowsky, Richard Strauss.

Bei Alban Berg kristallisieren sich hier vier Möglichkeiten zur Semantisierung heraus:

1   Er nimmt Bezug auf eigene und fremde Werke, die er zitiert oder paraphrasiert. Vielfach handelt es sich dabei um Vokalwerke, deren Text einen Anhaltspunkt für die semantische Entschlüsselung bietet.

2   Er arbeitet gern mit Klangchiffren, das heißt mit Tonanagrammen, die aus den Namen ihm nahestehender Personen gewonnen sind.

3   Er legt Werken Zahlen zugrunde. Zahlen, die allgemeingültige oder eine persönliche Bedeutung haben.

4   Er gewinnt aus den Zwölftonreihen, die er manchen
     seiner Werke zugrunde legt, durch verschiedene Per-
     mutationsverfahren   Sekundärreihen,   wobei   diese
     Transformierungen   semantischen   Gesichtspunkten
     entsprechen.

Bergs instrumentale Werke seit dem Streichquartett op. 3 sind
fast alle autobiographisch konzipiert. Das gilt ebenso für die *Drei
Orchesterstücke* und das *Kammerkonzert* wie für die *Lyrische Suite* und
das *Violinkonzert*. Großes Aufsehen erregte in den letzten Jahrzehnten die Enthüllung, dass er die Lyrische Suite als Denkmal
seiner großen Liebe an seine unsterbliche ferne Geliebte Hanna
Fuchs komponierte, die Frau eines Prager Industriellen.[7]

»Die Musik soll nicht schmücken, sie soll wahr sein« – Zur Ästhetik der Zweiten Wiener Schule

Schönheit und Wahrheit, die beiden Grundbegriffe der Kunsttheorie, unterscheiden sich wesentlich voneinander. Während die Schönheit der Kunstwerke Hauptgegenstand der Ästhetik, einer jüngeren Disziplin, ist, gehört die Wahrheit zu den Grundfragen der Kunstphilosophie.[1]

Zu einer Annäherung der Begriffe kommt es allerdings in der altgriechischen Philosophie, etwa bei Aristoteles, denn das Schöne wird hier mit dem Guten gleichgesetzt. Ästhetische Probleme werden bekanntlich meist kontrovers diskutiert. Die relevanten Fragen nach dem Wesen der Musik und ihrer Stellung im System der schönen Künste bilden da keine Ausnahme. Während Immanuel Kant der Musik den untersten Platz unter den Künsten zuwies, weil sie »bloß mit Empfindungen« spiele,[2] erklärte Arthur Schopenhauer sie für die höchste der Künste. Der Musikkritiker Eduard Hanslick, der sich für das Spezifisch-Musikalische interessierte, definierte sie als »tönend bewegte Form«, Sigmund von Hausegger, Komponist und Dirigent, dagegen als die Kunst des Ausdrucks. Der österreichische Komponist Gottfried von Einem wiederum bekannte, mit seiner Musik zum Denken und zum Empfinden anregen zu wollen. Er suchte Wahrheit in der Schönheit – ein Standpunkt, den lange vor ihm Gustav Mahler und die Komponisten der Zeiten Wiener Schule eingenommen hatten.

In einem Gespräch mit seiner Vertrauten Natalie Bauer-Lechner machte Mahler im April 1896 eine Aussage, die besondere Aufmerksamkeit verdient. Dass ihm bei der Komposition des sogenannten »Blumenstücks« der *Dritten Symphonie* das »Maßvolle des Ausdrucks« bei »schärfster Prägnanz« gelang, erläuterte er damit, dass er »noch nie auch nur eine Note geschrieben habe, die nicht absolut wahr« sei.[3] Diese Äußerung lässt aufhorchen. Man fragt sich, was die auffällige Formulierung »Wahrheit der Musik« bedeutet. Wie aus dem nachfolgenden Passus hervorgeht, bezieht sich

Mahler hier zunächst auf ein mimetisches Moment, das Wogen der Blumen im Winde, die »harmlose Blumenheiterkeit« am Anfang des Stückes, und dann auf die Wandlung ins Ernste und Schwere: »wie ein Sturmwind fährt es über die Wiese und schüttelt Blätter und Blüten, die auf ihrem Stengel ächzen und wimmern, als flehten sie um Erlösung in ein anderes Reich.«

Kein Zweifel, dass der Wahrheitsgehalt der Musik, von dem Mahler spricht, im Erlebten wurzelt. So sagte er im Sommer 1893 gleichfalls zu Natalie Bauer-Lechner über seine ersten Symphonien: »Meine beiden Symphonien erschöpfen den Inhalt meines ganzen Lebens; es ist Erfahrenes und Erlittenes, was ich darin niedergelegt habe, Wahrheit und Dichtung in Tönen. Und wenn einer gut zu lesen verstünde, müsste ihm in der Tat mein Leben darin durchsichtig erscheinen. So sehr ist bei mir Schaffen und Leben verknüpft, dass, wenn mir mein Dasein fortan ruhig wie ein Wiesenbach dahinflösse, ich – dünkt mich – nichts Rechtes mehr machen könnte.«[4] Und etwas später äußerte er gleichfalls zu Bauer-Lechner, dass ein Werk ihm »nur aus dem Leid und schwerstem inneren Erleben« entsprossen sei.[5] Überaus wichtig ist noch folgende Äußerung in einem Brief vom April 1895 an den Schriftsteller Oskar Bie: »Meine Musik ist gelebt, und wie wollen sich diejenigen zu ihr verhalten, die nicht leben und zu denen nicht ein Luftzug dringt von dem Sturmflug unserer großen Zeit.«[6]

Besondere Bedeutung für die angerissene Problematik kommt im weiteren folgendem Passus aus Theodor W. Adornos *Philosophie der neuen Musik* zu, jener legendären Schrift, die eine Apologie der Zweiten Wiener Schule enthält und 1949 in Tübingen erschienen ist.

Signifikant sind hier die folgenden Sätze:

»Schönberg steht so polemisch zum Spiel wie zum Schein. Er kehrt sich so scharf gegen den neusachlichen Musikanten und das gleichgerichtete Kollektiv, wie gegen das romantische Ornament. Beides hat er formuliert: ›Die Musik soll nicht schmücken, sie soll wahr sein‹ und ›Kunst kommt nicht von Können, sondern vom

Müssen«. Mit der Negation von Schein und Spiel tendiert Musik zur Erkenntnis.«[7]

Von den beiden Zitaten, die Adorno hier anführt, konnte ich das erste in Schönbergs Schriften nicht nachweisen. Das zweite entstammt Schönbergs 1911 veröffentlichtem Aufsatz *Probleme des Kunstunterrichts*.[8] Hier trifft Schönberg eine fundamentale Unterscheidung zwischen dem Kunsthandwerker und dem echten Künstler, wobei er die Begriffe Können und Müssen einander gegenüberstellt.

Das Können des Künstlers ist, so meint er, »wesentlich verschieden vom Können des Kunsthandwerkers«. Dabei handele es sich um ein »unter einem Zwang von innen aus entwickeltes Können«, um das »Sich-Ausdrücken-Können«. Während der echte Künstler sich selbst, den Autor ausdrückt, drückt der Kunsthandwerker »einen andern« aus. Und dieser gravierende Unterschied erstrecke sich auch auf die angewandten Mittel. »Der Kunsthandwerker«, so Schönberg, kann das machen, was der Künstler schaffen musste. Geschicklichkeit und Anpassungsfähigkeit gestatten ihm, als Kunstmittel anzuwenden, was der schöpferische Geist, der das Material zu jenen Wirkungen zwang, die einem Ausdrucksbedürfnis entsprechen, unbewusst tat.«

Will man diese Gedankengänge in ihrer ganzen Tragweite begreifen, so muss man vor allem dreierlei berücksichtigen: Erstens hatte Schönberg, als er diese Sätze formulierte, schon längst, seit 1908, den Schritt zur Atonalität vollzogen.

Zweitens wandte er sich damit stillschweigend von der Formalästhetik Eduard Hanslicks ab, der in seiner berühmt gewordenen Schrift *Vom Musikalisch Schönen* das Aperçu geprägt hatte: »Kunst kommt aber von Können; wer nichts kann – hat Intentionen.«[9] Drittens bekannte sich Schönberg nicht nur hier, sondern zeitlebens zur Ausdrucksästhetik. So können wir in der Prager Gedenkrede auf Gustav Mahler die Sätze lesen: »In Wirklichkeit gibt es für den Künstler nur ein Größtes, das er anstrebt: sich

auszudrücken. ... Nur sich auszudrücken hat auch Mahler ange-
strebt.«[10]

Diese Überzeugungen Schönbergs wurden 1912 von seinem
Schüler Anton von Webern bestätigt, der schrieb: »Die Erlebnisse
seines Herzens wurden zu Tönen. Schönbergs Verhältnis zur
Kunst wurzelt ausschließlich im Ausdrucksbedürfnis. Seine Emp-
findung ist von versengender Glut; sie schafft neue Ausdruckswer-
te, also braucht sie auch neue Ausdrucksmittel. Inhalt und Form
sind ja nicht zu trennen.«[11] Adornos Behauptungen über Schönbergs Ästhetik erfahren übrigens eine weitere Bestätigung, wenn
man berücksichtigt, dass Schönberg wie sein Freund Adolf Loos
gegen das Ornament polemisierte und das Bestreben des Künstlers
nach Wahrhaftigkeit forderte. So heißt es in den *Problemen des
Kunstunterrichts*[12]: »Der Glaube an die alleinseligmachende Technik
muss unterdrückt, das Bestreben nach Wahrhaftigkeit gefördert
werden.« Wahrhaftigkeit in der Musik verhält sich konträr zur
Auffassung der Kunst als Spiel und setzt vor allem das Erlebnis
des Künstlers voraus. Viele prominente Komponisten – genannt
seien hier nur Richard Wagner, Gustav Mahler, Béla Bartók, Anton
Webern und Alban Berg waren von der Überzeugung durchdrun-
gen, dass das Erlebnis geradezu die unentbehrliche Voraussetzung
des künstlerischen Schaffens bildet.«[13]

In einem aufschlussreichen Aufsatz aus dem Jahr 1911 machte
Schönberg Franz Liszt den Vorwurf, seine Programme der Weltli-
teratur entliehen zu haben, wogegen er selbst seinen ästhetischen
Maximen gemäß in seinen Kompositionen künftig nur eigene
Sujets, das heißt Selbsterlebtes behandeln wollte.[14] Noch Erstaunli-
cheres kann man in dem späteren Aufsatz *Menschenrechte* lesen.
Schönberg schreibt hier:

»Musik spricht in ihrer Sprache anscheinend bloß von musikalischen Angelegenheiten oder aber, wie die meisten Ästhetiker an-
nehmen, von Angelegenheiten der Gefühle und der Phantasie.
Man kann übergehen den guten Witz von Richard Strauss, der
sagte: ›Dass ein Bleistift von einem Platz zu einem anderen bewegt

wird, kann ich in Musik ausdrücken.‹ Denn das ist nicht die Sprache, in der ein Musiker, ohne es zu wissen sich preisgibt, indem er
Gedanken formuliert, über die er selbst erschrecken würde – wüss-
te er nicht, dass ja doch niemand herausfinden wird, was er ver-
birgt, indem er es sagt.«[15]

Für Schönberg war also Musik eine Geheimsprache. Seiner
Überzeugung nach gibt der Komponist durch seine Musik nur das
preis, was ihn innerlich zutiefst bewegt, was er sonst nicht mitteilen
will. Kein Wunder deshalb, dass mehrere Werke Schönbergs im
emphatischen Sinn autobiographisch sind. Auch Anton Webern
schwor zumindest eine Zeitlang auf das Erlebnis als die entscheidende Inspirationsquelle. Am 12. Juli 1912 richtete er an Berg die
Gretchenfrage: »Sag, wie kommst du zum Komponieren?« Und er
bekannte, in einem 1992 publizierten Brief: »Bei mir ist es so: ein
Erlebnis geht so lange in mir um, bis Musik daraus wird, mit ganz
bestimmter Beziehung auf dieses Erlebnis. Oft bis in Details. Und
zwar wird es öfters zur Musik.«[16]

Im selben Brief eröffnete er seinem Freund, dass mit Ausnahme
der Violinstücke und einige seiner Orchesterstücke alle seine
Kompositionen von der *Passacaglia* op. 1 an sich auf den Tod seiner
Mutter bezögen, die vor sechs Jahren 1906 verstorben war.[17] Diese
Angaben bestätigte er wenige Tage später am 17 Juli 1912 in einem
weiteren Brief an Berg. Hier heißt es: »Ich möchte Dir auch sagen,
dass der Schmerz um meine Mutter in mir immer nur wächst. In
der Erinnerung an sie sind fast alle meine Kompositionen entstanden.«[18] Und er fügte hinzu: »Es ist immer dasselbe, was ich ausdrücken will. Ich bringe es ihr als Opfer dar. Die Mutterliebe ist die
höchste: die Liebe der Mutter.«

Weberns *Sechs Orchesterstücke* op. 6, im Jahr 1909 entstanden, re-
flektieren alle das schmerzliche Erlebnis des Todes der geliebten
Mutter. Zwar tragen sie keine außermusikalischen Titel. In einem
Brief an Schönberg umschrieb Webern allerdings den Gehalt der
Stücke folgendermaßen: »Das erste Stück will meine Stimmung
ausdrücken, als ich noch in Wien war, bereits das Unglück ahnend,

doch noch immer hoffend, die Mutter noch lebendig anzutreffen.«
Das zweite Stück spiegelt die schmerzliche Nachricht vom Tode
der Mutter wider. Das dritte ist synästhetisch veranlagt: »der Eindruck des Duftes der Eriken«, die er »auf die Bahre legte«. Das
vierte trägt im Autograph die vielsagende Überschrift *marcia funebre*
– einen Titel, der beim Druck der Partitur weggelassen wurde. Das
Stück verleiht den Empfindungen Weberns Ausdruck, als er »hinter dem Sarg zum Friedhof ging.« Das fünfte und das sechste Stück
bezeichnete der Komponist viel später im Jahr 1933 als Epilog:
»Erinnerung und Ergebung.«[19]

Ohne Zweifel ist das vierte das eindringlichste der Stücke. Über
weite Strecken hört man geräuschhafte Sonoritäten der Schlag-
zeuggruppe, die aus großer und kleiner Trommel, Pauke, Becken,
Tamtam und tiefem Glockengeläute besteht. Dazwischen ertönen
klageähnliche Laute und Lautkombinationen im mittleren, im
hohen und im tiefen Klangregister. Eine choralartige Melodie der
gedämpften Trompete Takt 23-26 mutet wie eine Paraphrase der
allersten Zeile der Sequenz *Dies irae* an.

Wie ich anderer Stelle ausführlich darlegte, bildete das persönliche Erlebnis auch für Alban Berg eine unentbehrliche Voraussetzung für den Schaffensvorgang. Der biographische Bezug beim
Komponieren war ihm sehr wichtig. Und so lässt sich erklären,
dass alle seine reifen Instrumentalwerke vom *Streichquartett* op. 3 an
ihrer technischen Komplexität zum Trotz erlebte Musik sind.
Meiner Ansicht nach ist Bergs gesamtes Oeuvre nichts anderes als
Musik als Autobiographie.[20]

Der Wahrheitsgehalt der Kunst war ein Thema, das auch Theodor W. Adorno intensiv beschäftigte. Seiner vielbeachteten *Philosophie der neuen Musik* stellte er bezeichnenderweise folgenden Satz
aus Hegels *Ästhetik* als Motto voran: »Denn in der Kunst haben
wir es mit keinem bloß angenehmen oder nützlichen Spielwerk,
sondern … mit einer Entfaltung der Wahrheit zu tun.«[21] In seiner
Torso gebliebenen *Ästhetischen Theorie* postulierte Adorno den Rätselcharakter der Kunstwerke – einen wichtigen Begriff, den er aufs

engste mit ihrem »Wahrheitsgehalt« zusammenbrachte. Adorno geht so weit, die Rätselhaftigkeit von Kunstwerken als eine Bedingung ihrer Existenz zu erklären, und behauptet: »Dass Kunstwerke etwas sagen und mit dem gleichen Atemzug es verbergen, nennt den Rätselcharakter unter dem Aspekt der Sprache.«[22] »Kunstwerke, die der Betrachtung und dem Gedanken ohne Rest aufgehen, sind keine.«[23] Und an anderer Stelle heißt es: »Das Rätsel lösen ist so viel wie den Grund seiner Unlösbarkeit angeben: den Blick, mit dem die Kunstwerke ihren Betrachter anschauen.«[24] Spätestens hier melden sich allerdings Zweifel: Dass viele Kunstwerke in irgendeiner Hinsicht enigmatisch anmuten, lässt sich in der Tat nicht leugnen. In sehr vielen anderen Fällen lässt sich jedoch die vorgebliche Rätselhaftigkeit entkräften, sobald es gelingt, die Intention des Autors wissenschaftlich auf plausible Art zu eruieren. Und aus der Tatsache, dass wir heute Beethovens Absichten bei der Konzeption vieler seiner Werke – man denke an die *Eroica*, die *Pastorale* oder die *Neunte Symphonie* – recht genau kennen, lässt sich nicht schließen, dass diese großen Kunstwerke keine sind. In einem wichtigen Brief an den Wiener Kritiker Max Kalbeck hat Gustav Mahler diese Problematik ausgesprochen, als er schrieb:

»Es gibt, von Beethoven angefangen, keine moderne Musik, die nicht ihr innerstes Programm hat. Aber keine Musik ist etwas wert, von der man dem Hörer zuerst berichten muß, was darin erlebt ist – respektive was er zu erleben hat. – Und so nochmals pereat – jedes Programm! – Man muss eben Ohren und Herz mitbringen und – nicht zuletzt – sich völlig dem Rhapsoden hingeben. Ein Rest Mysterium bleibt immer – selbst für den Schöpfer.«[25]

Dass Kunstwerke im Lauf der Zeit unterschiedliche Interpretationen erfahren können, auch weil sie oft komplex und vielschichtig sind, ist eine Binsenweisheit. Dennoch sollte jede Interpretation meines Erachtens stets an der Autorenintention gemessen werden. Adorno behauptet jedoch recht apodiktisch: »Aber die verschwiegene und bestimmte Antwort der Kunstwerke offenbart sich nicht mit einem Schlag, als neue Unmittelbarkeit, der Interpretation, sondern erst durch die Vermittlungen hindurch, die der Disziplin der Werke wie des Gedankens, der Philosophie.«[26] Und auf diese Formulierung folgt der fragwürdige Satz: »Der Rätselcharakter überlebt die Interpretation, welche die Antwort erlangt.« Nicht minder fragwürdig ist Adornos Ansicht, wonach das Rätselhafte der Kunstwerke nichts anderes als ihr Abgebrochensein sei. Diese Formulierung wird verständlicher, wenn man sich vergegenwärtigt, dass Adorno, wie ehedem Friedrich Schlegel, eine besondere Sympathie für das Fragmentarische hegte. Man fragt sich jedoch zu Recht, ob Werken wie Beethovens *Missa Solemnis* oder der *Neunten Symphonie* Fragmentarisches anhaftet.

Zentral für Adornos ästhetische Theorie ist, wie bereits erwähnt, dass die Rätselhaftigkeit der Kunstwerke aufs engste mit ihrem »Wahrheitsgehalt« zusammenhänge. Ein wichtiges Aperçu lautet: »In oberster Instanz sind die Kunstwerke rätselhaft, nicht ihrer Komposition, sondern ihrem Wahrheitsgehalt nach«.[27] Und wie die folgende: »Der Wahrheitsgehalt der Kunstwerke ist die objektive Auflösung des Rätsels eines jeden einzelnen. Indem es die Lösung verlangt, verweist es auf den Wahrheitsgehalt.«[28] Was hat man jedoch unter dem Begriff »Wahrheitsgehalt« zu verstehen? Adornos Antwort: »Philosophie und Kunst konvergieren in deren Wahrheitsgehalt: die fortschreitend sich entfaltende Wahrheit ist keine andere als die des philosophischen Begriffs.«[29] An diesem Punkt angelangt, wird Adornos Übereinstimmung mit den kunsttheoretischen Ansichten Beethovens, Hegels und Anton Weberns manifest. Mit Ludwig van Beethoven teilte Webern die Meinung, wonach Musik so etwas wie höhere Weisheit und Philosophie sei. In einem erst 2006 publizierten Brief schrieb er am 23. Juli 1912 an seinen Lehrer Schönberg: »Deine Worte über Philosophie und Musik sind wunderbar. Die Musik ist wohl selbst Philosophie, aber eine, die nicht vom Verstand kommt, sondern von einem Organ, das tiefer reicht als das jeder anderen Kunst, das überhaupt am tiefsten reicht. Ich spüre das so deutlich, wenn ich die Musik Beethovens, Mahlers und die von Dir höre.«[30]

Alban Berg, Anton Webern und die Neue Musik

Die Kulturgeschichte liefert zahlreiche Beispiele für eine scheinbar paradoxe Situation, dass nämlich manche Künstler, die zu Lebzeiten großes Ansehen genießen, nach ihrem Tod rasch in Vergessenheit geraten, während andere, die zu Lebzeiten verschmäht wurden, erst Jahrzehnte nach ihrem Ableben in ihrer wahren Bedeutung erkannt wurden. Gustav Mahler zum Beispiel wurde zu Lebzeiten als Dirigent sowohl in Hamburg und Wien als auch in Amerika gefeiert, war aber als Komponist umstritten. Ähnliches könnte man von Alexander von Zemlinsky behaupten. Tragisch mutet aber das Schicksal Arnold Schönbergs, Alban Bergs und Anton Weberns an, die, von wenigen Ausnahmen abgesehen, es zu Lebzeiten nicht nur schwer hatten, sondern auch disqualifiziert und diffamiert wurden, denen aber *post mortem* weltweite Anerkennung beschieden war. Neben Claude Debussy und Igor Strawinsky zählen sie heute zu den Vätern der Neuen Musik. Schönberg selbst scheint diese Entwicklung teilweise vorausgesehen zu haben. Denn bereits 1910 formulierte er das Aperçu: »Die zweite Hälfte dieses Jahrhunderts wird durch Überschätzung schlechtmachen, was die erste Hälfte durch Unterschätzung gut gelassen hat an mir.«[1]

I. Pierre Boulez und die Zweite Wiener Schule

Karlheinz Stockhausen und Pierre Boulez waren in den fünfziger Jahren die prominentesten Vertreter der Avantgarde der Musik. Unabhängig voneinander propagierten sie die Idee der seriellen Musik, wobei sie sich auch auf die Zweite Wiener Schule beriefen. Zwischen 1948 und 1962 publizierte Boulez mehrere Aufsätze über Schönberg, Berg und Webern. Dabei ließ er klar erkennen, dass er Webern unter den drei Wiener Meistern die »Vorzugsstellung« zubilligte.[2] In Weberns relativ schmalem Oeuvre sah er die meisten Perspektiven für die zeitgenössische Musik.

Um keine Missverständnisse aufkommen zu lassen: Die enorme geschichtliche Bedeutung Schönbergs und Bergs stand auch für Boulez außer Frage. Doch meinte er in ihrem Werk auch vielfach kritisierbare Seiten entdeckt zu haben. Nach Schönbergs Ableben am 13. Juli 1951 hielt er bei den Darmstädter Kursen für Neue Musik einen berühmt gewordenen Vortrag unter dem Titel »Schönberg est mort«. Man versteht die Doppeldeutigkeit des Titels erst dann, wenn man Boulez' Vorwurf in seiner ganzen Tragweite registriert hat, dass nämlich Schönbergs Versuch, die Dodekaphonie mit den traditionellen Formen der klassischen Musik zu vereinen, misslungen sei. Boulez schreibt: »Der logische Zusammenhang zwischen der Gestaltung der Reihenformen und davon abgeleiteten Strukturen lag generell außerhalb der Gedankenwelt Schönbergs. Hieraus, so scheint mir, erklärt sich die Brüchigkeit, die dem Großteil seiner Zwölftonwerke eigen ist. Die vorklassischen oder klassischen Formen, welche der Mehrzahl seiner Architekturen zugrunde liegen, sind historisch in keiner Weise mit der Dodekaphonie vereinbar, und so entsteht eine unüberbrückbare Kluft zwischen den Infrastrukturen, die der Tonalität verpflichtet sind und einer Sprache, deren Organisationsgesetze man nur im groben Aufriss wahrnimmt.«[3] Boulez' Kritik an Berg zielt in eine andere Richtung. Er fragte sich mitunter selbst, warum er für Berg so wenig Nachsicht aufbrachte, und glaubte dies mit der unzureichenden Ansicht erklären zu können, dass Bergs Entdeckung unter den jungen Komponisten »zum Ausgangspunkt einer recht bestürzenden Rückkehr zu Wagner« geraten sei.[4] Erstaunlicherweise interpretierte er Bergs musikalisches Oeuvre als Synthese der Wagner-Nachfolge mit der Emphatik des italienischen Verismo. »In Wahrheit«, so meinte er, »handelt es sich bei Berg nur um die zur höchsten Entfaltung getriebene Blüte einer Wagner-Nachfolge, in der überdies noch die Liebenswürdigkeit des Wiener Walzers im ganzen schauerlichen Wortsinn und die Neigung zur Emphase des italienischen Verismus zu gleichen Teilen miteinander verschmelzen.[5] Das Fehlurteil, das hier ausgesprochen wird, ist offensichtlich, denn man muss sich fragen, was die komplexe Klangsprache Bergs mit der Musik Giacomo Puccinis gemein hat.

Webern bewunderte Boulez aber vor allem deshalb, weil er im Gegensatz zu Schönberg und zu Berg, die sich angeblich »der dahinsinkenden großen Bewegung der deutschen Romantik« angeschlossen hätten, sich gegen alle vererbte Rhetorik zur Wehr setzte, »um die reine Kraft des Klangs aufs Neue in ihr Recht zu setzen.«[6] Boulez war besonders von Weberns *Konzert für neun Instrumente* op. 24 angetan. Er war der Meinung, dass die in diesem Werk zugrunde liegende symmetrisch gebaute Reihe sich nicht aus zwölf, sondern aus vier mal drei Tönen zusammensetze, und dass die Exposition des Kopfsatzes insofern dass serielle Denken hervorgerufen habe, als »hier alle Beziehungen einer genauen Kontrolle unterliegen.«[7] In seinem 1961 erschienenen Lexikonartikel sprach Boulez die Überzeugung aus, dass die Elemente des Webernschen Vokabulars »von der gegenwärtigen Generation assimiliert seien. «[8] »Webern bildet«, so Boulez, »die Schwelle zur Neuen Musik; ein Komponist, der die unausweichliche Zwangsläufigkeit Weberns nicht erkannt und verstanden hat, ist absolut unnütz.«[9] So wurde Webern in den fünfziger und sechziger Jahren für viele avantgardistische Komponisten zu einem Idol, zu einem geistigen Vorbild. Viele erblickten in ihm den wirklichen Vorläufer des modischen Serialismus. Und kein Geringerer als Ernst Krenek sprach bedeutungsvoll von dem einst verworfenen Stein, der nunmehr zum Eckstein wurde.

Spätestens Anfang der sechziger Jahre verfasste György Ligeti die Texte mehrteiliger Sendereihen über Webern, die der Bayerische Rundfunk 1960 und der Südwestfunk 1963/64 ausstrahlten.[10] Hier führte er aus, wie Webern sich allmählich von Wagner und auch vom Stil seines Lehrers Schönberg distanzierte, seinen eigenen Stil fand und »Distanz zu Romantik« gewann. Wichtig schien ihm dabei zu sein, dass in Weberns Musik »ein Kern romantischer Tradition erhalten blieb, ein Kern, der die poetischen Aspekte –

das Zarte, Verinnerlichte, Sehnsüchtig-Rätselhafte – bewahrt, aber alle Äußerlichkeiten, alles Weitschweifige, Rhetorische, Sentimentale und Wehleidige« ausschloss. Andere junge Komponisten bewunderten übrigens an Webern die Knappheit der Aussage, die unerhörte Konzentration auf das Wesentliche, die Verdichtung des Ausdrucks, den gänzlichen Verzicht auf das Ornamentale, die Rigidität der Konstruktion und die beinahe serielle Organisation aller Variablen.

Betrachten wir den so gerühmten Komponisten vom Blickpunkt der Erfahrungen, die wir fünfzig Jahre nach seiner »Entdeckung« gemacht haben, so erkennen wir bald, dass viele der damaligen Aussagen der Wahrheit nicht immer entsprechen. So ist Webern in Wirklichkeit zwar ein großer Anreger gewesen, jedoch keineswegs der Vater der seriellen Musik. Bedenken wir, dass im Serialismus alle Parameter einer Komposition – also nicht nur die Tonhöhen, sondern auch die Dauer, die Lautstärkegrade und die Anschlagsarten – mit Hilfe von Serien geregelt werden, so muss man zu zugeben, dass bei Webern ausschließlich die Tonhöhen serienmäßig organisiert sind. Als Vater des Serialismus muss man vielmehr Olivier Messiaen bezeichnen, der 1949 bei seinem ersten Auftritt in Darmstadt eine Klavieretüde komponierte, in der erstmals die Reihentechnik mehrdimensional angewandt wird. Es handelt sich um die Etüde *Mode de valeurs et d'intensités*, die in ihrem Aufbau verschiedene Anschlagarten und sieben unterschiedliche Stärkegrade benutzt.[11] Webern kommt allerdings das Verdienst zu, eine neue Art von Klanglichkeit geschaffen zu haben. Bereits in seiner Transkription des Ricercars aus dem *Musikalischen Opfer* von Johann Sebastian Bach setzte er insofern neue Maßstäbe, als er die einzelnen Linien der sechsstimmigen Fuge nicht kompakt, sondern äußerst differenziert und nuanciert instrumentierte. Er löste die Linien durch ständig wechselnde Klangfarben gleichsam pointillistisch in ihre motivischen Bestandteile auf. Das Ergebnis ist eine erhöhte Farbigkeit der Musik.

II. Über Berg und Webern

Seit ihrer gemeinsamen Studienzeit bei Schönberg waren Berg und Webern miteinander eng befreundet. Sie tauschten Briefe und Geschenke aus und korrespondierten über persönliche, familiäre Dinge sowie über ihre kompositorische Arbeit. In der umfangreichen Korrespondenz findet sich keine Spur von Rivalität. Oft verfolgten sie aus nächster Nähe die kompositorische Entwicklung ihres Lehrers, und sie folgten ihm auch in den gravierenden Schritten, zu denen er sich entschloss. So vollzogen sie beide ungefähr zur selben Zeit den Übergang von der erweiterten Tonalität zur Atonalität und später von dieser zur Zwölftonmusik.

Eines verdient dabei allerdings Beachtung. Obwohl beide die dodekaphonische Methode ihres Lehrers übernahmen, benutzten sie sie unterschiedlich. In kompositorischer Hinsicht lassen sich bei beiden gewaltige Unterschiede zwischen ihren Klangsprachen feststellen – vorsichtig gesagt. Dass Bergs Begabung in erster Linie eine dramatische war, ist längst bekannt. Das bezeugen zunächst die beiden großen Opern, der *Wozzeck* und die *Lulu*. Interessanterweise bezeichnete Adorno die *Lyrische Suite*, deren Entstehungsgeschichte und geheimes Programm er kannte, bewusst irreführend als »latente« Oper.[12] Dramatische Momente finden sich bei Berg ferner in mehreren seiner Lieder, in seinen *Drei Orchesterstücken* op. 6, im Mathilde-Satz des *Kammerkonzerts* und auch im zweiten Teil des *Violinkonzerts*, da, wo es darum geht, einen Marsch zum Tode musikalisch nachzuzeichnen.[13] Nichts Vergleichbares bei Webern. Mit einer gewissen Berechtigung könnte man ihn als Lyriker bezeichnen, nicht nur wegen der Fülle seiner lyrischen Kompositionen, sondern auch weil er die Konzentration und Knappheit der Aussage über alles liebte. Kein anderer Komponist der Musikgeschichte hat so viele und so bedeutende aphoristische Instrumentalstücke geschrieben. Manche dauern nur wenige Minuten, und einige sogar nur Sekunden. Über seine *Bagatellen* op. 9 äußerte er sich folgendermaßen: »Ungefähr

1911 habe ich die *Bagatellen,* geschrieben, lauter kurze Stücke, die zwei Minuten dauern; vielleicht das Kürzeste, das es in der Musik bisher gegeben hat. Ich habe dabei das Gefühl gehabt: Wenn die zwölf Töne abgelaufen sind, ist das Stück zuende.«[14] Diese Eigenart Weberns bleibt einmalig, selbst wenn man sich daran erinnert, dass sowohl Schönberg mit seinen *Drei Stücke für Kammerorcheste*r, ohne Opuszahl, als auch Berg mit den *Klavierstücken,* op. 5 gelegentlich kurze Stücke geschrieben haben. Von Schönberg stammen übrigens die im Vorwort der Druckausgabe von Opus 9 formulierten berühmt gewordenen Worte »Man bedenke, welche Enthaltsamkeit dazu gehört, sich so kurz zu fassen. Jeder Blick lässt sich zu einem Gedicht, jeder Seufzer zu einem Roman ausdehnen. Aber: einen Roman durch eine einzige Geste, ein Glück durch ein einziges Aufatmen auszudrücken: solche Konzentration findet sich nur dort, wo Wehleidigkeit in entsprechendem Maße fehlt.«[15]

Nach alledem erscheint die Aussage nicht unberechtigt, dass es Berg oft zu größeren Anlagen und Komplexen drängte, während Webern selbst in seinen umfänglicheren Werken die Konzentration liebte. Und wie verschieden klingt doch ihre Musik! Zu Recht hat Adorno von dem üppigen, »schwelgerischen, luxurierenden« Klang der Bergschen Partituren gesprochen.[16] Demgegenüber klingt Weberns Instrumentalmusik fast immer zart, verfeinert, vergeistigt, ätherisch, introvertiert. Die Innerlichkeit, die Webern in besonderem Maße kennzeichnete, charakterisiert auch seine Musik.

Ein Vergleich mancher Orchesterstücke von Webern und Berg mag das Dargelegte konkretisieren. Weberns *Fünf Stücke für Orchester* op. 10, zwischen 1911 und 1913 entstanden, sind sehr kurz; für Kammerbesetzung geschrieben, dauern sie zirka fünf Minuten. Alle Blas- und Streichinstrumente, auch Celesta, Harfe und Glockenspiel, sind solistisch besetzt. Zwei von ihnen, das erste und das dritte, sind sehr ruhig vorzutragen, das zweite und das vierte »fließend«, das letzte »sehr fließend«. Der Klangcharakter der

Musik ist meist »zart«. Nur zweimal wird der *piano*-Bereich überschritten: am Ende des zweiten und gegen Mitte des letzten Stückes. Gleichsam eruptiv erreicht hier ein Gefühlsausbruch für
kurze Zeit das *Più fortissimo*.

Bergs *Drei Orchesterstücke* op. 6, 1914 komponiert, tragen die Titel *Präludium*, *Reigen* und *Marsch*. In einer Einspielung mit dem
London Symphony Orchestra unter Claudio Abbado dauern sie
insgesamt 20 Minuten. Alle drei muten wie Vorstudien zur Or-
chestersprache des *Wozzeck* an und erfordern eine sehr große
Besetzung. Nach dem Vorbild der großen Symphonien Gustav
Mahlers schreibt die Partitur vier Flöten, vier Oboen, vier Klarinetten, Bassklarinette, drei Fagotte, Kontrafagott, sechs Hörner,
vier Trompeten, vier Posaunen, Tuba, eine große Schlagzeugbe-
setzung, zwei Harfen, Celesta und Streicher vor. An mehreren
Stellen sind der Einfluss und der Tonfall Mahlers unüberhörbar.

Vergleicht man die Stücke mit denen Weberns aus Opus 10, so
fallen vor allem drei fundamentale Unterschiede ins Gewicht.

Erstens: Während Weberns Orchestersatz stets durchsichtig
bleibt, beeindrucken Bergs Stücke durch ihre Klangdichte, Kom-
paktheit und Komplexität. Die Stimmführung ist fast durchweg
von einer polyphonen Schreibweise geprägt.

Zweitens: Webern arbeitet in der Regel mit kurzen Motiven,
die aus wenigen Tönen bestehen. Bei Berg begegnen wir dagegen
oft längeren Linien expressionistischen Charakters.

Drittens: Aus der Ferne betrachtet spannt das *Präludium* einen
weiten klangdynamischen Bogen, der mit geräuschhafter Klangfülle beginnt und endet. Zu Beginn hört man stöhnende Laute und
seufzerartige Motive. Die Musik, leise anhebend, steigert sich nach
und nach in mehreren Etappen bis zu einem Höhepunkt im dreifachen Forte. Danach kehrt sie bald zur *piano*-Sphäre des Beginns
zurück. Die dramatische Anlage des Stückes ist unverkennbar.

III. Bergs Wozzeck und Zimmermanns Die Soldaten

Als Meilensteine im Musiktheater des 20. Jahrhunderts gelten
gemeinhin Alban Bergs Opern *Wozzeck* und *Lulu*, Schönbergs
Moses und Aron, *Die Soldaten* von Bernd Alois Zimmermann und
einige Opernwerke von Hans Werner Henze und Wolfgang Rihm.
Letzterer bezeichnete einmal lapidar den *Wozzeck* als die »Jahrhun-
dertoper«.[17] Tatsächlich scheint der Einfluss des Werkes beträchtlich gewesen zu sein, obwohl bislang genauere Untersuchungen
nicht vorliegen. Sicher ist jedenfalls, dass Bergs Oper Bernd Alois
Zimmermann zu seiner multidimensionalen Oper *Die Soldaten*
anregte.

In seinen Essays kommt Zimmermann etliche Male auf den
Wozzeck zu sprechen. Dabei vertritt er die etwas gewagte These,
dass *Wozzeck* und *Moses und Aron* als »letzte Positionen der Auswir-
kungen des Wagnerschen Musikdramas« zu bezeichnen wären. Mit
dem *Wozzeck* sei Berg zum ersten Mal der Typus der Oper als
»absolutes Musikdrama« gelungen. Ansätze zu dieser Gestaltung
fänden sich allerdings bereits in Richard Wagners *Tristan*. Einem
Werk, das man unter formalem Aspekt »als eine ins überdimensio-
nale geweitete dreiaktige Vokalsymphonie« auffassen könnte.[18]
Dieser Vergleich ist insofern schief, als die von Berg im *Wozzeck*
verwendeten historischen Formen kaum Gemeinsamkeiten mit
den Prinzipien der Wagnerschen Formung aufweisen.[19]

Wichtig ist, dass zwischen Bergs *Wozzeck* und Zimmermanns
Die Soldaten vielfältige Parallelen bestehen, die anscheinend bisher
übersehen wurden. Man bedenke zunächst, dass beide Werke dem
Genre der »Literaturoper« angehören.[20] Berg richtete selbst das
Textbuch zu seiner Oper nach dem Bühnenfragment *Wozzeck* von
Georg Büchner ein und Zimmermann nach dem gleichnamigen
Drama – oder der sogenannten »Komödie« von Jakob Michael
Reinhold Lenz, 1751-1792. Jede der beiden Opern umfasst 15
Szenen.[21]

Offensichtlich ist in beiden literarischen Werken die sozialkritische Absicht. Symptomatisch ist aber, dass beide Komponisten ihren Bühnenwerken eine darüber hinaus gehende Bedeutung verleihen wollten. So gab Berg im Jahr 1930 folgendes Statement ab: »Es bestand wohl zwischen der Dichtung« – gemeint ist Büchners *Woyzeck* – »und mir eine natürliche Verwandtschaft. Ich betone übrigens, dass der Wozzeck kein reines Arme-Leute-Stück ist. So wie dem Wozzeck kann es einem armen Menschen ergehen, in welchem Kleide er auch stecken mag. Allen Menschen, die gedrückt werden durch andere und sich nicht wehren können, wird es immer so ergehen.«[22]

Ähnliches äußerte Zimmermann über das Stück von Lenz und seine Oper: »Nicht das Zeitstück, nicht das Klassendrama, nicht der soziale Aspekt, nicht auch die Kritik an dem ›Soldatenstand‹, zeitlos vorgestern und übermorgen, bildete den unmittelbaren Beziehungspunkt« – vielmehr »die schicksalhafte Konstellation der Klassen, Verhältnisse und Charaktere, so wie sie sind. Menschen, wie wir ihnen in allen Zeiten begegnen können, einem Geschehen unterworfen werden, dem sie nicht entfliehen können: unschuldig mehr als schuldig.«[23] In der Tat: Lenz zeigt in seinem Drama in scheinbar bürgerlichen Szenen, was Soldaten zu Automaten macht.

Die Entwicklung der Kunst ist teils Evolution und teils Revolution. Zimmermanns Anliegen war es nicht, Wagner und Berg zu übertreffen, sondern darüber hinausgehend seine Vision von der »pluralistischen« Oper zu verwirklichen. Darunter verstand er die »Konzentration aller theatralischen Medien«, nämlich »Architektur, Skulptur, Malerei, Musiktheater, Sprechtheater, Ballett, Film, Mikrophon, Fernsehen, Band- und Tontechnik, elektronische Musik, konkrete Musik, Zirkus, Musical und alle Formen des Bewegungstheaters.«[24] Dieses Konzept steht in engem Zusammenhang mit Zimmermanns eigener Philosophie der Zeit, für die er die griffige Formulierung »Kugelgestalt der Zeit« prägte. Seiner Ansicht nach verschmelzen im Erlebnis- und Bewusstseinsstrom des Menschen Vergangenheit, Gegenwart und Zukunft zu einer Einheit. Nach

diesem Prinzip schichtete er mehrere »Handlungen« in seiner Oper
übereinander. So werden in seinem Textbuch oft mehrere Szenen
simultan gebracht. Die bei Lenz recht ausgedehnten Offiziersze-
nen werden in Form von Collagen zusammengedrängt. In der
zweiten Szene des zweiten Aktes spielen drei Szenen gleichzeitig
parallel, und im vierten Akt werden erstaunlicherweise nicht weniger als zehn Szenen simultan dargestellt. »Das Stück«, so formulierte es Zimmermann, »spielt gewissermaßen hin- und her pendelnd
zwischen morgen, gestern und heute.«[25]

Fassen wir jetzt die formalen Aspekte ins Auge. Berg begnügte
sich im *Wozzeck* nicht nur damit, jeder der 15 Szenen eine profilier-
te Form zu verleihen, sondern gestaltete die Szenen der drei Akte
nach einem übergeordneten Formprinzip.[26] So sind die ersten fünf
Szenen des ersten Aktes als *Charakterstücke* geformt, und zwar als
Suite, als Rhapsodie über eine Folge von drei Akkorden, als Mili-
tärmarsch und Wiegenlied, als Passacaglia und schließlich als *Andante affetuoso.* Bewundernswert ist dabei die Übereinstimmung
zwischen musikalischer Form und szenischer Situation.

Der zweite Akt hat die Form einer großangelegten Symphonie
in fünf Sätzen. Die erste Szene, zwischen Marie, dem Kind und
Wozzeck, ist als Sonatensatz geformt. Die zweite Szene zwischen
dem Hauptmann, dem Doktor und Wozzeck ist eine Phantasie
und Fuge über drei Themen. Die dritte Szene zwischen Marie und
Wozzeck ist das berühmte Largo für Kammerorchester mit 15
Spielern – eine Huldigung an Schönbergs *Kammersymphonie* op. 9.
Die grosse Wirtshausszene komponierte Berg für großes Orchester
und für eine Heurigenmusik auf der Bühne. Die fünfte Szene
schließlich ist ein *Rondo con introduzione.*

Besonders originell sind die sechs *Inventionen* des dritten Aktes,
weil sie nach strukturellen Gesichtspunkten komponiert sind. Es
handelt sich um Inventionen über ein Thema – eine Bibelszene,
über einen Ton – nämlich das ominöse *h* in der Mordszene, über
einen Rhythmus in der Schenkenszene, über einen Sechsklang in
Wozzecks Todesszene, über eine Tonart im Orchesterzwischen-

spiel nach dem Tode Wozzecks und über eine gleichmäßige Ach-
telbewegung im Lied der Kinder.

Interessanterweise legte auch Zimmermann den 15 Szenen seiner Soldatenoper historische Formen zugrunde. Die bedeutendsten
sind Toccata, Ciacona, Ricercar und Nocturno. Die äußerst komplexe Partitur enthält drei Toccaten, drei Ciaconen, zwei Ricercari
und drei Nocturni. Auch bei ihm steht die Wahl der Formen in
engster Verbindung mit der szenischen Situation. Das Wort *Toccata*
leitete Zimmermann etymologisch richtig von toccare, »berühren,
ergreifen«, ab. Folglich bezieht es sich auf die Soldatenszenen. Wie
steht es aber mit den drei Ciaconen?

Auch hier hilft uns der Rückgriff auf *Wozzeck* weiter. Die Ironie
der vierten Szene des ersten Aktes liegt darin, dass der Doktor, der
bei Wozzeck eine schöne Idee, eine köstliche »aberratio mentalis
partialis« diagnostiziert, gleichfalls an einer ähnlichen fixen Idee
leidet. Berg verlieh der dodekaphonisch gearbeiteten Szene sinni-
gerweise die Passacagliaform mit 21 Variationen. Lange nach der
Komposition des Werkes las er im Riemann-Musiklexikon erstaunt
und zu seiner großen Befriedigung über die Gemütsverwirrung:
»Die Folia ist offenbar eine der ältesten Formen des Ostinato.«[27]
Spätestens seit dem 18. Jahrhundert sind die Ostinato-Formen
Passacaglia und Chaconne eng miteinander verwandt. Fragt man
sich, warum Zimmermann für drei Szenen seiner Oper – die zweiten Szenen des ersten, des zweiten sowie des vierten Aktes – die
Chaconne-Form wählte, so muss man berücksichtigen, dass in
allen drei der unglückliche, in Marie verliebte Stolzius anwesend ist.
In den ersten beiden unterhält er sich mit seiner Mutter, in der
dritten trifft er zusammen mit seinem Rivalen, dem charakterlosen
Offizier Desportes. In allen drei Szenen kreist das Geschehen um
seine Verbindung mit Marie. In Ciacona I wird deutlich, dass »ihm
das verzweifelte Mädchen im Kopf« steckt. In Ciacona II, dass
Desportes ihr mit seinen Schmeicheleien »den Kopf verdreht« hat.
In Ciacona III rächt sich Stolzius an dem Offizier, indem er ihn
vergiftet. In allen drei Szenen schlägt sich das Ostinato-Prinzip

einerseits in einer unverändert beibehaltenen Metrenreihe und
andererseits in einer wiederkehrenden charakteristischen Sechzehn-
tel-Quintolenfigur wieder.[28] Zimmermanns Oper – eine der kom-
plexesten Partituren des 20. Jahrhunderts – liegt eine symmetrische
Allintervallreihe zugrunde, aus der der Komponist mit Hilfe des
Permutationsverfahrens mehrere Grundreihen ableitet. Jede der
ersten zwölf Szenen der Oper basiert auf einer eigenen Grundrei-
he.

Besonders bezeichnend für Zimmermanns Zeitphilosophie und
das Konzept einer pluralistischen Oper ist die dreizehnte Szene
seines großen Werkes. Ich zögere nicht, sie als die zentrale Szene
zu bezeichnen. Über sie schrieb Zimmermann in der Partitur folgendes: »Diese Szene hat den Charakter eines Traumes: Das Geschehen mehrerer Szenen spielt sich, losgelöst von Raum und Zeit,
der Handlung vorgreifend, auf sie zurückgreifend, gleichzeitig auf
der Bühne, in drei Filmen und in den Lautsprechern ab. ›Schau-
plätze‹ sind das Kaffeehaus, ein Saal im Hause der Madame Bischof und ein imaginäres Tribunal, bestehend aus allen singenden
Darstellern. Insgesamt ist die Szene gewissermaßen in Dunkel
gehüllt; die Bühne wird in Höhe, Breite und Tiefe blitzartig von
Bruchteilen der verschiedensten Szene erhellt, hin- und herfla-
ckernd wie ein Traum. Die Szene stellt insgesamt die Vergewaltigung Mariens als Gleichnis der Vergewaltigung aller in der Handlung verflochtenen dar: brutale physische, psychische und seelische
Vergewaltigung.«[29]

IV. Zur Ästhetik des Fragmentarischen

Anton von Webern gilt, wie bereits erwähnt, als Meister des
aphoristischen Stils. Will man seine kurzen Stücke besser verstehen, bieten der Begriff des Fragments und die Ästhetik des Fragmentarischen manchen Anhaltspunkt. Unter ›Fragmente‹ verstand
man in der Antike und im Mittelalter nicht vollständig überlieferte
oder unabsichtlich nicht vollendete Werke. Seit der Frühromantik

versteht man darunter eine bewusste literarische Form, deren aphoristische Kürze durch die Unendlichkeit eines Stoffes oder Themas begründet ist. Friedrich Schlegel formulierte es so: »Viele Werke der Alten sind Fragmente geworden. Viele Werke der Neuen sind es gleich bei der Entstehung.«[30] Verschieden sei die Richtung, bei jenen sei sie regressiv, bei anderen dagegen »progressiv«. Einzelne Gedanken seien gezwungen, »einen Wert für sich haben zu wollen, und müssen Anspruch darauf machen, eigen und gedacht zu sein.«[31] Moderne Literaturtheoretiker bezeichnen als charakteristisch für das Fragment die »offene Form des Suchens«.[32] Nicht weit von dieser Ästhetik liegt der Standpunkt mancher zeitgenössischer Komponisten, die sich auf Adornos Idee einer »informellen Musik« berufen.[33]

Anton Webern ist vielleicht der wichtigste Vertreter einer Ästhetik des Fragmentarischen in der Musik. Von ihm führt jedenfalls eine direkte Linie zu manchen Werken von Luigi Nono und Peter Ruzicka. Nonos einziges, 1980 in Bonn uraufgeführtes Streichquartett trägt den Titel *Fragmente-Stille. An Diotima.* Die Vokabel ›Fragmente‹ bezieht sich sowohl auf die in die komplexe Partitur eingestreuten Hölderlin-Fragmente als auch auf den fragmentarischen Stil der Komposition, die selten die Pianosphäre überschreitet und immer wieder mit Pausen verschiedener Länge durchsetzt ist. Dadurch wird der Zeitfluss häufig gebremst, und die Stille ist raffiniert in die Musik hinein komponiert. Dafür sorgt nicht zuletzt eine auf quasi serielle Weise organisierte Skala von zwölf Fermaten. Zu Recht sprach Heinz-Klaus Metzger von »ausgedehnten Strecken des Schweigens«, die beträchtliche Teile des gesamten Werkes ausmachen.[34] In seinen letzten Jahren schwebte Nono eine Ästhetik des »inneren Hörens« vor, die er dem engagierten Hörer aufzwingen wollte. Kein Zweifel: diese Musik erfordert vom Hörer höchste Konzentration und langen Atem – die Bereitschaft zu lauschen.

Eine besondere Affinität zum Fragmentarischen hatte und hat immer Peter Ruzicka, ein Komponist, der Paul Celan außerordentlich verehrte und starke Impulse von Mahler und Webern erhielt. Unter dem unmittelbaren Eindruck des Selbstmordes von Celan komponierte er 1970 in kürzester Zeit sein zweites Streichquartett, »... *fragment ... Fünf Epigramme für Streichquartett«*, ein Werk, das deutlich Strukturen eines imaginären Requiems aufweist. Sehr differenzierte Emotionen sind hier auf die kürzest mögliche Form des Ausdrucks zusammengefasst, wobei die musikalische Gestik nicht selten zu völliger Sprachlosigkeit erstarrt. Das letzte Epigramm zitiert eine Stelle aus dem Kopfsatz der unvollendeten Symphonie von Gustav Mahler.[35] Anderthalb Jahrzehnte später entstanden Ruzickas *Fünf Bruchstücke für großes Orchester* 1984-87. Ruzicka selbst bezeichnete sie als Fragmente aus einem aufgegebenen größeren symphonischen Werk. Dabei hat das erste Stück den Charakter eines imaginären Trauermarsches. Ruzicka ist heute der entschiedenste Apologet der »Zweiten Moderne«.

V. Schluss

Am 23. Dezember 1935 starb Alban Berg in einem Wiener Krankenhaus, wenige Wochen vor der Vollendung seines 51. Lebensjahres. Am 9. Februar 1985 feierte die internationale Musikwelt seinen 100. Geburtstag. Aus diesem Anlass fragte die Zeitschrift »Opernwelt« drei renommierte Komponisten, wie sie Berg im Vergleich zu Schönberg und Webern beurteilten. Rudolf Kelterborn bekannte, dass *Wozzeck* für ihn nach wie vor aus mehreren Gründen das klassische Beispiel für eine Oper sei, wie sie im 20. Jahrhundert noch möglich sei. Rein subjektiv halte er Berg und Webern, dessen Musik in ihrer Luzidität für ihn »singulären Rang« habe, von ihren Werken her für die bedeutenderen Komponisten gegenüber Schönberg, dessen geschichtliche Bedeutung er aber nicht in Frage stellen wollte.[36] Giselher Klebe gestand, dass sein Entwicklungsweg ohne das Erlebnis Alban Berg nicht denkbar gewesen wäre. Mit zunehmender Bewunderung der Werke Anton Weberns allerdings habe sich seine Einstellung zu Berg und

Schönberg verändert.[37] Wolfgang Rihm vertrat schließlich die Ansicht, dass Bergs Kunst vielleicht an ihrer Ausführlichkeit leide. Es gebe keine Willkür in seiner Musik, »nicht den plötzlichen Ausbruch in den anderen Bereich, die unbegreifliche Setzung.« Deshalb sei seine Musik auch von sich aus verständlich.[38]

Diese Bewertungen stammen aus dem Jahr 1985. Bereits damals hatte sich die kompositorische und musikästhetische Situation entscheidend gewandelt. Auf die radikale Moderne folgte die sogenannte Postmoderne – ein etwas schillernder Begriff. Bezeichnenderweise revidierten viele Komponisten in dieser Zeit ihre Einstellung zur Tradition. Während Boulez und Stockhausen in den fünfziger und sechziger Jahren noch jede Beziehung zur Tradition leugneten, fingen viele ihrer Kollegen im Ausland an, anders darüber zu denken. Dabei knüpften sie teilweise an Mahler und Berg an, wobei sie natürlich ihre eigene Musiksprache weiterentwickelten.

Rückblickend zeigt Berg das Doppelantlitz eines Künstlers, der sowohl in die Vergangenheit als auch in die Zukunft blickt. Zu Recht beschrieb Adorno ihn als einen der kühnsten musikalischen Erneuerer des 20. Jahrhunderts.[39] Dennoch war Berg nicht bereit, auf bestimmte ästhetische Forderungen der Kunst des neunzehnten Jahrhunderts zu verzichten. Auf diesen Doppelcharakter seiner Kunst lässt sich die besondere Breitenwirkung zurückführen, die sein Schaffen erzielte. Seine Affinität zum neunzehnten Jahrhundert zeigt sich am deutlichsten in seinem besonderen Verhältnis zur Tonalität, die er – dies im Gegensatz zu Webern – nirgends radikal verneinte. Auch in der gewaltigen Ausdruckskraft seiner Musik offenbart sie sich, die gelegentlich der Musiksprache von Wagner, Mahler und Schönberg verwandt ist. Ebenso sind sein hohes Interesse am gehaltlichen Meinen und Bedeuten in der Musik und die autobiographische Dimension vieler seiner Werke Momente, an denen sich seine Verbundenheit mit dem neunzehnten Jahrhundert ablesen lässt.

Berg ist zugleich einer der fortschrittlichsten Komponisten des zwanzigsten Jahrhunderts. Zwölfton-Puristen, die an manchen seiner tonal gefärbten Reihen Anstoß nahmen, übersahen, dass die Anzahl seiner vorseriellen Funde beträchtlich ist. Entscheidend ist für ihn nicht nur, dass er in seinen späteren Werken mit Zwölftonreihen arbeitet und aus ihnen mit Hilfe gewisser Permutationsverfahren Sekundärreihen entwickelt, sondern auch dass Zahlen oft die formale Anlage, die Dimensionen der Teile, die metrische Gliederung und vielfach auch die Rhythmik bestimmen.[40]

Von den zeitgenössischen Komponisten kommen recht nahe an seine Musik Rainer Bischof und Friedrich Cerha. Der zweite Satz des 2004 entstandenen Violinkonzerts von Cerha trägt den Titel *Nachtstück* und beeindruckt sowohl durch seine melodische Schönheit als auch durch seinen tiefen Ausdruck. Ein dichtes polyphones Gewebe charakterisiert das Zusammenspiel zwischen dem Solisten und dem sehr differenzierten Orchester. Und wie im zweiten Teil des Violinkonzerts von Alban Berg werden oft lyrisch gestimmte Partien von eruptiven Einschüben unterbrochen.

Die krisenhafte Situation, in der sich die neue Musik heute befindet, resultiert meines Erachtens aus auseinanderstrebenden Tendenzen mit unterschiedlicher Zielsetzung und Ästhetik. Während manche Komponisten auf das Experiment schwören, sich vielfach am technisch Machbaren orientieren, und bewusst oder unbewusst das Humane in der Kunst ausgrenzen, definieren andere die Musik – die Kunst überhaupt – als Spiel, Spaß, Unterhaltung. Sie möchten dem Hörer Vergnügen bereiten. In eine andere Richtung gehen Bestrebungen von Schönberg-Schülern. Adorno vertrat die Meinung, dass Bergs Menschlichkeit auch auf das Wesen seiner Musik abgefärbt habe. »Keine Musik aus unserer Zeit«, so formulierte er es 1968, »war so menschlich wie die seine.«[41] Ähnlich hatte sich 33 Jahre früher Ernst Bloch geäußert. »Was Bergs *Wozzeck* angeht«, schrieb er, »so ist Gegenstand seiner Musik weder die automatische Härte eines Schicksals, noch die erhabene

einer Kathedrale, sondern der arme, leidende Mensch, sondern der
Abgrund gerade des schutzlosen Wetters in und außer ihm.«[42]

Die Zweite Wiener Schule in den Zwanzigerjahren

Die gewaltigen Erschütterungen, die der Erste Weltkrieg verursachte, haben das Lebensgefühl der Menschen und infolgedessen auch das emotionale, geistige und künstlerischer Klima in allen Teilen Europas tiefgreifend verändert. Nach 1918 entstanden mehrere einander widerstrebende künstlerische Strömungen, die man mit den Schlagworten Expressionismus, Neoklassizismus, neue Klassizität, neue Sachlichkeit, Folklorismus und Futurismus nur unzulänglich beschreiben kann, weil sich hinter ihnen komplexe Einstellungen und ästhetische Programme verbergen.[1]

Die Komponisten der Wiener Schule um Arnold Schönberg repräsentieren von Anfang an die Position der radikalen Moderne. Mit dem Finale seines zweiten Streichquartetts op. 10 nach dem Gedicht *Entrückung* von Stefan George überschritt Schönberg 1908 die Grenzen der Tonalität und gab den Anstoß zur Periode der sogenannten freien Atonalität, einer Musiksprache, die sich auch bald seine prominentesten Schüler Alban Berg und Anton von Webern aneigneten. Ende Juli 1921 äußerte Schönberg seinem Assistenten gegenüber, heute habe er etwas gefunden, das der deutschen Musik die Vorherrschaft für die nächsten hundert Jahre sichere.[2] Damit meinte er die Methode der Komposition mit zwölf nur aufeinander bezogenen Tönen. Schönberg war sich der Tragweite seiner Entdeckung voll bewusst. Er glaubte fest daran, dass die Zukunft der Musik der Zwölftonkomposition gehöre und sprach mit seinen Schülern oft darüber.

Spätestens seit Schönbergs ersten atonalen Werken jedoch war die Wiener Schule in weiten Kreisen verrufen. Allerdings fallen in die erste Hälfte der Zwanzigerjahre einige Ereignisse, die zunächst einen eher positiven Trend andeuten. Im August 1922 wurde in Salzburg auf Anregung von Rudolf Réti, dem serbischen Komponisten und Pianisten, die Internationale Gesellschaft für Neue Musik gegründet.[3] Während eines viertägigen Festes spielte man zeitgenössische Kammermusik von 54 Komponisten aus zahlreichen europäischen Ländern, wobei den Abschluss der Konzerte Schönbergs *Streichquartett fis-moll* op. 10 bildete. Im Jahr darauf fand die Uraufführung des *Streichquartetts* op. 3 von Alban Berg statt – mit beachtlichem Erfolg.

Geradezu sensationell war dann Schönbergs Berufung als Leiter einer Meisterklasse für Komposition an die Berliner Akademie der Künste Ende August 1925.[4] Seinen Freunden und auch seinen zahlreichen Gegnern war das Prestige, das mit dieser Berufung verbunden war, durchaus bewusst. Mag sein, dass diese sporadischen Erfolge zu einer Verschärfung der Spannungen beitrugen, die seit geraumer Zeit zwischen Schönberg und vielen seiner Komponistenkollegen bestanden. Schönberg war fest davon überzeugt, dass der schwierige Weg, den er ging, der einzige war, der nach Rom führte. Er galt als arrogant, war zu keinen Zugeständnissen bereit und übte gern scharfe Kritik an der Musik andersdenkender Kollegen. Zu einem Eklat kam es im September 1925 in Venedig, als dort Igor Strawinsky offensichtlich mit Erfolg seine Klaviersonate vortrug, die die Richtung des neuen Klassizismus vorgab, und Schönberg die ihm zugestandene Probenzeit für seine Serenade op. 24 überzogen hatte. Er war so unvorsichtig, die heikle Frage Edward Dents, des englischen Präsidenten der Internationalen Gesellschaft für neue Musik, ob er glaube, der einzige Komponist auf diesem Fest zu sein, zu bejahen.[5]

Zwei Monate später, im November und Dezember 1925, vollendete er seine berühmt-berüchtigten *Drei Satiren* für gemischten Chor op. 28 – ein Werk, das ihm nur Feindschaft einbrachte, da es nur als Abrechnung mit allen Richtungen der damaligen Avantgarde verstanden werden konnte. Nicht nur attackierte er hier Strawinsky persönlich, sondern auch den damals modischen »Neuen Klassizismus«. In einem ausgesprochen bissigen Vorwort beschrieb er vier Gruppen seiner Kollegen, auf die er es abgesehen hatte: erstens die Vertreter der gemäßigten Moderne, zweitens die Klassizisten im weitesten Sinne des Wortes, drittens die Folkloristen und viertens alle »...isten«, in denen er doch nur Manieristen sehen konnte.[6]

Schönbergs Vorwort versetzte Alban Berg in großes Entzücken. Am 30. Mai 1926 schrieb er seinem Lehrer aus Trahütten, mit diesem Text habe er ungefähr neun Zehntel der Komponisten des Katalogs der Universaledition »erledigt«, und fügte hinzu, dass er »in einer Anwandlung von Bildungsdrang«, moderne Opern kennenzulernen, Kreneks Oper *Orpheus und Euridike* »mit der denkbar größten Unvoreingenommenheit« angeschaut und dabei doch wirklich gezweifelt habe, ob das, was Krenek mit dieser Musik gemeint habe, tatsächlich auch ernst gemeint war.[7] Auch sonst hatte er mit seiner »Opern-Schau« wenig Freude. Er kritisierte Opern von Szymanowsky, *Hagith* und *König Roger*, von Emil Nikolaus von Reznicek und von Hans Gál. Selbst Prokofieffs *Liebe zu den drei Orangen* erschien ihm zwar »als eine recht liebenswürdige, flüssige Musik«, allerdings eine, die nicht allzu hoch über dem Niveau der Salonmusik stünde. Wenige Wochen später, nachdem er erste Erfahrungen mit der Zwölftonmusik gemacht hatte, schrieb er am 13. Juli 1926 seinem Lehrer, er sei fest davon überzeugt, dass man künftig nur mehr nach dieser Methode werde komponieren können, »wenn das gesamte Gedudel der I. G. f. l. m. (i.A.) (...) längst schon verklungen sein« werde.[8] Dabei bat er Schönberg, den »ordinären Witz« zu verzeihen, den er mit seiner Abkürzung gemacht hatte. Sie steht für »Internationale Gesellschaft für leck mich im Arsch«.[9]

Ähnlich kritisch dachte und urteilte auch Webern über mehrere komponierende Zeitgenossen. Nachdem er Anfang August 1922 ein Musikfest in Salzburg besucht hatte, schrieb er am 12. August enttäuscht an Berg: »Das ganze Fest war absolut verfehlt – elend. Es lässt sich gar nicht beschreiben, was man da alles über sich ergehen lassen musste an Scheußlichkeit, Unfähigkeit, Dilettantismus.«[10]

Ähnlich negativ äußerte sich Berg nach einem Besuch des Salzburger Festes im nächsten Jahr. In einem Brief an Webern vom

19. August 1923 sprach er von Kompositionen der Ausländer, »die recht armselig waren«, und nannte in diesem Zusammenhang selbst Milhaud, Bliss und Honegger. Die Erfahrung bestätigte sein Selbstbewusstsein: »Wie beruhigt können wir sein! Was für Meister sind wir doch dagegen«, meinte er. Dennoch versäumte er nicht, auf Positives hinzuweisen. »Übrigens gab es auch Erfreuliches: Krenek zum Beispiel! Und Interessantes: Ein Engländer Walton zum Beispiel. Busoni, Bartók, und Gefälliges: Ravel, Casella, Kodály.«[11]

Die Polemik gegen Milhaud, die sich hier leise meldete, steigerte sich übrigens bald zur entschiedenen Ablehnung. In einem Brief an Webern vom 12. August 1924 kritisierte Berg die »A- und Polytonalisten« scharf, sprach ausdrücklich von der »Indianermusik des Milhaud« und schlug sarkastisch vor, die Komponisten der Gruppe der Six »zum Unterschied von den Sioux« die »Six-Indianer zu nennen.«[12]

Bergs Polemik gegen die Gruppe der Six wird besser verständlich, wenn man berücksichtigt, dass die ästhetischen Maximen, denen die sechs Komponisten folgten, hauptsächlich von Ideen Erik Saties und Jean Cocteaus geprägt waren. Vor allem Cocteaus 1918 erschienene Aphorismensammlung *Le coq et l'harlequin* scheint einen enormen Einfluss ausgeübt zu haben.[13] In dieser Schrift erteilte Cocteau eine totale Absage gegen die nachromantische Musik, und zwar sowohl an Wagner als auch an Debussy, und plädierte glühend für eine typisch französische Musik nach dem Vorbild Saties. Sie sollte sich durch Einfachheit und Schlichtheit, Klarheit und Eleganz auszeichnen, alltägliche Szenen und Sujets bevorzugen und vor allem nicht zu emotional sein. Forderungen, die geradezu den Gegenpol zu den Ideen bildeten, von denen sich die Komponisten der Wiener Schule leiten ließen. Sie alle hatten ein starkes Ausdrucksbedürfnis, das sie durch Konzentration auf das Wesentliche und Ablehnung des Dekorativen künstlerisch zu realisieren versuchten. Bezeichnend dafür ist die folgende Aussage aus Schönbergs *Harmonielehre* von 1911:

»Das Neue und Ungewohnte eines neuen Zusammenklangs schreibt der wirkliche Tondichter nur, um Neues, Unerhörtes, das ihn bewegt, auszudrücken. Das kann auch ein neuer Klang sein, ich glaube aber vielmehr: der neue Klang ist ein unwillkürlich gefundenes Symbol, das den neuen Menschen ankündigt, der sich da ausspricht.«[14]

Arthur Honegger gehörte zwar äußerlich der Gruppe der Six an, doch unterschied er sich deutlich von seinen Kameraden. Im Gegensatz zu Cocteau und Milhaud verehrte er sowohl Wagner als auch Debussy glühend. Er war mit Saties Schlichtheit nicht immer einverstanden, und hatte einen Hang zu ernsten Sujets. Bekannt geworden ist er vor allem durch sein 1923 entstandenes Lokomotiven-Porträt *Pacific 231*.

Zu seinen bedeutendsten Werken gehört sein zwei Jahre zuvor entstandener symphonischer Psalm *Le Roi David* für Soli, Chor und Orchester. Berg hörte das Werk im Dezember 1926 in Wien und fasste seine Eindrücke in einem Brief an seinen Lehrer vom 13. Dezember so zusammen: »Dieses Oratorium besteht aus lauter kurzen Sätzen, die dadurch zustande kommen, dass man lange Stücke bald nach Beginn an irgend einer Stelle abbricht. Wenn das so an 20mal vor sich geht, vergeht einem der Spaß, der einem eventuell anfangs diese Aneinanderreihung von Charakterstückerl verschiedensten Stils macht, und weicht einer durch keinerlei ›Modernität‹ bezwingbaren Langeweile.«[15] Über die Stichhaltigkeit dieses Urteils kann man streiten, denn *Le Roi David* war ursprünglich als Bühnenstück für eine Schweizer Freilichtbühne konzipiert. Meines Erachtens handelt es sich um eine ausdrucksstarke originelle Musik, die den wechselnden szenischen Situationen des Textes von René Morax durchaus gerecht wird.[16]

Honeggers dissonanzenreiche, aber doch im Wesentlichen tonale Musik ist äußerst abwechslungsreich. Viel spricht dafür, dass Bergs kritischer Äußerung zum Trotz ihn die vielen Charakterstücke, aus denen Honeggers Musik besteht, im Grunde doch nicht ganz gleichgültig gelassen haben. Zumal er in seiner atonalen Phase selbst kürzere Stücke komponiert hatte, beispielsweise die Klarinettenstücke op. 5. In der Einleitung zum ersten Teil des Oratoriums gelingt es Honegger mit relativ geringen Mitteln, das exotische Milieu der Handlung anklingen zu lassen. Dabei kontrastieren orientalisierende Oboenfigurationen und ganze Ketten weich klingender Quartenakkorde scharf miteinander.

Im nächsten Stück, Davids Hirtenlied, lässt Honegger mit einem raffinierten Kunstgriff aufhorchen: Die Gesangsmelodie des Stückes, das in E-Dur steht, ist nicht nur tonal, sondern auch streng diatonisch. Demgegenüber sind die vier Stimmen des Orchestersatzes fast ausnahmslos chromatisch geführt.

Honegger war ein kritischer, durchaus selbstständiger Geist. In seinem 1951 erschienenen Buch *Je suis compositeur* distanziert er sich sowohl von Saties vielgerühmter Parole von der Rückkehr zur Einfachheit als auch von Schönbergs Zwölftonmethode. An ihr kritisierte er, dass ihre starren Regeln den Komponisten daran hinderten, seine Gedanken frei auszudrücken: »Dieses Reihensystem versteift sich auf sehr eng begrenzte Regeln: Die Zwölftonmusiker erscheinen mir wie Galeerensklaven, die, nachdem sie ihre Ketten zerrissen haben, freiwillig hunderte Kilogramm schwere Kugeln an ihre Füße hängen, um schneller zu laufen. (…) Ich glaube, dass in ihm, dem Reihensystem, keinerlei Ausdrucksmöglichkeit gegeben ist, weil seine melodische Erfindung an starre Gesetze gebunden ist, die verhindern, dass er seine Gedanken frei ausdrücken kann.«[17] Den durchschlagenden Erfolg Alban Bergs führte Honegger interessanterweise darauf zurück, dass er angeblich »kein Adept der Zwölftonmusik«, sondern ein »atonaler Musiker« gewesen sei[18] – eine Behauptung, die für Bergs spätere Werke – mehrere Sätze der *Lyrischen Suite,* die Konzertarie *Der Wein*, die *Lulu* und das Violinkonzert nicht zutrifft. Allerdings ist nicht zu leugnen, dass manche Werke Honeggers der atonalen Richtung nahestehen. Besonders gilt dies für sein 1920/21 entstandenes Werk *Horace victorieux,* nach Hans Heinz Stuckenschmidt »die dissonanzenreichste, expressionistisch-aufwühlende Partitur, die auf Frankreichs Boden entstanden ist.«[19]

In den letzten Jahren seines kurzen Lebens wirkte Berg als Jury-Mitglied sowohl der Internationalen Gesellschaft für Neue Musik als auch des Allgemeinen Deutschen Musikvereins. In dieser Funktion musste er zahlreiche Reisen machen, die er auf sich nahm, um Werke der Wiener Schule durchzusetzen. Am 1. März 1928 fragte er Schönberg, ob dieser damit einverstanden wäre, seine Suite op. 29 als das für das »heurige stattfindende Kammermusikfest geeignetste Werk« zur Aufführung in Siena vorzuschlagen.[20] Schönberg antwortete ihm prompt, dass er seit den Vorfällen in Venedig 1925 jede Aufführung seiner Werke in dieser Gesellschaft verbiete.[21] Immerhin bedeutete es für Berg viel, dass es ihm auf den Jury-Sitzungen der Internationalen Gesellschaft gelang, Weberns Streichtrio op. 20 und Zemlinskys 3. Streichquartett auf zwei der drei Kammermusikkonzerte zu setzen. Dies werde seine Genugtuung nach der Aufführung in Siena sein, schrieb er am 30. März 1928 an Schönberg: »Denn die zwölf Autoren, die sonst für diese Konzerte ausgewählt wurden«, nämlich Tommasini, Haba, Hindemith, Ravel, Bridge, Tiessen, De Falla, Robert Blum, Martinu, Prokofieff, Alfano und Ernst Bloch – fügte er ironisch hinzu, »gehören größtentheils zu jenen, von denen zwölf auf ein Dutzend gehen« – eine fast sarkastische Übertreibung, wenn man dabei an Haba, Hindemith, Ravel, De Falla, Martinu und Prokofieff denkt.[22] Auch Webern wirkte übrigens als Juror bei der Internationalen Gesellschaft für Neue Musik und tat alles in seiner Macht Stehende, um Komponisten der Wiener Schule international bekannt zu machen. So erreichte er Mitte 1931 in Berlin die Aufnahme zweier Werke von Roberto Gerhard und Norbert von Hannenheim, zweier der bedeutendsten Schüler Schönbergs.[23] In den Zwanzigerjahren drang die Jazzmusik bekanntlich vehement in die europäische Kunstmusik ein und beeindruckte viele Komponisten. Ein Beispiel dafür bietet die heitere Zeitoper *Jonny spielt auf* von Ernst Krenek – ein Werk, das mit Jazzelementen durchsetzt ist und das einen Riesenerfolg hatte. Krenek, als Komponist ernster Musik bekannt, stand dem Schönberg-Kreis nahe. Dennoch machte er gelegentlich Exkurse in das Gebiet der leichten Muse. In einem Aufsatz erklärte er, er habe mit *Jonny* weder die definitive Alleinherrschaft der Jazzmusik noch Amerika gegen Europa auszuspielen versucht. Was er einzig und allein wollte, war »lebendiges, interessantes, anteilerregendes Theater«.[24] In einem anderen Aufsatz trat er für eine fundierte Synthese der ernsten und der leichten Musik ein.[25] Damit provozierte er Schönberg, der in einer bislang unveröffentlichten Glosse gegen Krenek und jene Komponisten wetterte, denen die Einnahme der Tantiemen wichtiger als die Substanz der Kunst war.[26] Kurioserweise stimmte ihn der große Erfolg der Zeitopern Kreneks nachdenklich, 1929, zwei Jahre nach der Uraufführung von *Jonny spielt auf,* schrieb er nämlich nach einem Libretto seiner Frau Getrud die dodekaphonisch gearbeitete heitere Zeitoper *Von heute auf morgen,* ein Werk, für das er keinen Verlag fand und mit dem er keinen Erfolg erzielte.

Zusammenfasend kann man sagen, dass Schönbergs Prophezeiung, die Zukunft der Musik liege ausschließlich in der Zwölftonkomposition, sich nur teilweise bewahrheitet hat. Auch von einer Vorherrschaft der deutschen Musik kann kaum die Rede sein. Viele Nationen in Europa, in Asien und Amerika sind an der Entwicklung der neuen Musik beteiligt. Igor Strawinsky, Schönbergs notorischer Gegner, gehört heute neben Béla Bartók und Paul Hindemith zu den Klassikern der neuen Musik. Auch Dmitri Schostakowisch und Sergej Prokofieff zählen zu den meistgespielten Komponisten. Andere Zeitgenossen Schönbergs, die zu Lebzeiten Berühmtheit erlangt hatten, sind heute so gut wie vergessen. Man denke an Eric Satie und den weit bedeutenderen Arthur Honegger. Die Entwicklung der neuen Musik in der zweiten Hälfte des 20. Jahrhunderts hat indes erwiesen, dass die ehemals verschmähte Atonalität und die viel kritisierte Zwölftonmusik weit verbreitet wurden.

Bereits vor seiner Emigration in die Vereinigten Staaten wich Schönbergs einstige Euphorie über den späteren Erfolg der Zwölftonkomposition und das Verständnis seiner Musik einer nüchterneren Einstellung. In einem Rundbrief, von November 1934 aus Hollywood, schrieb er an alle, die ihm zu seinem 60. Geburtstag gratuliert hatten: »Ich weiß seit langem, dass ich Verbreitung des Verständnisses für mein Werk nicht erleben kann, und meine viel gerühmte Standhaftigkeit ist eine Zwangslage und stützt sich auf den Wunsch, es dennoch zu erleben. Ich habe mein Ziel weit genug gesteckt, um sicher zu sein, dass Widerstrebende und selbst Entgegenstrebende einmal dorthin gelangen müssen. Treffen sich doch sogar Parallelen – wie die Mathematik versichert – an derlei Punkten, wenn man nur die Geduld hat, lange genug zu warten.«[27]

Befreundete Komponisten und Dirigenten

Während meiner ersten beiden Jahre in Hamburg galt mein Interesse gleichermaßen der Wissenschaft und der Komposition. Mit Heinrich Husmann arbeitete ich intensiv musikwissenschaftlich, daneben verspürte ich das Bedürfnis zu komponieren. Ich besuchte regelmäßig die Konzerte der Neuen Musik im Norddeutschen Rundfunk, studierte neue Partituren und suchte neue kompositorische Wege. Dabei experimentierte ich auf mehreren Gebieten: der erweiterten Tonalität, der freien Atonalität und auch der Zwölftonkomposition.

Auf diese Weise entstanden zahlreiche Lieder und Chöre sowie Klavier- und Orgelmusik. 1957 brachte der Verlag Breitkopf & Härtel meine *Tricinien* für drei Stimmen heraus. Auf ein reines Zwölftonstück, ein *Triptychon* für Klavier, war ich recht stolz, und mein Freund Richard von Busch führte am 18. November 1964 in der Peter-Pauls-Kirche von Bad Oldesloe meine Orgelpartita *Aus tiefer Not schrei ich zu Dir* auf. Dieses Werk hatte ich zur Begutachtung an den renommierten Komponisten Wolfgang Fortner geschickt, und ich freute mich sehr, als er mir am 4. April 1960 schrieb:

»Ihre Arbeit habe ich mit Interesse gelesen. Ich glaube, daß Sie manche gute Idee haben. Anderes wieder erscheint mir noch etwas steif und scholastisch. Das Ganze könnte ich mir übrigens etwas konzentrierter denken. Einige Sätze (1, 2, 3, 7, 8) finde ich ganz ausgezeichnet, während andere (4 u. a.) für mich etwas konventioneller bleiben. Auf jeden Fall danke ich Ihnen für Ihr Vertrauen und wünsche Ihnen weiterhin alles Gute.«

Bald merkte ich allerdings, dass meine kompositorische Arbeit auf Kosten der wissenschaftlichen ging und fragte meinen Mentor Heinrich Husmann um Rat. »Mein Lieber«, sagte er mir lächelnd, »die Wissenschaft braucht Ihren ganzen Mann.« Daraufhin entschied ich mich endgültig für die Wissenschaft und gab das Komponieren auf.

Mein Interesse an der Neuen Musik war damit allerdings keineswegs erloschen. Als Privatdozent in Hamburg hielt ich mehrere
Vorlesungen und Seminare über Neue Musik, insbesondere über
Arnold Schönberg und seine Schüler Alban Berg und Anton Webern. Meinen Studenten und mir machte die Analyse große Freude,
und wir diskutierten lebhaft aber kontrovers über die Richtung des
Serialismus, der damals in Mode kam. Mit besonderer Anteilnahme
verfolgte ich die Entstehung der Dissertation von Manfred Stahnke über Pierre Boulez' Dritte Klaviersonate. Stahnke wurde später
Professor für Komposition an der Hamburger Musikhochschule.
Er war und ist der berufene Kenner und Interpret der mikrotona-
len Musik.

Anfang der sechziger Jahre hörte ich zum ersten Mal in Hamburg Werke von György Ligeti. Tief beeindruckt von ihrer Originalität beschloss ich spontan, mich mit seiner Musik näher zu befassen. Nach seiner Berufung als Professor für Komposition an die
Hamburger Musikhochschule im Jahr 1973 hatte ich mehrfach
Gelegenheit zum Kontakt mit ihm. Im Laufe der Jahre lernte ich
ihn als ganz und gar unkonventionellen, witzigen, universell gebildeten wissbegierigen Menschen und warmherzigen Freund kennen.
Ich fing an, seine Werke, deren Klangwelt mich interessierte, zu
studieren und über sie zu publizieren. Mit besonderer Freude stellte ich einige seiner Kompositionen in Artikeln, die in der schwedi-
schen Zeitschrift *Nutida Musik* erschienen, teilweise noch vor der
Uraufführung vor. Seit 1987 hielt ich nicht nur in Wien und Hamburg, sondern auch in Graz, in Hitzacker, in Gütersloh und im
Rheingau Vorträge und Referate über seine Musik.

1975 wurde ich zum Vorsitzenden der Kommission für die Verleihung des Bach-Preises der Hansestadt Hamburg ernannt. Mein
Vorschlag, György Ligeti zu nominieren, fand allgemeine Zustimmung. In einer Feierstunde im Rathaus hielt ich die Laudatio für
ihn. Dies widerholte sich 1983 für Hans Werner Henze und 1999
für Wolfgang Rihm.

Seit 1989 trug ich mich mit dem Gedanken, eine Monographie über György Ligeti zu verfassen. Seine Freude über meinen Vorschlag war groß. Mehrfach diskutierten wir in seiner Wohnung in der Hamburger Möwenstraße über seine Werke und seine Kompositionstechniken, über die Situation der Neuen Musik und über ästhetische Fragen. Seine Assistentin Louise Duchesneau versorgte mich unermüdlich mit Materialien aller Art, vor allem mit den Skizzen des Komponisten, die ich als erster auswerten konnte. 1996 erschien mein Ligeti-Buch in der Wiener Musikzeitedition.

Außer Ligeti lernte ich persönlich Hans Werner Henze kennen, mit dem ich korrespondierte und der mich anlässlich der Generalprobe seiner Achten Symphonie in Lübeck einlud. Sein Nachfolger in der Leitung der Münchener Biennale wurde Peter Ruzicka, ein origineller Komponist, der sich für die Zweite Moderne starkmachte, Schöpfer der Oper *Celan* und passionierter Mahlerianer. Wie bereits dargelegt, hatte er eine besondere Affinität zum Fragmentarischen.

Klaus Hinrich Stahmer ist ein origineller Komponist unserer Gegenwart. Sein erklärtes Ziel ist Bereicherung der europäischen Musik durch die Einbeziehung asiatischer Elemente, ein Anliegen der sogenannten ›Weltmusik‹. In vielen seiner Werke vermittelt er weltanschauliche Ideen. Als junger Mann studierte er Musikwissenschaft in Hamburg. Er besuchte meine Seminare, und ich erinnere mich, dass er an der Struktur neuer Klänge lebhaft interessiert war.

Über zwanzig Jahre lang hatte ich die Ehre, der Kommission für die Verleihung des Herder-Preises der Alfred Toepfer Stiftung in Hamburg an Künstler aus Osteuropa anzugehören. Zuständig für musikalische Fragen, konnte ich György Kurtag, Ungarn, Krzystof Meyer, Polen, Arvo Pärt, Estland, Anatol Vieru und Stefan Nicolescu, beide Rumänien, nominieren. In den achtziger Jahren fungierte das Leipziger Gewandhaus als ›kulturelle Insel‹ in der DDR. Konzerte unter Kurt Masur dort zu hören, bedeutete besonderen Genuss. Masur lud mich wiederholt zu internationalen Symposien über Anton Bruckner, Gustav Mahler und Richard Strauss ein.

Von meiner Mahler-Trilogie war es besonders angetan und hielt sie für das Bedeutendste, was über Gustav Mahler geschrieben wurde. In den neunziger Jahren rückte Giuseppe Sinopoli in den Mittelpunkt meines künstlerischen Interesses. Unermüdlich veranstaltete und dirigierte Sinopoli Konzerte mit Werken von Mahler, Schönberg und Alban Berg. Er lud mich ein, Einführungstexte zu schreiben, so über Schönbergs *Gurrelieder* und das Kammer-Konzert von Alban Berg, und er eröffnete mir, dass seine Mahler-Partituren mit Hinweisen aus meinen Büchern übersät seien.

Im Frühjahr 2003 fragte mich Norbert Bolin, der wissenschaftliche Leiter der Bach-Akademie, ob ich in Stuttgart Vorträge über Gustav Mahler und das *Deutsche Requiem* von Brahms halten und an einem Gesprächskonzert mit Hellmuth Rilling über das Violinkonzert von Alban Berg mitwirken wollte. Ich nahm die Einladung gern an, nicht zuletzt, weil die kulturell sehr aufgeschlossenen Schwaben über die berühmte Liederhalle verfügen, einen großen Gebäudekomplex mit schönen Konzertsälen, den Beethovensaal, den Hegelsaal und den Silchersaal. Es war für uns, meine Lebensgefährtin Silvely MacLean of Coll und mich, eine besondere Freude, Dr. Bolin, das Ehepaar Rilling und das Ehepaar Prinz persönlich kennenzulernen.

Meine Vorträge über die Wiederkunft bei Mahler und über die Vergänglichkeit, Tröstung und Hoffnung bei Johannes Brahms wurden auch vom Publikum sehr gut aufgenommen.

Das Gespräch mit Rilling am 4. September 2003 im ausverkauften Hegelsaal über das legendäre Violinkonzert von Alban Berg machte auf das Publikum einen nachhaltigen Eindruck. Berührt war ich von der sensiblen Art, mit der Rilling Fragen stellte und auf das Wesentliche zu sprechen kam.

Ich kann dieses Kapitel nicht abschließen, ohne meines Kommilitonen und engen Freundes Kurt Anton Hueber, 1928-2008, zu gedenken. Während meiner Wiener Studienjahre war er der Mensch, zu dem ich den freundlichsten Kontakt hatte. Meine regelmäßigen Besuche im Haus seiner Eltern in der Paradisgasse bleiben mir unvergesslich. Kurt war Komponist und Musiktheoretiker. Er kannte sich sowohl in der Musikgeschichte – er hatte über Giovanni Bononcinis Wiener Opern promoviert – wie auch in der Lehre vom Schall bestens aus. Zunächst galt seinem Lehrer Johann Nepomuk David sein Hauptinteresse. Später rückten akustische Themen in den Vordergrund – die Struktur der Glockenklänge, die Konsonanz- und Dissonanztheorie sowie die Spektralstruktur nicht harmonischer Schwingungssysteme. Ich erinnere mich, dass er auf dem Klavier unerhörte glockenähnliche Klänge produzieren konnte.

György Ligeti

In einem Gespräch mit Reinhold Oehlschlägel äußerte György Ligeti einmal, er habe als Gymnasiast immer die Vorstellung gehabt, »entweder als Wissenschaftler oder als Künstler zu arbeiten«. Seine Traumwelt zu verwirklichen, »aber nicht mit irgendwelchen Freunden oder anderen Menschen eine Gruppe zu bilden.« Seit seiner Kindheit sei er einfach »ein Grübler und Einzelgänger und Phantast.«[1] Ich denke: Einzelgänger und Grübler im eigentlichen Sinne des Wortes ist er sein Leben lang geblieben. Als Komponist gehörte er keiner Gruppierung an. Er lehnte Doktrinen und jede Art von Dogmatismus ab. Er habe immer »wie ein Blinder« neue künstlerische Wege gesucht. Nachdem er mein Buch über seine Musik gelesen hatte, sagte er mir, der Untertitel »Jenseits von Avantgarde und Postmoderne« gefiele ihm sehr gut, er treffe uneingeschränkt auf sein Schaffen zu.[2]

Auf die Frage, wer er sei, hat er einmal geantwortet: »Ein in Siebenbürgen geborener Ungar jüdischer Abstammung mit rumänischer Staatsbürgerschaft zu Beginn, später mit ungarischer, noch später mit österreichischer. Ich gehöre nirgends hin. Ich gehöre zur europäischen Intelligenz und Kultur.«

Ähnlich dachte übrigens der namhafte Schriftsteller Imre Kertész. In seinem Roman »*Ich – ein anderer*« stehen die Sätze: »Ihr verlangt doch nicht, dass ich meine nationale, konfessionelle und rassische Zugehörigkeit formuliere? Ihr verlangt doch nicht, dass ich eine Identität habe? Ich verrate euch: Meine Identität ist die des Schreibens.«[3]

Niemand, der Ligeti näher kannte und mit seiner Lebensgeschichte vertraut war, wird einen kosmopolitischen Zug in seiner Persönlichkeit verkennen können. In Siebenbürgen geboren, in Ungarn aufgewachsen, lebte und wirkte er in vielen europäischen Ländern und auch in den Vereinigten Staaten. Er war polyglott und ebenso in Wien wie in Hamburg und in Paris zuhause. Zu seinen

Schülern und Freunden gehörten Menschen aus vielen Nationen, und das Ansehen, das er genoss, war international.

György Ligeti

Er sei, äußerte er einmal, ein Gegner nationalistischer Bewegungen. In seiner Kindheit in Rumänien und Ungarn habe er eine Doppelexistenz geführt. »Meine Muttersprache ist Ungarisch, ich bin aber kein ganz echter Ungar, denn ich bin Jude. Doch bin ich kein Mitglied einer jüdischen Religionsgemeinschaft, also bin ich assimilierter Jude. So völlig assimiliert bin ich indessen auch nicht, denn ich bin nicht getauft. Heute, als Erwachsener, lebe ich in Österreich und in Deutschland und bin seit langem österreichischer Staatsbürger. Echter Österreicher bin ich aber auch nicht, nur ein Zugereister, und mein Deutsch bleibt lebenslang ungarisch gefärbt.«[4]

Ligeti musste Ungarn verlassen und hat sein Leben außerhalb seines Heimatlandes verbracht. Das Gefühl der Nostalgie aber, der Sehnsucht nach der Heimat, ist in ihm wachgeblieben. Im Septem-

ber 1993 eröffnete er mir, er fühle sich als Ungar und zur ungarischen Kultur gehörig. Er liebe die ungarische Literatur und habe
eine starke Bindung zu seiner Muttersprache mit ihren treffenden
Bildern und rhythmischen Strukturen. So erklärte er jedenfalls, dass
er 1983 die *Magyar Etüdök* – Gedichte des bedeutenden ungarischen Dichters Sandor Weöres – vertonte.[5]

Nostalgische Gedichte vertonte er übrigens auch in seiner Jugend. Das folgende Chorlied basiert auf einer ungarischen Volks-
dichtung und entstand 1945 in Budapest. Es trägt den Titel »Ein
schwarzer Vogel« und lautet in deutscher Übersetzung:

Da erhebt sich eine schwarze Wolke.
Darin putzt sich die Federn ein schwarzer Vogel.
Halt, Vogel, halt,
nimm meinen Brief mit
für Vater und Mutter,
für meine Verlobte.
Wenn sie fragen, wo ich bin,
sage, dass ich krank bin,
in der Fremde halte ich mich verborgen.[6]

Neben seiner musischen Ader hatte Ligeti auch eine wissenschaftliche Begabung. Seine Beziehung zur Musik bezeichnete er
als Passion. Er hatte eine Vorliebe für Bildende Kunst und Literatur und interessierte sich zeitlebens für naturwissenschaftliche
Themen. Sein Vater wollte, dass er Biochemiker würde, um das
Geheimnis des Lebens zu ergründen. Eine gewisse Ambivalenz
kennzeichnet seinen Weg in der Jugend. Mit fünfzehn, sechzehn
Jahren fing er an zu komponieren. Daneben fesselten ihn chemi-
sche und physikalische Experimente. Gern hätte er an der Universität in Klausenburg Physik studiert. Den Juden war aber das Studium verwehrt – rückblickend könnte man fast sagen: glücklicher-
weise – denn er wurde Musiker, nachdem er am Konservatorium
Komposition, Orgel und Cello studiert hatte.[7] Eine Zeitlang lang

träumte er sogar davon, die Struktur des Hämoglobins zu entschlüsseln.[8]

Eine hohe Meinung hatte Ligeti von der Mathematik. Er hielt
sie nicht für eine exakte Wissenschaft im Sinne von Physik oder
Chemie, sondern für eine Art Sprache, die zu einem Bereich gehöre, angesiedelt irgendwo zwischen den Naturwissenschaften und
der Kunst. Eigentlich, fand er, war die Mathematik eine Kunst,
weil »ein ganz bestimmter mathematischer Gedankengang« nur
dann wertvoll sei, »wenn er elegant ist«.[9] Kein Wunder, dass er
später von Benoit Mandelbrots »fraktaler Geometrie« geradezu
fasziniert war.[10] Ihrem Wesen nach seien Musik und Mathematik
allerdings verschieden. »In ihrer Quasi-Konsistenz«, so meinte er,
»ähnelt die Musik eher der Grammatik natürlicher Sprachen.«[11]

Einen besonderen Stellenwert nahm in seinem Denken das
Verhältnis von Kunst zur Wissenschaft und das von Musik zur
Technologie ein. Dabei zog er eine scharfe Trennlinie zwischen
Wissenschaft und Kunst. »Wissenschaftliche Ideen und Methoden
unterscheiden sich grundlegend von künstlerischen«, schrieb er
1985. »Weder die Technologie noch die Mathematik als solche
wären imstande, Kunst hervorzubringen«[12], und fügte relativierend
hinzu: »Dagegen können wissenschaftliche Gegebenheiten sehr
wohl künstlerische Ideen und Vorstellungen befruchten und auf
diese Weise segensreich auf die Entwicklung einer neuen visuellen
Kunst und einer neuen Musik einwirken.«[13]

Fasziniert von der Vielschichtigkeit musikalischer Strukturen erklärte Ligeti gelegentlich die Komplexität als eines seiner höchsten
künstlerischen Ziele. Als durch und durch dialektischer Geist hielt
er sich jedoch mit einem Urteil über die ästhetische Wirkung solcher Strukturen zurück. In seinem Aufsatz *Zur Anwendung von Computern in der Komposition* stehen die bezeichnenden Sätze: »Wir wissen nicht einmal, ob hohe Komplexität und großer Beziehungs-
reichtum künstlerische Wertkategorien sind – es gibt extrem simple
Werke, die große Kunst sind.«[14] Datenverarbeitung zur Erzeugung
von Klängen hielt er für nützlich, auch von komplexen

Klangstrukturen. Entsprechend schätzte er die bahnbrechenden Arbeiten von Jean-Claude Risset und John Chowning. Der Komposition mit Algorithmen stand er allerdings reserviert gegenüber.[15]

Ligeti war allen Bereichen des geistigen Lebens – Literatur, Bildende Kunst, Geschichte, Naturwissenschaft, Politik – gegenüber aufgeschlossen. Bestimmt wurde sein Leben aber durch seine Leidenschaft für Musik. Er war einer der kühnsten Innovatoren der neuen Musik – ein spekulativer Geist, der nichts unversucht ließ, die Kunst der Klänge und Geräusche, der »Sonoritäten« – ja, den gesamten akustischen Kosmos neu zu denken. Er hat stets bisher nicht gehörte Musik geschrieben, und doch beschritt er Wege, die ihn weit von der musikalischen Avantgarde der sechziger Jahre wegführten. Spätestens 1957 lernte er bei Karlheinz Stockhausen die serielle Methode kennen, doch wollte und konnte er sie sich nicht aneignen. Seine Besprechung der Dritten Klaviersonate von Pierre Boulez wurde legendär und trug entscheidend zur Überwindung des Serialismus bei.[16] Starre Regeln und Systeme stießen ihn ab, Stimmungen und Temperaturen der europäischen und der außereuropäischen Musik interessierten ihn lebhaft. Er experimentierte mit der reinen Stimmung und mit Mikrotönen, doch konnte er sich nicht dazu durchringen, ausschließlich mit diesen kompositorischen Möglichkeiten zu arbeiten. Sein geniales Verfahren der »Mikropolyphonie« wurde weltberühmt. Mit seinen frühen Werken huldigte er vielfach seinem Ideal vom schillernden, oszillierenden Klang.[17] In seinen späteren Kompositionen scheute er nicht davor zurück, das temperierte System aus den Angeln zu heben. Skordatur, d.h. »verstimmte« Streichinstrumente, mikrotonale Abweichungen, Naturobertöne erwiesen sich als probate Mittel dazu.

Anfang der achtziger Jahre vollzog sich im Schaffen Ligetis eine bedeutsame Wende. Auf der Suche nach neuen Wegen ließ er sich von vielen musikalischen Richtungen und Themen inspirieren, von der Musik für mechanische Klaviere des mexikanischen Komponisten Conlon Nancarrow, vom Studium der zentralafrikanischen subsaharischen Musik, von der fraktalen Geometrie bis zur Betrachtung fraktaler Bilder – Anregungen, die sich in seinem 1982 entstandenen *Horntrio* niederschlugen, in seinen berühmt gewordenen Klavieretüden und in seinem Klavierkonzert. Ursprünglich hatte er zwei Hefte der Klavieretüden geplant, mit gegensätzlichem Ausgang, wie er mir in einem Gespräch eröffnete. Während die sechste Etüde als finsteres Stück gedacht war, das mit einem Sturz in den Abgrund enden sollte, sollte die letzte Etüde mit einem strahlenden Stück, einer Art paradiesischer Vision, schließen.

Ligeti nahm die Arbeit an der ersten Etüde *Désordre* bereits im November 1984 in Angriff. Eine Zeitlang dachte er daran, dem Stück den Titel *En blanc et noir* zu geben – ein Ausdruck, der sich auf die Tastatur des Klaviers bezieht und bedeutet, dass die rechte Hand des Spielers auf den weißen und die linke auf den schwarzen Tasten zu spielen hat. Die Unordnung und das Chaos, die der endgültige Titel *Désordre* suggeriert[18], ergeben sich aus den komplexen rhythmischen Verhältnissen. Wie viele Stücke Ligetis hat auch *Désordre* eine Art stereometrische Gestalt wie ein räumlich dreidimensionales Gebilde. Das Klangfeld, mit dem das Stück anhebt, liegt im mittleren Tonbereich und öffnet sich allmählich nach beiden Richtungen: Während die rechte Hand den äußersten Hochtonraum einnimmt, erobert die linke Hand die entgegengesetzte Tonregion bis zur extremen Tiefe. Gleichzeitig steigert sich der Klang. Ein zweiter kürzerer Klangzug setzt erst später ein. Auch hier driften die Hände, wenn auch jetzt nicht mehr so stark, auseinander. Nur in den letzten Takten, in denen die Musik ausklingt, spielen sie parallel.

Dezidiert vertrat Ligeti die Ansicht, dass Musik weder fortschrittlich noch rückschrittlich sein könne. Allerdings räumte er ein, dass sie mit dem Leben insgesamt, mit der gesellschaftlichen Situation vielfach in Zusammenhang stehe.[19] *Automne à Warsovie*, die sechste Etüde, wird in den Skizzen als »großes Lamento« bezeichnet, Ihr Thema, immer wieder variiert, besteht in erster Linie aus absteigenden Halbton- und Ganztonintervallen, weist aber auch gelegentlich aufsteigende Diastemata, Lücken, auf, oft mit einem Sforzato-Zeichen versehen. Der schmerzliche Charakter der Musik ist unüberhörbar. Das Stück lässt sich mit einer Fuge vergleichen: das Thema wird auf sehr phantasievolle Weise polyphon behandelt. Es erklingt im Original und in Gegenbewegung, in verkleinerten Notenwerten oder vergrößerten.

Am 11. Juli 1985 geschrieben und Ligetis polnischen Freunden zugeeignet, hat die *Sechste Etüde* einen politischen Zusammenhang. Das Stück bezieht sich auf die heikle Lage Polens Anfang der achtziger Jahre. Das Lamento und der »Sturz in den Tartarus« am Schluss erinnern an eine düstere Phase der polnischen Geschichte unter Jaruzelsky, der liberale Regungen erstickte, die freie Gewerkschaft Solidarnosz verbot und den Kriegszustand über das Land verhängte.

Einen eigenen Bereich innerhalb Ligetis Schaffen sind die von der Bildenden Kunst angeregten Kompositionen. Stimuliert von einer hohen, säulenartigen Skulptur des rumänischen Bildhauers Constantin Brancusi, die er in den Karpaten gesehen hatte, nannte er seine vierzehnte Etüde *Coloana infinita, »*Unendliche Säule«. Beim Hören erweckt die Etüde den Eindruck enormer Robustheit und Monumentalität. Von allen Klavieretüden ist sie dynamisch am wenigsten differenziert. Sehr laut vom Anfang bis zum Ende hebt sie gleich im dreifachen Forte (*sempre con tutta la forza*) an. Die weiteren Vortragsanweisungen besagen, dass von der Mitte des Stückes an die Lautstärke noch zu steigern sei. Dabei wird der gesamte Piano-Bereich ausgespart. Noch ungewöhnlicher ist, dass die massigen Klangzüge der beiden Hände – sie verhalten sich zueinander wie sich überschlagende Wellen – stets steigende Konturen haben. Der Prozess des Höher- und Höher-Schraubens im Kleinen wie im Großen ist das Erkennungsmerkmal des Stückes wie auch der »Unendlichen Säule«.[20]

Als eminent kritischer Geist stellte Ligeti an sich, seine Kollegen und seine Schüler die höchsten Anforderungen. Auch manche eigenen Werke hielten später seinem scharfen kritischen Urteil nicht stand. Deshalb unterzog er sein surrealistisches Bühnenwerk

Le Grand Macabre einer radikalen Revision. Mein letztes ausführliches Gespräch mit ihm fand im September 1999 in Hamburg statt. Er war damals bereits krank und wohl auch deshalb sehr pessimistisch. Er sagte das Ende der Kultur voraus, beklagte den allgemeinen Niedergang der Leistungen und den Kult, den man mit der Mittelmäßigkeit trieb. In seiner Jugend habe man den experimentellen Geist und Kunstrichtungen wie den Surrealismus und den Dadaismus bewundert. »Wo sind unsere Träume geblieben?« fragte er. Alles sei dahin.

Mit György Ligeti verlor die internationale Kulturwelt einen der bedeutendsten Komponisten der Gegenwart, einen höchst originellen Künstler, der komplexe Werke schuf und dennoch bemerkenswert populär war. Schon zu Lebzeiten gehörte er zu den Klassikern der Moderne. Nach seiner Flucht aus Ungarn im Dezember 1956 und bis zu seiner Berufung an die Staatliche Musikhochschule in Hamburg 1973 lebte er von eher kargen Lehraufträgen. Er unterrichtete in Italien, in Aix-en-Provence, in Dänemark, in Schweden und in den Vereinigten Staaten.

Die Faszination, die von Ligetis Musik ausgeht, lässt sich nicht nur auf ihre Stimmigkeit und die erstaunlich moderne Klanglichkeit zurückführen, sondern auch auf ihren Phantasiereichtum und ihr Vermögen, Gedankenverbindungen anzuregen. Vieles stimulierte ihn, und die verschiedenartigsten Elemente verschmolzen zu seiner unverwechselbaren Musik. Er war ein Meister der Illusionsästhetik. Seine assoziationsgeladene Musik stellt besondere Ansprüche an den Hörer, sie fordert von ihm Mitvollzug von höchst komplexen Sinneswahrnehmungen. Ein gebildeter Hörer, der in der Lage ist, die ganze Bandbreite der Anknüpfungen zu erkennen und wertzuschätzen, wäre für Ligeti der ideale Musikkonsument.

Er erhielt die höchsten Ehrungen, die die Kulturwelt zu vergeben hat. Seine großen Werke werden die Zeit überdauern. Ihre Originalität und ihre hohen ästhetischen Ansprüche sind Garant dafür.

Ligetis Grand Macabre – Von der Absurdität der menschlichen Existenz

Im Februar 1989 – ein halbes Jahr nach seiner Emeritierung – kommentierte Gyögy Ligeti in der Hamburger Musikhochschule einige seiner Werke. Dabei gab er zum ersten Mal Informationen zur Entstehungsgeschichte der Werke preis. Gefragt warum er ausgerechnet den Text der katholischen Totenmesse zur Vertonung gewählt habe, antwortete er, dass er als Jude und Sohn eines Atheisten von sich nicht behaupten könne, ein besonders inniges Verhältnis zur katholischen Kirche zu haben. Zwei Gründe hätten ihn zur Vertonung bewogen: Seine besondere Vorliebe für das *Dies Irae*, die berühmte Sequenz des Thomas von Celano. Das Apokalyptische dieser Dichtung aus dem 13. Jahrhundert, deren Doppelstrophen er bewundere, habe ihn seit seiner Jugend fasziniert, wie er sich auch stets zu den Höllendarstellungen von Pieter Brueghel und Hieronymus Bosch hingezogen fühle. Zum anderen hätten ihn die Verfolgungen der Katholiken in Ungarn nach dem Zweiten Weltkrieg tief erschüttert.

Auch eine weitere Mitteilung verdient besondere Beachtung. Ligeti deutete an, dass zwischen dem *Dies irae* aus seinem Requiem und seiner Oper *Le Grand Macabre* manche Ähnlichkeit bestehe. Die Furcht des Menschen vor dem Ende sei Sujet beider Werke. Nur dass in *Le Grand Macabre* das Thema auf ironisierende Weise behandelt werde.

Es scheint paradox: Der Tod, die Furcht vor dem Ende, ist Ausgangspunkt des absurden Denkens. Der absurde Mensch glaubt nicht an den tiefen Sinn der Dinge und hofft nicht auf ein Leben nach dem Tod. Was nach dem Tod kommt, ist ihm belanglos. Deshalb ist für ihn die menschliche Existenz völlig absurd. Absurdes Denken lässt sich in die Aussage fassen: es gibt keinen Gott, keine Transzendenz, kein Jenseits, kein Morgen, keine Wertskala, keine Hoffnung und auch keinen Trost. Nach Albert Camus, dem wichtigsten Vertreter der Philosophie des Absurden, kreist der

Mythos des Sisyphos um die fundamentale Entscheidung, ob das Leben sich lohnt oder nicht.[21] »Es gibt«, so Camus, »nur ein wirklich ernstes philosophisches Problem: den Selbstmord.« Camus' Philosophie des Absurden ist vom Atheismus geprägt. Sie verhält sich entgegengesetzt zum christlichen Jenseitsglauben, zu dem sich der französische Philosoph Gabriel Marcel bekennt, und praktisch zu allen klassischen Philosophieversuchen. Manche Anregungen erhielt Camus von Nietzsche und Dostojewski, aber auch von Sören Kierkegaard und seinem Rivalen Jean-Paul Sartre.

Camus' *Der Mythos des Sisyphos* erschien während des Zweiten Weltkriegs 1942 auf Französisch und fand bald große Beachtung. In den fünfziger Jahren verbreitete sich das absurde Denken schnell und faszinierte viele Schriftsteller, bildende Künstler und manche Musiker. 1952 kam Samuel Becketts *Warten auf Godot* heraus. Beckett gehört neben Eugène Ionesco und Jean Genet zu den repräsentativen Vertretern des absurden Theaters.[22]

György Ligeti lässt sich als Künstler nicht leicht einordnen. Er selbst versteht sein vielseitiges Schaffen als »jenseits von Avantgarde und Postmoderne«.[23] Sein Wesen ist in erster Linie durch Skeptizismus gekennzeichnet. Er grenzte sich von der Musik des 19. Jahrhunderts kategorisch ab: »In meiner Musik gibt es keine Weltanschauung.«[24] Auch bekannte er: »Ich glaube nicht an große Ideen, Lehrgebäude, Dogmen …«[25] Allerdings hatte er zeitlebens eine Vorliebe für das Imaginäre und das Absurde. Zur letzteren Kategorie muss man seine beiden Dramen *Aventures* und *Nouvelles Aventures* und die Oper oder Anti-Oper *Le Grand Macabre* zählen. Der österreichische Musikkritiker Harald Kaufmann nannte zu Recht die beiden Mimodramen einen »Fall absurder Musik«, und versuchte zu verdeutlichen, dass die Absurdität dabei nicht als Nivellierung, sondern als Steigerung und Differenzierung des Intellektuell-Sinnvollen anzusehen sei.[26]

Ligetis Oper, zwischen 1974 und 1977 entstanden, fußt auf dem Drama *La Balade du Grand Macabre* des 1892 geborenen flämischen Dichters Michel de Ghelderode, einem Theaterstück, das von dem

bevorstehenden Weltende und der kreatürlichen Angst des Menschen vor dem Tod handelt.[27] Als Ligeti die Ballade kennengelernt
hatte, war er von ihr begeistert: »Dieses Stück war«, so äußerte er
sich später, »für meine musikalisch-dramatischen Vorstellungen
wie geschaffen: ein Weltuntergang, der dann gar nicht wirklich
stattfindet, der Tod als Held, der aber vielleicht nur ein kleiner
Gaukler ist, die kaputte und doch glücklich-gedeihende, versoffene,
verhurte Welt des imaginären Brueghellandes«. Er erkannte freilich
sofort, dass Ghelderodes ironisch-pathetische Sprache sich zur
Vertonung wenig eignete, und bat deshalb Michael Meschke, den
Regisseur und Direktor des Stockholmer Marionettentheaters, ein
Libretto nach Art des Schriftstellers Alfred Jarry zu verfassen:
»ganz knapp, unpsycholgisch, wie ein Puppenspiel, ganz direkt,
aber doch sinnlich.«

A propos Alfred Jarry: Ligeti schätzte das bekannte Theaterstück *König Ubu* des französischen Schriftstellers sehr. Im Dezember 1896 in Paris uraufgeführt, wurde das Stück von Dadaisten und
Surrealisten gefeiert. Es gilt als Vorläufer des absurden Theaters.[28]
Absicht des Dramas ist, die Machtgier und Tyrannei seiner Figuren
zu persiflieren. Der Herrscher in Ligetis Brueghelland, der verfres-
sene und babyhafte Fürst Go-Go, trägt Züge des primitiven, fei-
gen, gefräßigen und machtbesessenen Père Ubu, dem es gelingt,
den polnischen Thron an sich zu reißen und die Bevölkerung
durch seine eigennützige Steuerpolitik zu tyrannisieren. Auch für
manche vulgären Sprachwendungen in Ligetis Stück haben ent-
sprechende Wendungen in Jarrys Stück Pate gestanden.

Ligeti war eigentlich kein Freund der Psychoanalyse. Umso auf-
fälliger ist es deshalb, dass er fast immer psychologisierend argu-
mentiert, wenn er von *Le Grand Macabre* spricht. Grundthema der
Oper sei, so meinte er, die Aufhebung der Angst durch Verfremdung. Dabei gehe es um die Angst vor dem Tod und vor dem
Ende, auch um die Angst, dass unsere Zivilisation zugrunde gehen
könnte. Angst ließe sich nur durch Verfremdung besiegen, indem

man sehr ernste Dinge lächerlich mache. Ironische Distanz zu den Dingen zu halten, sei sehr wichtig.

Ohne zu übertreiben könnte man die Oper als »verrücktes Welttheater« bezeichnen. Vertieft man sich in die Struktur des Stückes, so kristallisieren sich fünf Kategorien des Absurden heraus:

1 Das Widersinnige, Verrückte, Paradoxe

2 Das Doppelbödige

3 Das Tragikomische

4 Das Groteske

5 Die Ironisierung.

Der absurd denkende Mensch ist überzeugt von der Sinnlosigkeit des menschlichen Daseins und der Unzulänglichkeit rationaler Anschauungsformen. In seinem Essay über Kafka schreibt Eugène Ionesco: »Wird der Mensch losgelöst von seinen religiösen, metaphysischen oder transzendentalen Wurzeln, so ist er verloren. All sein Tun wird sinnlos, absurd, unnütz, erstickt im Keim.«[29] Ausgangspunkt der Existenzphilosophen ist das Irrationale. Das Absurde wird zur Chiffre des Irrationalen, an dem alle idealistischen Synthesen scheitern müssen.

In Ligetis Oper besteht das Widersinnige darin, dass Nekrotzar, der nach Breughelland mit der Absicht gekommen ist, mit Hilfe eines Kometen das ganze Volk und damit auch die Welt auszulöschen, zuletzt aus Gram darüber stirbt, sein heiliges Ziel verfehlt zu haben. In einer Regieanweisung heißt es ausdrücklich: »Nachdem die Sonne langsam aufgegangen ist, steht er eine Weile bewegungslos, dann beginnt er zu schrumpfen, fällt zusammen, wird immer kleiner, wird zu einer Art Kugel, schrumpft weiter und verschwindet schließlich: er wird eins mit dem Erdboden.«

Die verrückte Welt, in der *Le Grand Macabre* spielt, kann sich nur in einer verrückten Klangwelt widerspiegeln. Folgerichtig bediente sich Ligeti eines »regelwidrigen« Instrumentariums. Die apokalypti-

sche Basstrompete, die dem Nekrotzar zugeordnet ist, ist nur eines
von vielen außergewöhnlichen Instrumenten, die die Partitur vor-
schreibt: Mundharmonikas, Sirenen, Autohupen, verschiedene
Lotus-, Signal- und Trillerpfeifen und viele Blechbläser, oft in
extremen Registern.[30] Das Vorspiel zum ersten Bild hat die Mon-
teverdische *Toccata* zum Vorbild. Doch anstelle von Trompeten,
Clarinen und Posaunen spielen zwölf Autohupen. Ligeti dazu:
»Der denaturierte, erstickende, ungelenke Klang der Autohupen –
eine Art Blechbläser, die aber nicht richtig funktionieren – signali-
siert die kaputte Welt von Breughelland.«

Von Ghelderode wird behauptet, er entführe uns in eine
Scheinwelt, ins Unwirkliche; jenseits von Normalität und kausaler
Logik.[31] Seine Domäne ist das Doppelbödige.

Nekrotzar, der große Macabre, ist bei Ghelderode »riesenlang,
klapperdürr« und hat »tiefliegende, stechende Augen«. In Ligetis
Oper erhielt er wesentlich dämonischere Züge. »Nekrotzar ist«, so
lautet eine wichtige Regieanweisung, »als Tod kostümiert. Sein
Kopf kann ein Totenkopf, sein Körper ein Skelett sein. Die Kos-
tümierung und Maskierung soll aber etwas Doppelbödiges, Faden-
scheiniges einbeziehen; es soll der zwiespältige Eindruck entstehen,
Nekrotzar könnte der Tod sein oder vielleicht auch nur ein Gaukler, der vorgibt, er sei der Tod. Da es sich am Ende der Oper her-
ausstellt, dass Nekrotzar tatsächlich der Tod ist, soll der Charakter
›Tod‹ überwiegen. Das Gauklerhafte, das Falscher-Messiashafte
soll nur unterschwellig mitspielen. Nekrotzar ist sehr groß und
hager, er soll größer scheinen als ein Mensch.« Ein weiteres Kennzeichen des absurden Theaters ist die Vermischung von magischen
und komischen Elementen. Samuel Beckett versah sein Stück
»Warten auf Godot« mit dem Untertitel »Une tragi-comédie«. In
mehreren seiner Stücke kulminieren absurde Handlungen und
Dialoge in Situationskomik, die die tragische Wirkung verstärkt.

Auch Ligetis Oper trägt tragikomische Züge. Eine merkwürdig
schillernde Doppeldeutigkeit ist ihr Prinzip, so Ligeti. Alles sei
fortwährend doppeldeutig, das Ernste humoristisch, das Komische

todernst. Selbst die »blöden« Texte, über die sich mancher Zuschauer beim ersten Hören vielleicht ärgere, seien in ihrer tieferen Schicht eigentlich tragisch. *Le Grand Macabre* ist freilich keine normale Tragödie, sondern eine Oper sui generis, die vieles der Popart verdankt und gleichzeitig in der Tradition des mittelalterlichen Totentanzes, des Mysterien- und Kasperle-Spiels steht. Bei der Konzeption des Werkes ließ sich Ligeti von der Literatur Kafkas, Fritz von Herzmanovsky-Orlando, Alfred Jarry und Boris Vian wie von den Gemälden von Hieronymus Bosch anregen.[32]

Ein eindrucksvolles Beispiel für Tragikomik bietet das zweite Bild, die sadomasochistische Szene zwischen dem Hofastrologen Astradamors und seiner dominanten Frau Mescalina. Bezeichnend ist hier der rasche Wechsel der szenischen Situationen. Entsprechend schnell wechselt auch die Musik ihren Charakter. So entsteht eine Folge kontrastierender Bilder, die vielfach isoliert dastehen und oft durch Generalpausen voneinander getrennt sind. Man ist versucht, von musikalischen Comics oder Cartoons zu sprechen. Einige Beispiele: Nachdem Mescalina ihren Mann mit einem Karateschlag zu Boden gestreckt hat, fürchtet sie einen Moment lang, ihn getötet zu haben, und beginnt zu lamentieren. Darauf reagiert die Musik ironisch mit neuartigen Seufzerfiguren. Um zu testen, ob Astradamors wirklich tot ist, lockt Mescalina aus der Ecke eine riesige, behaarte Spinne hervor und hält sie ihm unter die Nase.

Astradamors unartikulierte Schreie münden in eine äußerst virtuose Gesangspartie, die »wie eine verrückte Barockarie« vorzutragen ist. Etwas später beginnen Mescalina und Astradamors einen »grotesken und unverschämten Tanz«, so die Regieanweisung. Noch später, als Mescalina dem Hofastrologen befiehlt, ans Fernrohr zu gehen und in die Sterne zu schauen, setzt eine »schöne« und ätherische Musik ein. Das Phänomen der ungewöhnlichen Lichtbrechung wird mit »zystoskopischen« Klängen illustriert.[33]

Das Absurde ist mit dem Grotesken eng verwandt. Unter »grotesk« versteht man das Abnorme, Sonderbare, Bizarre, Skurrile, Grillenhafte, Überspannte, oft Lächerliche.[34] Gerät eine geordnete

Welt ins Wanken, so entstehen groteske Situationen. Franz Kafka,
E.T.A. Hoffmann, Hieronymus Bosch gelten als Meister des Grotesken.

In *Ligetis Le Grand Macabre* ist das Groteske allgegenwärtig.
Nichts stimmt, alles ist schief, alles zeigt sich in einer verzerrten
Perspektive. Das imaginäre Brueghelland, eine »kaputte« Welt, die
keine Sorgen kennt, stellte sich Ligeti als Schlaraffenland vor, in
dem einem gebratene Hühner in den Mund fliegen und Wein in
Strömen fließt. Einen recht ambivalenten Eindruck hinterlässt die
Musik zum Einzug des Nekrotzars. Er reitet auf Piet-vom-Fass.
Die vier Musikanten, die ihn begleiten – Piccoloflöte, Es-
Klarinette, Fagott und Violine – erscheinen kostümiert, das übrige
Volk trägt mittelalterliche Teufelsmasken. Sie geben sich bald
feierlich, bald ausgelassen. Nekrotzar schwingt die Sense und bläst
wie wild auf der Trompete.

Nicht minder eindrucksvoll ist die »kosmische« Musik, die Ligeti
für den Schluss des dritten und den Anfang des vierten Bildes
schrieb. Sowohl szenisch als auch musikalisch bildet die Weltver-
nichtungsvision den Höhepunkt der Oper. Nachdem in Ziffer 565
die himmlischen Posaunen ein letztes Mal erklungen sind, besinnt
sich der völlig betrunkene Nekrotzar doch auf seine Mission und
fragt nach der Zeit. Von Piet erfährt er, dass es wenige Sekunden
vor Mitternacht ist. Plötzlich zu sich kommend ruft er nach Sense,
Trompete und Pferd. Daraufhin tragen Fürst Go-Go, Piet und
Astradamors ihn zum Schaukelpferd und setzen ihn darauf. In
visionärer Pose verkündet er nun das Ende der Welt.

Das vierte und letzte Bild beginnt mit einer Phantasmagorie.
»Dichter Nebel. Irreal-traumhaftes Licht. Piet und Astradamors
schweben frei im Raum. Sie träumen, sie seien im Himmel.« Astradamors, der von Metamorphose spricht, meint, zum Paradies zu
schweben, Piet glaubt, schon die himmlischen Harfen zu hören.

Wiederholt äußerte Ligeti, seine Absicht sei gewesen, die existentielle Angst des Menschen zu verfremden. Als probates Mittel
diente ihm dazu die Ironisierung. Fast alles in der Oper wird persi-

fliert. Sowohl die verschiedenen Formen der Liebe als auch die Laster und Beziehungen der Menschen, ja, selbst der Tod. Das erste Bild ironisiert die Liebesbeziehung zwischen Amando und Amanda; die Liebe wird ausschließlich auf das Sexuelle reduziert. Bezeichnenderweise tragen die Liebenden in Meschkes Libretto die drastischen Namen Clitoria und Spermando. Im zweiten Bild, der sadomasochistischen Szene zwischen Astradomors und Mescalina, wird eine bestimmte Form der Geschlechtsbeziehung drastisch verspottet. Dabei steigern sich das Grobe, Derbe, Ordinäre und Obszöne bis zum beinahe Ekelhaften, wobei Mescalina für das Animalische und Grausame der menschlichen Natur steht. Im dritten Bild werden der totalitäre Staat, der kindliche Potentat, die korrupten Funktionäre und deren Steuerpolitik ins Lächerliche gezogen.

In die Persiflage wird auch der Tod mit einbezogen, häufig mit dämonischen Zügen ausgestattet. Doch erliegt er selbst dem Rausch und kann sein Vernichtungswerk nicht vollbringen. Der gefürchtete Weltuntergang bleibt aus. »Verrückt« ist dabei, dass Nekrotzar die einzige Figur der Oper ist, die wirklich stirbt. Deshalb stellt der Hofastrologe Astradamors im Schlussbild die Frage: »Wie war der Tod? Oder schier nur ein Sterblicher wie wir?«

Nach Nekrotzars Verschwinden halten Astradamors und Piet eine Art Grabrede auf ihn. Sodann treten Amanda und Amando umschlungen aus der Grabkammer. »Sie sind zwar stark zerzaust, aber von wunderbarer Anmut. Sie werden vom Sonnenlicht geblendet und merken zunächst nichts von ihrer Umgebung.« Verwundert fragt sie Piet:

Hallo, Kinder…
wisst ihr denn nicht,
dass das Weltende gekommen ist?

Die Liebenden beteuern, keine Todesangst zu kennen. Es gäbe
für sie »nur hier und jetzt!« Dieser Slogan wird nun die Losung für
alle. Am Schluss singen alle Sänger:

Fürchtet den Tod nicht, gute Leut?
irgendwann kommt er, doch nicht heut'.
Und wenn er kommt, dann ist's soweit...
Lebt wohl so lang in Heiterkeit!

Das Absurditätsgefühl, das viele schöpferische Menschen beherrscht, wird von drei Faktoren bestimmt: von der Fremdheit
gegenüber der sozialen Umgebung, der Nichtigkeit gegenüber der
übermächtigen Natur und der Unfähigkeit zu umfassender Erkenntnis. Dies alles spielt in Ligetis Oper eine wichtige Rolle. Sieht
man von Amando und Amanda ab, dem Liebespaar, das direkt aus
Botticelli-Gemälden zu stammen scheint, so bestehen zwischen
den anderen Personen des Stücks keinerlei tiefere Beziehungen.
Astradamors, der Hofastrologe, fühlt sich dem Weltall gegenüber,
das er observiert, völlig ohnmächtig. Eine schlüssige Erkenntnis
bleibt letztlich unmöglich, weil die Sinnfrage durch den Tod ad
absurdum geführt wird. Von der menschlichen Existenz wird
vielfach behauptet, dass sie eine fundamentale Absurdität kenne.

Die vorliegenden Ausführungen wollen nicht als Plädoyer für
die Philosophie des Absurden verstanden werden, sondern ledig-
lich als ein Bericht. Die Sinnfrage ist allerdings eine Lebensfrage.
Deshalb fordert uns die Philosophie des Absurden zu einer persönlichen Stellungnahme heraus – sei es im Sinne einer Zustimmung oder einer totalen Ablehnung.

Leonard Bernstein

Gustav Mahler war bekanntlich von 1891 bis 1897 Erster Kapellmeister am Hamburger Stadttheater, aus dem er eine Opernbühne von europäischem Format machte. In Anbetracht dieser Tatsache meinte der Hamburger Musik- und Literaturwissenschaftler Georg Borchardt knapp hundert Jahre später, Hamburg müsse endlich zu einer Mahler-Stadt werden. Deshalb gründete er 1988 die Gustav Mahler Vereinigung Hamburg, die vielseitige Aktivitäten entwickelte. Die Vereinigung veranstaltet Konzerte, wissenschaftliche Symposien, Vorträge und Lesungen, sie gibt eine eigene Schriftenreihe *Mahler-Studien* heraus. Zahlreiche Projekte zum Andenken an Gustav Mahler wurden umgesetzt. Dazu zählen der Gustav-Mahler-Platz, Gedenktafeln an der Staatsoper und am Haus Bundesstraße 10 sowie die Aufstellung von Mahler-Büsten in der Staatsoper und in der Laeiszhalle. Es gelang Borchardt, keinen Geringeren als Leonard Bernstein als Ehrenpräsidenten zu gewinnen. Leider ist dieser am 14. Oktober 1990 gestorben.

Bernstein ist einmal gefragt worden, ob er sich mit Mahler identifiziere. Er verneinte die Frage nicht, sprach vage von Ähnlichkeit. In meinen Augen war Mahler Bernsteins Leitbild und hat seine geistige Entwicklung entscheidend geprägt. Bernstein ist einer der vielseitigsten Musiker unserer Zeit gewesen, vielleicht der universellste, nicht nur als Dirigent und Komponist weltberühmt, sondern auch als Pianist, Liedbegleiter und Musikpädagoge. Er selbst sprach von einem Hin- und Hergerissen sein zwischen Darstellen und Schaffen und meinte, diese Kluft könne einen schizophrenen Effekt bewirken. Die eine Arbeit fände in größter Öffentlichkeit statt, die andere in größter Einsamkeit. Seine zeitraubende Tätigkeit als Dirigent erklärte er aus einem starken Kommunikationsbedürfnis. Er verspürte in sich den Drang, die Erregung und Begeisterung, die ihn mit der Musik verband, mit möglichst vielen Menschen zu teilen.

Ähnlich mag es Gustav Mahler ergangen sei. Das Komponieren war sein Lebensinhalt. Er beklagte sich darüber, dass er nicht genügend Zeit dafür habe, weil ihn das Schicksal an die Galeere Theater gefesselt habe. Allerdings konnte er sich vom Dirigieren auch dann nicht lösen, als er es eigentlich aus finanziellen Gründen nicht mehr nötig hatte, öffentlich aufzutreten. Nach seinem Abschied von der Wiener Hofoper behielt er seine Lebens- und Arbeitsgewohnheiten bei: während der Saison dirigierte er, in den Sommermonaten widmete er sich der Komposition. Ganz offensichtlich brauchte er den Kontakt mit dem Publikum und mochte nicht darauf verzichten.

Bernstein verbindet mit Mahler seine Zugehörigkeit zum Judentum, und bei beiden sprengt eine tief empfundene Religiosität die konfessionellen Schranken. Der Jude Mahler konvertierte zum Christentum und fühlte sich zum Ritus der katholischen Kirche hingezogen, doch das lateinische Glaubensbekenntnis vertonte er nicht. Dafür verstand er die *Achte Symphonie* als seine »Messe« und zugleich als sein »Geschenk an die Nation«. Sowohl die *Zweite* als auch die *Achte Symphonie* verleihen seinem persönlichen Glauben Ausdruck. Bernstein stammte aus einer Rabbinerfamilie und war Sohn eines tiefgläubigen Vaters. Für seine geistliche Musik ist stärker als bei Mahler das Nebeneinander von jüdischem und christlichem Gedankengut bezeichnend. Nachdem er die *Chichester Psalms* in hebräischer Sprache vertont hatte, komponierte er eine Messe, der sowohl der lateinische Text des »Ordinarium Missae« – die Texte, die übers Kirchenjahr hinweg fester Bestandteil der Messfeier sind – als auch englische Texte zugrunde liegen. Er betrachte seine Messe, so äußerte er später, als »rein religiöse Aussage«, aber nicht als Werk, das »im Zusammenhang mit organisierter Religion« aufgeführt werden sollte.

Zu Mahlers wie Bernsteins Wesen gehört die Verbindung scheinbar extremer Gegensätze: exzessiver Gefühlsüberschwang mit schonungslos kritischem Verstand. Diese Seelenverwandtschaft erklärt vielleicht, warum Bernstein ein genialer Mahler-

Interpret geworden ist, der dessen Vortragsanweisungen und überhaupt seine Intentionen erfasste und kongenial in die Praxis um-
setzte. Seine Einspielungen Mahlerscher Werke sind Marksteine
der Geschichte der Mahler-Interpretation. Unübertrefflich zum
Beispiel sein Einfall, das Solo im Finale der Vierten Symphonie
von einem Knaben singen zu lassen. Mahler hatte an den Vortrag
durch eine Sängerin gedacht; doch wollte er das Lied mit »kindlich-
heiterem Ausdruck« vorgetragen wissen.

Seine Popularität als Komponist verdankt Bernstein nicht nur
dem Musical *Westside-Story,* das ein Welterfolg wurde, sondern auch
der Mixtur verschiedener Stilarten in seinen Werken. Eine Brücke
zwischen E- und U-Musik zu schlagen, war eines seiner wichtigsten Anliegen, fast als wollte er Klassik, Jazz und Pop miteinander
versöhnen. Oft wechselt er plötzlich von einer Stilart in die andere
– ein Verfahren, das ihm den Vorwurf des Eklektizismus eintrug.
Zu seiner Rechtfertigung verwiesen seine Anhänger darauf, dass
Ähnliches auf Mahler zutreffe, in dessen Werken nach dem berühmten Diktum Adornos die »untere Musik« in die »hohe Kunst«
eindringe. Ein Vergleich, der etwas hinkt. Bernstein war erpicht auf
Breitenwirkung, es ging ihm um die Schaffung einer echt amerikanischen neuen Musik, die unterschiedliche Bevölkerungsschichten
ansprechen sollte. Am besten geschrieben von Komponisten, die
in beiden Welten zuhause sind: in Jazzlokalen und Konzertsälen.

Aufschlussreich sind seine Erörterungen über das Wesen der
Kunst. »Ich glaube«, sagte er einmal, »dies ist der wichtigste Aspekt
jeder Kunst: dass sie nicht vorsätzlich aus dem Kopf eines Menschen stammt.« Bernstein hielt wenig von rein intellektueller Musik. Er glaubte, dass der Komponist in einem tranceartigen Zu-
stand Inspiration empfange und dass meist im Liegen komponiert
werde. Zur Bestätigung berief er sich auf die Autorität von C. G.
Jung, benutzte wissenschaftliche Fachbegriffe wie »Persona« und
»Anima« und meinte, dass echte Kunst aus dem Unbewussten
entstehe. Den wirklich wertvollen Stoff der Kunst bilde das im
Wesentlichen von Gott gesandte Visionäre. Ähnliche Ansichten

hatte schon Mahler geäußert. Über die Entstehung der *Achten Symphonie* sagte dieser, er habe unter Zwang gestanden, es sei wie eine blitzartige Vision gewesen, er habe das Ganze nur aufzuschreiben gehabt, als ob es ihm diktiert worden wäre.

Bedeutende Musik war für Leonard Bernstein nicht nur bloßes Klangspiel, sondern weit mehr. Große Kunstwerke unterscheiden sich seiner Ansicht nach von mittelmäßigen durch die unverwechselbare Atmosphäre, die sie verbreiten. Bedeutende Musik überbringe eine Botschaft, glaubte er wie Schönberg, und hatte damit praktisch intuitiv auch die Botschaft der letzten Symphonien Mahlers erfasst. Dessen Musik sei nach seinem Tod fünfzig Jahre vernachlässigt worden, weil die Botschaft, die seine *Neunte Symphonie* überbrachte, eine Botschaft war, die die Welt nicht hören wollte. »Was war es, daß Mahler gesehen hat?« fragte Bernstein, und er antwortete: »Drei Arten des Todes: zuerst seinen eigenen bevorstehenden Tod, dessen Nähe er ahnte … zweitens den Tod der Tonalität, was für ihn den Tod der Musik an sich bedeutete, der Musik, wie er sie kannte und liebte … Und schließlich seine dritte und wichtigste Vision: der Tod der Gesellschaft, der Tod unserer faustischen Kultur.«

Ich möchte schließen mit den Folgerungen, die Bernstein aus diesen Betrachtungen zog. »Wenngleich wir unsere Sterblichkeit akzeptieren«, meinte er, »so fahren wir doch in unserer Suche nach der Unsterblichkeit fort. Wir mögen glauben, dass alles vergänglich ist, sogar, dass alles vorüber ist: Dennoch glauben wir an eine Zukunft. Wir glauben.«

Hans Werner Henze

»Was ich möchte, ist zu erreichen, dass Musik Sprache wird und nicht dieser Klangraum bleibt, in dem sich das Gefühl unkontrolliert und ,entleert' spiegeln kann; Musik müsste verstanden werden wie Sprache.«

Hans Werner Henze, 1926 – 2012, ist einer der prominentesten Vertreter der engagierten Musik in unserer Zeit. Besonderes Merkmal seiner Kunst ist ein visionäres Moment. Er bekennt sich offen zum Sozialismus und zur engagierten Kunst, doch distanziert er sich scharf von Richtungen, die die Kunst abschaffen wollen, die für die »Anti-Kunst« oder die sogenannte musikalische Massenkultur plädieren. »Denn die Kunst ist ja nichts«, äußerte er einmal,[1] »das auf der Strecke bleiben soll, um Formen der Vereinfachung oder gar Barbarei zu begegnen, sondern im Gegenteil soll ja gerade Schönheit sich auf eine ganz neue Weise entfalten können – in einer Gesellschaft, die frei ist.« Sozialismus bedeutet ihm, das darf hervorgehoben werden, »nicht Vergröberung, sondern Verfeinerung, Vermenschlichung, im Sinne der in den Menschen angelegten Möglichkeiten.« Seiner Auffassung nach ist Musik eine öffentliche und politische Angelegenheit, weil sie mit Themen zu tun hat, die alle Menschen angehen.[2] Sein kulturpolitisches Engagement hat das Ziel, Musik, anspruchsvolle Musik, die bislang eine Sache für Ausgewählte ist, den vielen Millionen, ja, Milliarden Menschen zugänglich zu machen.

Henzes Hinwendung zur engagierten Kunst erfolgte 1967/68 und bedeutet zweifelsohne eine Neuorientierung. Dass man sagen könnte, er habe 1968 sozusagen ein »zweites Leben« angefangen, erscheint übertrieben. Er ist zu stark Individuum, als dass es ihm möglich wäre, seine Vergangenheit zu leugnen.

Gäbe es eine Formel, auf die man die künstlerische Persönlichkeit Henzes bringen könnte, so müsste sie Vielseitigkeit und Beharrungsvermögen heißen, Empfänglichkeit für vielerlei Anregungen

und Bestehen auf bestimmten Grundprinzipien. Er verfügt ebenso
über ein feines Sensorium wie über einen stark ausgeprägten eigenen Stil. Wichtig für sein Frühschaffen war neben dem Einfluss
Igor Strawinskys die Begegnung mit der Musik Gustav Mahlers
und Alban Bergs. Henze bekennt, auch von älteren Meistern bis
zurück zu Johann Sebastian Bach gelernt zu haben. Er verbrachte
entscheidende Jahre seines Lebens in Italien und lernte die italienische Musik an der Quelle kennen. Er kennt seinen Monteverdi
ebenso wie Rossini, Bellini, Donizetti und Verdi. U. a. hat er den
Ulisse von Monteverdi und den Don Chisciotte Paisiellos bearbeitet. Möglich, dass die melodische Schönheit, die typisch für viele
seiner Werke ist, durch seine Auseinandersetzung mit der italienischen Kunst gefördert wurde. Allerdings ist seine eigentümliche
Musiksprache schon in seinen frühen Werken unverwechselbar.

Die maßgebliche englische Musikenzyklopädie unserer Zeit[3]
rühmt zu Recht, dass seine »verschwenderische Erfindungsgabe«
(prodigality of invention) ungewöhnlich für das 20. Jahrhundert ist.
Tatsächlich ist Henze einer der produktivsten Komponisten seiner
Generation. Sein riesiges Oeuvre zeichnet sich durch Experimen-
tierfreude und durch Ausdruckskraft aus und umfasst neben der
Kirchenmusik Werke aller Gattungen: Opern, szenische Kantaten
und Shows, Ballette, Bühnenmusiken, Orchester- und Kammer-
musik, Konzerte, Chöre, Gesänge und Lieder. Ein besonderer
Schwerpunkt liegt auf der Oper. Die Zahl seiner Stücke für das
Musiktheater ist auffallend hoch; er kommt immer wieder auf das
Theater zurück und begründet das damit, seine Musik dränge nach
Gestik, Körperlichkeit und Bildhaftigkeit. Die anderen Musikgat-
tungen vernachlässigt er allerdings auch nicht.

Diese Vielseitigkeit hat ein Pendant in der Wahl der Texte, die
er vertont. Er griff auf Euripides, Vergil, Tasso und Ariost, Gi-
ordano Bruno, Kleist und Hölderlin, Dostojewsky, Rimbaud und
Whitman zurück, vertonte Werke von Ingeborg Bachmann, Wolfgang Hildesheimer und Hans Magnus Enzensberger. Er schöpft
Anregungen aus zahlreichen Quellen, interessiert sich für nahezu

alle Perioden der Geistesgeschichte, einschließlich der Antike und
der Mythologie. Es geht ihm dabei um die jeweilige Aktualität, aus
der Überlegung heraus, dass bestimmte Gedanken, Konflikte,
Normen und Probleme zeitlos sind und das Denken der Menschen
seit jeher bestimmen.

Unabhängigkeit und Selbstständigkeit zeichnen den Komponisten und Intellektuellen Henze besonders aus. Kritisch und un-
doktrinär bezieht er Position. Als Komponist hat er sich außerhalb
der modischen Strömungen unserer Zeit gestellt. Schon als junger
Mann distanzierte er sich von Darmstadt; er ging nach Italien, um
Abstand zu gewinnen. Sein Schaffen entzieht sich der Zuordnung
zu einer bestimmten Schule. Er übte Kritik an der Zwölftonmusik
und am Serialismus, ebenso an den »puren« Musiksystemen wie am
Materialfetischismus. Dabei gelangte er oft zu Einsichten, die
überzeugen, weil sie den Kern der Sache treffen. Einige Beispiele:

Die Diskussion über Formen ist, so meint Henze[4], unfruchtbar,
»wenn sie abstrakt geführt wird und nicht von der Notwendigkeit
diktiert ist, Kunst als Kommunikationsmittel immer wieder neu zu
interpretieren«. Außerdem sei eine Methode keine Sprache, und die
Anwendung einer neuen Technik sage nichts aus über die Qualität
eines Musikstückes, auf das sie angewandt wurde.[5] In einer Zeit, in
der viele Komponisten der Konstruktion einen hohen Stellenwert
zuschreiben, gibt er zu bedenken, dass Musik nicht mit Musikwissenschaft verwechselt werden dürfe, und dass die Logik eines
Werkes sich »auf eine einmalige Konstellation von Erlebnis, Begegnung, Erfahrung Übereinkunft« beziehe, mit anderen Worten,
dass sie die »probate Regel, die Montage, das Kalkül übersteige«.[6]
An der Zweiten Wiener Schule und an der postexpressionistischen
Schule bemängelte er, dass sie »keine Vokabeln für Heiterkeit«
hätten[7] – eine aufschlussreiche Bemerkung für einen Komponisten, der möglichst vielseitig sein will. Wenn bestimmte Anhänger
Adornos meinen, Symphonien könnten heute nicht mehr geschrieben werden, weil das »Material« kaputt sei, so will Henze zum
Beispiel mit seiner Sechsten Symphonie beweisen, dass auch mit

angeblich kaputtem Material eine Symphonie zu machen sei.[8] Aus solcher Überzeugung spricht der Glaube, dass die Menschheit noch einen weiten Weg vor sich habe, dass man weitermachen müsse.

Henze entzog sich den starren Kompositionsmethoden unseres Jahrhunderts, weil er seine Freiheit bewahren wollte. Unter kompositorischer Freiheit versteht er Unabhängigkeit und »die Bereitschaft zu Entscheidungen auch außerhalb der aufgestellten Ordnungen.«[9] Er hasst das Mechanische, den Automatismus, das total Vorbestimmte. »Dass ich zum Beispiel in meiner Arbeit die strenge Dedokaphonie oder die strenge Serialität vermied«, so äußerte er einmal,[10] »liegt daran, dass mich diese Methoden schon aus dem Grund nicht interessiert haben, weil sie mir so ›pur‹ vorkamen und weil mir schien, dass ich nichts ›sagen‹ konnte innerhalb dieser Regeln.« Und: »Mich interessiert Musik, um Stimmungen, Atmosphäre, Zustände wiederzugeben. Ich will keine absolut zugeschnürten Musikpakete.«

Das führt geradewegs in den Mittelpunkt seiner Musikanschauung. Das Ideal, das Henze neuerdings vorschwebt, ist nicht die absolute, die abstrakte, die »reine« Musik, sondern das, was er im Anschluss an die Poetik Pablo Nerudas »musica impura« nennt, das heißt eine Musik, in der auch Menschliches, Allegorisches und Literarisches vorkommen. Henze fordert, Musik müsse zur Sprache werden, sie müsse wie Sprache verstanden werden. Die Sprachhaftigkeit der Musik, in der er ein »junges, zukunftsträchtiges Kommunikationsmittel«[11] sieht, ist sein Hauptanliegen.

Kein Wunder, dass er sich lebhaft für Semiotik und Semantik interessiert, besonders für die semantischen Gesetzmäßigkeiten der Musik, von deren systematischer Erforschung er sich wichtige Aufschlüsse verspricht. Alles soll verständlich sein. »Es kommt darauf an«, so formulierte er es einmal,[12] »dass der Hörer den Sinn, die Botschaft, die Bedeutung der Zeichen verstehen lernt, die von der Musik ausgeschickt werden.«

Hans Werner Henze mit Constantin Floros und Jens Brockmeier

Wie lässt sich dieses Ziel erreichen? Ein Mittel dazu sieht Henze in den Zitaten, die er in viele seiner Kompositionen einbaut. Sie sollen zeigen, wohin es geht, sie bilden »ein Kennwort, eine Verständigungsbrücke«.[13] Im Tristan, einem seiner bedeutendsten Werke, werden zum Beispiel Richard Wagner, Johannes Brahms, Frédéric Chopin und die alte Melodie des Lamento di Tristano zitiert. In der Sechsten Symphonie spielen Zitate zweier kubanischer Volkslieder eine wichtige Rolle, und in den Bassariden werden Gustav Mahler und eine Arie aus der Matthäus-Passion von Bach zitiert.

Eine andere Möglichkeit zur Semantisierung besteht in der Herstellung von Analogien zwischen außermusikalischen Sachverhalten und musikalischen Strukturen. Fast alle jüngeren Beiträge Henzes zum Musiktheater sind auf einer wichtigen tonsymbolischen Ebene angesiedelt. Die Symbolik der Instrumente, der Klänge, der Intervalle und der Reihen erhalten programmatische Bedeutung. Jeder Charakter ist individuell, alle haben ihr eigenes Material, eine eigene Melodik und Harmonik. In der Musik zum Orpheus bei-

spielsweise repräsentieren Apollo einerseits, Orpheus und Euridike
andererseits zwei konträre Welten, die mit ganz unterschiedlichen
Mitteln charakterisiert sind. Orpheus und Euridike werden durch
das ganze Stück hindurch von Saiteninstrumenten begleitet. Apol-
los Welt ist dagegen durch helle Holzbläser gekennzeichnet, und
der Darstellung des Infernos bleibt das tiefe Register vorbehalten.[14]

In der Englischen Katze stehen sich ein Gassenhauer und eine
Hymne gegenüber.[15] Im Übrigen arbeitet Henze in seinen jüngsten
Opernwerken sehr oft im Stil der Zwölftonmusik. Dabei wird die
Art, wie er die Intervalle zusammenstellt, fast immer von außermu-
sikalischen Vorstellungen diktiert. Die Tonsymbolik umfasst eben-
so die großen Zusammenhänge wie die Urelemente der Musik.

Der Bedeutungsaufladung der Musik dienen bis zu einem gewissen Grade auch die Einführungen und Kommentare, die Henze zu
vielen seiner Werke verfasst hat. Einige sind sehr ausführlich, fast
alle lesen sich wie Literatur. Das Arbeitstagebuch zur Englischen
Katze zählt rund 400 Seiten, was dafür spricht, dass für Henze die
Einführungen dokumentarischen Charakter haben. Sie geben die
sinnliche, emotionale und spirituelle Atmosphäre, die den Komponisten bei der Konzeption der Werke umgab, wider, halten Gedanken, Eindrücke, Assoziationen und Halluzinationen fest und fixie-
ren »Reaktionen auf Erlebnisse, Gelesenes, Erfahrenes, Gehör-
tes.«[16]

Wenn zum Beispiel Henze in seinem Kommentar zum Tristan[17]
auf eine Radierung Goyas verweist mit der Inschrift El sueno de la
razon produce monstruos, »der Schlaf der Vernunft gebiert Ungeheuer«, so gibt er eine Inspirationsquelle preis, zugleich kann der
Hinweis aber tatsächlich zu einem tieferen Verständnis der Musik
beitragen. In Henzes Musik spricht sich wahrhaft der ganze
Mensch aus. In diesem Sinne ist sie in der Tat »musica impura«.

Der Reichtum an Ausdruckscharakteren, Nuancen und Facetten
in Henzes Musik ist tatsächlich ungewöhnlich. Henze hat musikalische Vokabeln für alle Seelenzustände: für Kühle und Wärme, für
Anmut und Härte, für Euphorie und Verzweiflung, für Ernst und

für Parodie. Zugleich verhalf er als einer der wenigen Komponisten der Gegenwart der Opera buffa zu ihrem Recht, während er
doch in vielen seiner Werke ein eindringliches neoexpressionisti-
sches Vokabular kultivierte. In seiner Partitur zum Tristan finden
sich die verschiedensten Vortragsbezeichnungen nebeneinander:
dolce, espressivo, con grazia, giocoso, dramatico, banale – konventionelle Bezeichnungen für unerhörte Klänge. Für eine originelle
Synthese von Klavierkonzert, Orchestermusik und Tonbändern,
für eine Musik, in der Trauer und Wahnsinn in Groteske umschla-
gen, und für eine Komposition, deren mächtigsten Ausbruch am
Gipfelpunkt des zweiten Ricercare Henze als »Todesschrei nicht
nur mehr Isoldes oder Tristans, sondern der ganzen leidenden
Welt«[18] versteht. Dieser Tristan ist, so scheint es, eines der persön-
lichsten Werke Henzes und zugleich eines, das der Krise unserer
Zeit ergreifenden Ausdruck verleiht.

Luigi Nono

Anfang der achtziger Jahre hielt sich Luigi Nono, 1924-1990, öfters in Freiburg im Breisgau auf. Im dortigen elektronischen Studio arbeitete er an seinem *Prometeo*. Von Annette Kreutziger-Herr, die mit ihm sprach, erfuhr ich, dass er an meinen Forschungen lebhaft interessiert war und mich gerne kennenlernen würde. Am 10. März 1985 führte das Philharmonische Staatsorchester Hamburg unter Hans Zender sein dem Andenken des Architekten Carlo Scarpa gewidmetes Orchesterwerk *A Carlo Scarpa, architetto* (1984) erstmals auf.[1] An einem dieser Tage rief mich Nono an, um ein Treffen zu verabreden. Nachdem wir nach verschiedenen Anläufen das »richtige« Café gefunden hatten – dies war keineswegs leicht, weil Nono weder großbürgerliche noch laute Cafés mochte – kam er gleich zur Sache. Er sprach mich auf meine Publikationen zu Mahler, Brahms und Bruckner an, die er gelesen hatte, äußerte Zustimmung und hob meine semantische Analyse der *Lyrischen Suite* von Alban Berg hervor, die er in einem Heft der Musik-Konzepte eingehend studiert hatte.[2] Bei dieser Gelegenheit eröffnete er mir geheimnisvoll lächelnd, dass seinem 1979/80 entstandenen Streichquartett *Fragmente – Stille, An Diotima* ein verborgenes Programm zugrunde liege. Aus der Art, wie er dies sagte, musste ich schließen, dass Bergs *Lyrische Suite* ihn zu diesem Werk inspiriert hatte. Überdies verstand ich seine Mitteilungen als eine Art Aufforderung, mich mit seinem Quartett zu befassen und vielleicht das geheime Programm durch eine Analyse zu entschlüsseln.

Das Gespräch über die Lyrische Suite führte uns zu einem Thema, das uns beide brennend interessierte, nämlich das Geheimnis hinter der Musik. Ich arbeitete damals intensiv an meinem Berg-Buch und war in Bergs Skizzen vertieft. Ich erzählte ihm, dass Berg seit dem frühen *Streichquartett op. 3* ohne Programm nicht komponieren konnte, aber seine Programme aus verschiedenen Gründen nicht preisgeben wollte, weil sie zu persönlich waren und weil Programmmusik nach dem Ersten Weltkrieg als Anachronismus galt, ja, geradezu »verpönt« war. Er stimmte mir zu und mein-te, viele Komponisten hätten in ihre Musik vieles hineingeheim-nisst. Es handele sich um eine alte Tradition, die auf die Gnostiker zurückgehe.

Luigi Nono

Ausgehend von Berg kamen wir auf seinen Schwiegervater Arnold Schönberg zu sprechen. Natürlich war ihm bekannt, dass viele Instrumentalwerke Schönbergs auf geheimen Programmen basieren, die aus persönlichen Gründen der Öffentlichkeit nicht mitgeteilt werden konnten, doch war er überrascht, als ich ihm erzählte, dass auch zum ersten Streichquartett Schönbergs ein verschwiegenes autobiographisches Programm existiert, das Christian Martin Schmidt vor einigen Jahren entdeckt hatte.[3] Schenkt man diesem Programm Glauben, so verließ Schönberg 1904 oder 1905 Mathilde, seine erste Frau, wegen einer anderen Frau; doch kehrte er später zu Mathilde zurück. Ich versprach, ihm den Text zu schicken, und tat es auch bald, doch er hüllte sich in Schweigen. Nach längerer Zeit erklärte mir Annette Kreutziger-Herr, die mit ihm darüber gesprochen hatte, sein Schweigen aus seiner tiefen persönlichen Betroffenheit.

Zum Zeitpunkt unseres Gespräches kreisten Nonos Gedanken um seinen *Prometeo*. Die Uraufführung der ersten Fassung dieser

Tragedia dell' ascolto, der »Tragödie zum Hören«, fand am
29. September 1984 in San Lorenzo in Venedig statt. Mit großer
Anteilnahme sprach Nono von diesem Werk und von seiner wunderbaren Zusammenarbeit mit seinem Librettisten, dem venezianischen Philosophen Massimo Cacciari, der ihn in philosophischen
und mythologischen Fragen beraten hatte. Bei dieser Gelegenheit
erwähnte er, er habe mit Cacciari auch über meine beiden Mahler-
Bände gesprochen.[4] Als ich ihm von meinem Buch über den Prometheus-Mythos und Beethovens *Prometheus*-Musik erzählte, zeigte
er sich so interessiert, dass ich versprach, ihm das Buch zu schicken.

Je mehr wir uns in das Gespräch vertieften, desto klarer wurde
mir, dass sein ganzes Denken in der Geschichte wurzelte. Bewandert, wie er in der älteren Musikgeschichte war, zog er gerne musikgeschichtliche Parallelen, schlug Bögen von der *Ars nova* und
den alten Niederländern zur italienischen Musik der Renaissance
und sprach mit Bewunderung von den harmonischen Kühnheiten
und der großen Ausdruckskraft der *Madrigale* von Carlo von Gesualdo, eines Komponisten, den er besonders schätzte. Als ich mein
Staunen über seine profunden Kenntnisse zum Ausdruck brachte,
verwies er mich bescheiden auf seine Lehrer Gian Francesco Malipiero und Bruno Maderna.

Nonos *Streichquartett* nimmt innerhalb seines Schaffens aus mehreren Gründen die Stellung eines Schlüsselwerks ein. Zum einen
seines geheimen Programms und seiner Rätselhaftigkeit wegen,
zum anderen weil es einen Wendepunkt bedeutet.[5] Die zahlreichen
Hölderlin-*Fragmente*, die in die komplexe Partitur eingestreut sind,
die zugrundeliegende *Scala enigmatica*, die Nono aus Giuseppe Verdis *Ave Maria* von 1889 übernahm, die einkomponierte Stille und
nicht zuletzt das Ockeghem-Zitat (*me bat*) am Schluss – dies alles
kann als Aufforderung verstanden werden, das Rätsel zu lösen, das
Geheimnis zu lüften. Viele seiner Hörer äußerten Verwunderung
darüber, dass Nono, den sie bis dahin in erster Linie als politisch
engagierten Komponisten kannten, sich scheinbar plötzlich ins

Private zurückzog. Gefragt, wie diese Wende zu erklären sei, sagte Nono in einem Interview während der Musiktage 1980 in Baden-weiler: »Ich habe mich keineswegs verändert; auch das Zarte, Private hat seine kollektive politische Seite. Deshalb ist mein Streich-quartett nicht Ausdruck einer neuen retrospektiven Linie bei mir, sondern meines gegenwärtigen Experimentierstandes: ich will die große aufrührerische Aussage mit kleinsten Mitteln.«[6]

Ähnlich, nur drastischer, erläuterte er mir die Wende in seinem Schaffen. In seinen früheren Werken habe er die Ausdruckskraft im Bereich des Forte ausprobiert, angefangen vom einfachen bis zum vielfachen Forte. Jetzt gehe er in seinem Experimentieren den umgekehrten Weg. Sein Anliegen sei es, alle Ausdrucksmöglichkei-ten im Bereich des Pianos zu erschließen, angefangen vom einfa-chen bis zum vielfachen Piano.

Die hohe Sensibilität, die viele Werke Nonos charakterisiert, zeichnete auch sein Wesen aus. Obwohl er ruhig und immer in freundlichem Ton sprach und des Öfteren vielsagend lächelte, vermutete ich, dass er reizbar und leicht verletzbar sein konnte. Er machte auf mich den Eindruck eines Menschen, der oft und schwer verletzt wurde. In seinem Wesen spürte ich etwas Rebelli-sches, Aufrührerisches, und es fiel mir leicht, mir das Ausmaß seiner Leidenschaft für die großen politischen Ideen vorzustellen, die ihn tief bewegten.

Als wir uns verabschiedeten, sagte ich ihm: »Non dire addio alla speranza.«[7] Er warf mir einen ernsten Blick zu und ging.

Laudatio für Wolfgang Rihm

Wolfgang Rihm, der etliche Laudationes auf seine Komponistenkollegen gehalten hat, äußerte einmal, jemand zu würdigen sei nicht selten Anmaßung. Diese Äußerung macht mich befangen. Deshalb erklärte ich gleich, nichts Anderes zu wollen als einige persönliche Gedanken über Rihms Musik vorzutragen.

Vom künstlerischen Schaffen wird mit Recht gesagt, dass es von einem Geheimnis umgeben sei. Ob und welchen Gesetzen es gehorcht, ist nicht bekannt und noch nicht erforscht. Stefan Zweig hob hervor, dass der Schaffensprozess ein »beständiges Ringen zwischen Bewusstheit und Unterbewusstheit« sei und das eigentliche Geschehen im künstlerischen Prozess auf die Formel »Inspiration plus Arbeit« gebracht werden könne.[1]

Wolfgang Rihm ist einer der vielseitigsten und produktivsten Komponisten der Gegenwart, vielleicht der produktivste. Seit dreißig Jahren reiht er unermüdlich Werk an Werk, er scheint aus einer unversiegbaren Quelle zu schöpfen. Sein Oeuvre umfasst mehr als zweihundert Werke nahezu aller Gattungen: Musiktheater, Orchestermusik, Kammermusik, Vokalmusik und neuerdings auch »geistliche« Musik. Er scheint einen unbändigen Drang nach Freiheit und Unabhängigkeit zu haben. Eine Zeitlang studierte er bei Karlheinz Stockhausen. Mit ihm, mit Pierre Boulez und auch mit Helmut Lachenmann ist er befreundet. Luigi Nono war einer seiner Mentoren. Er hat sich mit der Musik der Genannten intensiv auseinandergesetzt, und er ist immer er selbst geblieben. Einer Richtung oder einer Schule lässt er sich nicht zuordnen. Sein enormer Freiheitsdrang verbietet das. Hört man Rihm über Musik reden, zumal über seine eigene Musik, fallen leicht die Vokabeln Freiheit, Energie, Kraft, Fluss, Strom, »Gestalt im Fluss«, ungebändigter, undomestizierter Ausdruck. Sein Anliegen ist es, »Musik loszumachen und strömen zu lassen.«[2]

Einer seiner Aussprüche lautet: »Nichts ist so sehr physisch erlebbare Kraft und Energie wie Musik, und statt sie zu erleben, begeben wir uns ihrer Möglichkeiten und mauern uns ein in ängstlich gereinigte Interieurs.«[3] Musik ist für ihn das Andere, die Gegenwelt, zugleich aber auch ein sinnliches Medium mit einer geradezu körperhaften Dimension. Klänge müssen so beschaffen sein, dass man sie geradezu anfassen kann.

Wolfgang Rihm

Je mehr ich mich in Rihms musikalische Schriften vertiefe, desto mehr gewinne ich den Eindruck, dass er grundsätzlich dialektisch denkt. In nahezu allem, was er sagt, ist auch der Widerspruch, die Negation mitbedacht. Diese Eigenschaft scheint auch für seine Kompositionen Folgen zu haben. »Für mein Komponieren wie überhaupt für mein ganzes Denken wesentlich ist«, so schrieb er einmal, »das Prinzip des fast absurd schnellen Wechsels von einem ins andere, also diese Erfahrung, dass etwas übergangslos – ich will nicht sagen bruchlos – von einem ins andere überschlägt.«[4]

Vor etwa fünfzig Jahren avancierte die Vokabel ›Struktur‹ zu einem Zauberwort. Man schwärmte vom »strukturellen Denken«, die
Serialisten setzten eine Zeitlang alles auf die komponierte Struktur,
und auch in der Musikwissenschaft stand die Strukturanalyse hoch
im Kurs. Dazu wäre zu sagen: Musik ohne Struktur ist kaum denkbar, Musik erschöpft sich jedoch keineswegs in der Struktur, sondern hat auch eine bedeutende psychische Tiefendimension. Wohl
aus diesem Grunde plädierte Wolfgang Rihm für eine neue Einstellung der Komponisten zur Struktur. »Musikalische Struktur wird
erkannt«, so meint er, »als Gegebenheit, nicht aber als Voraussetzung von Musik. Durch die Erweiterung der Struktur-Vorstellung
gelangen Energien in der Musik zum Tragen, die hörbar machen:
Das Wesen der musikalischen Struktur ist der Umbruch.«[5]

Die Musik Wolfgang Rihms spricht immer vom Menschen.
Deshalb ergreift sie die Menschen, deshalb spricht sie die Hörer
unmittelbar an. Darin liegt das Geheimnis ihres Erfolges. Sie ist
ganz anders gearbeitet als jene Musik, die der Hörer erst dann
einigermaßen versteht, wenn man ihm zuvor gesagt hat, wie sie
strukturiert ist.

Rihms Musik lotet psychische Tiefenschichten aus und legt sie
frei. Etwas Erdgebundenes, Unterirdisches gelangt durch sie zum
Ausdruck. Ein frühes symphonisches Werk von ihm trägt den Titel
Magma. Der geologische Begriff bedeutet »heiße Gesteinsschmelze
im Erdinneren, aus der Erstarrungsgesteine entstehen«. Das Wort
weckt Assoziationen an Eruptionen. Wolfgang Rihm assoziiert mit
ihm ›Fluss‹ und ›Erstarrung‹.[6] Ein versierter Hörer vermag nachzu-
vollziehen, dass Archetypisches und Atavistisches in Rihms frühen
Werken eine Rolle spielen. Es manifestiert sich in einer Vorliebe
für Trommelmusik, in schroffen Kontrasten, Obsessionen, in
auffällig hartnäckigen Ostinati. Das *poème danse Tutuguri* nach Antonin Artaud und auch *Die Eroberung von Mexiko* zeugen davon.
Überhaupt scheint das Rituelle ein Bestandteil des Rihmschen
Musiktheaters zu sein. Antonin Artaud bezeichnete übrigens sein
Schauspiel *Die Eroberung von Mexiko* als »Theater der Grausamkeit«

und meinte von ihm, es werfe »die schrecklich aktuelle Frage der Kolonisation auf.« Rihms Werk beruht – darauf machte Ivanka Stoianova aufmerksam – »auf dem andauernden Gegensatz zwischen der weiblichen, vokalen, melodischen, fast total auf das Wort verzichtenden mexikanischen Welt von Montezuma und der männlichen, brutalen, sehr oft gesprochenen und geschrienen Welt der Conquistadores von Cortez.«[7]

In den letzten dreißig Jahren war viel von Avantgarde und Postmoderne die Rede. Kulturkritisch bedeutsam ist, dass der Rückzug der Avantgarde mit einer zunehmenden Verbreitung der Postmoderne einhergeht. Für den wohl temporären Erfolg der Postmoderne ließen sich mehrere Gründe anführen. Ohne Zweifel gehört zu ihnen auch der Wille, breitere Hörerschichten zurückzugewinnen, die der Avantgarde abhandengekommen sind.

Wolfgang Rihm hält die Diskussion über Avantgarde und Postmoderne für überflüssig, die Begriffe selbst für schwammig und wenig sagend. Postmodern ist seiner Meinung nach eine Kunst mit flachem Niveau.[8] Sein Ideal ist eine qualitätsvolle Musik, die an den Hörer durchaus Ansprüche stellt, eine Musik freilich, die durch Emotionalität und Expressivität den Hörer fesselt. »Ich glaube«, so äußerte er einmal, »ein Publikum reagiert auf ein Stück, wenn es aus einer subjektiven persönlichen Situation und Haltung heraus entstanden und so auch erkennbar ist.«[9]

Entsteht Musik im Elfenbeinturm oder ist sie in einen Lebenszusammenhang eingebettet? Ich glaube seit vielen Jahren, dass Musik, gute Musik immer vom Menschen spricht, weshalb sie auch die Menschen besonders anspricht. Deshalb habe ich mich sehr gefreut, als ich in einem Text von Wolfgang Rihm Sätze las, die mir aus dem Herzen gesprochen waren. »Kein Künstler arbeitet vom Menschen weg. Das mag dann verwunderlich klingen, wenn man glaubt, Utopie sei etwas Menschenfernes. Auch Arnold Schönbergs Musik – um vereinfachend ein Beispiel zu geben – ist leidenschaftliche Ansprache an den Menschen. Und niemals spricht Kunst zum Beispiel Abstraktes an, wenn sie in sogenannter Abstraktion fern vom eingefahrenen Realismus artikuliert ist.«[10]

Nimmt aber Musik auch auf die aktuelle gesellschaftliche und politische Problematik einer Zeit Bezug? Spätestens seit dem Zweiten Weltkrieg stellen viele Komponisten ihre Kunst in den Dienst der Humanität und protestieren gegen Gewalt, Unterdrückung, Unmenschlichkeit, Unfreiheit. Die Musik Wolfgang Rihms ist nicht politisch engagierte Kunst im Sinne von Karl Amadeus Hartmann, Luigi Nono oder Hans Werner Henze. Etliche seiner Werke beziehen jedoch zu den aktuellen sozialen Problemen Stellung. Allerdings geschieht dies nicht plakativ, sondern fast immer dezent.

Textcollagen sind in der Neuen Musik nicht ungewöhnlich. Die Art aber, wie Wolfgang Rihm Texte aufgreift, sie bearbeitet und ihnen einen neuen Sinn und darüber hinaus eine große Aktualität verleiht, ist originell. Seiner musikalischen Szene *Andere Schatten* von 1985 legte er die lange *Rede des toten Christus vom Weltgebäude herab* aus Jean Pauls *Siebenkäs* zugrunde. Dabei reduzierte er den Text durch Auslassungen auf ein Fragment, das in seiner Verdichtung an expressionistische Prosa erinnert. In seinem Oratorium *Dies*, einem 1984 entstandenen Werk, vereinigte er liturgische und biblische Texte mit einem Ausschnitt aus einem Traktat von Leonardo da Vinci. In seinem Werk *Deus passus* schließlich, dem im Jahr 2000 in Stuttgart uraufgeführten »Passions-Stück«, verknüpft er Teile der Karfreitagsliturgie und des Buches Jesaia mit Paul Celans *Tenebrae*. In allen drei Fällen scheinen die teilweise uralten Texte auf die aktuellen Probleme unserer Gegenwart gemünzt zu sein. Gemeint sind die Zerstörung der Umwelt, die Gefahr einer Sprengung des Erdballs, die schrecklichen Ereignisse und Folgen des Zweiten Weltkriegs, das Leid, und die Schuld des Menschen. Sakrales wird dabei in die weltliche Ebene des Hier und Jetzt versetzt. *Deus passus*, eine Musik tiefer Trauer, dokumentiert übrigens eindrucksvoll, wie lang die Entwicklung ist, die Wolfgang Rihm durchmachte – ein Komponist, der immer Neues schafft, der sich nicht wiederholen mag.

Für manche großen Komponisten der neueren Zeit seit Beethoven ist Komponieren keineswegs nur eine rein künstlerische Angelegenheit, sondern auch Lebensäußerung und Lebensinhalt, Selbstsuche, Selbstfindung und Selbstverwirklichung. Ich denke: Wolfgang Rihm gehört in diese Kategorie.

Hans Swarowsky

Hans Swarowsky, 1899 in Budapest geboren und 1975 in Salzburg gestorben, war Dirigent und unterrichtete an der Universität für Musik und darstellende Kunst in Wien. Als Dirigenten-Lehrer erlangte er einen geradezu legendären Ruf.

Wilhelm Furtwängler oder Herbert von Karajan mögen bekannter sein als er – Eingeweihte halten Swarowsky für den bedeutendsten Dirigentenlehrer des 20. Jahrhunderts. Er hatte entsprechend prominente Schüler: Zubin Mehta, Claudio Abbado, Mariss Jansons und den früh verstorbenen genialen Giuseppe Sinopoli. Swarowsky, Sohn eines Großindustriellen, war nicht nur ein exzellenter Dirigent, sondern auch umfassend gebildet. Er war Klavierschüler von Ferruccio Busoni, lernte bei Arnold Schönberg und später bei Anton Webern Musiktheorie, besuchte Dirigierkurse bei ihm, studierte Kunstgeschichte an der Wiener Universität, wirkte als junger Kapellmeister in mehreren Städten, wurde Assistent von Clemens Krauss und enger Freund von Richard Strauss. Das Libretto von *Capriccio*, der Oper von Strauss, wurde von Clemens Krauss und ihm geschrieben.[1] Nach dem Ende des Zweiten Weltkrieges errang Wien, damals noch von den Alliierten besetzt, den Ruf einer europäischen Musikmetropole. Im Theater an der Wien wirkten so prominente Sängerinnen wie Elisabeth Schwarzkopf und Senta Jurinac. Bruno Walter kam etliche Male nach Wien und dirigierte Symphonien von Gustav Mahler, der damals kaum mehr als ein Geheimtipp war. 1946 übernahm Swarowsky eine Professur für Dirigieren an der Wiener Musikakademie – ein Amt, das er dreißig Jahre lang innehatte.

»Diener am Werk«

Anfang der 1950iger Jahre studierte ich an der Wiener Musikakademie Komposition bei Felix Petyrek und Alfred Uhl und besuchte regelmäßig auch die Dirigentenklassen von Hans

Swarowsky und Gottfried Kassowitz. Von Swarowsky lernte ich die Kunst des Dirigierens und die Prinzipien der musikalischen Interpretation. Außerdem förderte er meinen Sinn für die Analyse der großen Werke der Klassik und der Romantik.

Hans Swarowsky

Schon damals hatte ich bemerkt, dass er eine ausgesprochene Antipathie gegen Stardirigenten hatte, und so war ich kaum überrascht, als ich viel später in seiner nach seinem Tod erschienenen Schrift *Wahrung der Gestalt* die Sätze las: »Der Star gibt die Musik so wieder, dass man nur i h n s i e h t und nicht die Musik h ö r t. Spielt man sie von der Schallplatte, blickt uns das liebe Antlitz zumindest vom Cover entgegen. Musik ist nicht mehr, was Brahms komponiert hat, sondern was XY spielt, singt oder dirigiert.«[2] Wie Günter Wand, so verstand auch Swarowsky sich nicht als Pultvirtuose, sondern als »Diener am Werk«. Im Vorwort von *Wahrung der Gestalt* steht der erstaunliche Satz: »Als Nichtschöpfer habe ich mich entschlossen, nicht ein Nachschöpfer, sondern ein Diener des Schöpfers zu sein.«[3] Swarowsky vermochte seinen Schülern das rechte Stilgefühl für einzelne Komponisten und ihre Werke zu vermitteln. Dabei verstand er unter Stil keineswegs etwas ausschließlich technisch Definierbares, sondern etwas Geistiges. Er liebte Exkurse vor allem in die Kunstgeschichte und sprach gerne von dem »Kunstwollen«, einem Begriff, den der Wiener Kunstkritiker Max Dvorak geprägt hatte. Er verehrte Karl Kraus[4] sehr und hatte eine Schwäche für ironische, ja sarkastische Aussprüche. Oft machte er sich lustig über romantisierende Interpretationen etwa von Furtwängler oder von Karajan. Lange vor Harnoncourt war er auf den Begriff der »Werktreue« eingeschworen. Seiner Ansicht nach enthielten die Partituren der großen Komponisten alle für die rechte Interpretation erforderlichen Angaben. Für die erste Pflicht des Dirigenten hielt er es, diese Angaben peinlich genau zu beachten. In diesem Zusammenhang verwies er auf die Genauigkeit und Sorgfalt, mit der Gustav Mahler seine Partituren notierte. Ich gebe allerdings zu bedenken, dass Mahler mit Swarowskys Ansichten sicherlich nicht immer einverstanden gewesen wäre. Denn er pflegte zu sagen, dass Beste der Musik stehe nicht in den Noten.

Tempofragen

Primäre Bedeutung besaß für Swarowsky die Wahl des richtigen Tempos. »Das Tempo ist die conditio sine qua non der Form und ein Element unbedingter Geistigkeit vor jedem realen Erklingen eines Werkes.«[5] Er war fest davon überzeugt, dass in der älteren Musik bis Beethoven von manchen Ausnahmen abgesehen das Tempo innerhalb eines Stückes oder Satzes eingehalten wurde. Als Kronzeugen für diese Auffassung berief er sich auf Leopold und Wolfgang Amadeus Mozart. Wichtig war ihm dabei die folgende Aussage in Leopold Mozarts *Gründlicher Violinschule*: »Man muß nicht nur den Tact richtig und gleich schlagen können: sondern man muß auch aus dem Stücke selbst zu errathen wissen, ob es eine langsame oder eine etwas geschwindere Bewegung erheische.«[6] Swarowsky schätzte die Musik der Wiener Klassiker außer-

ordentlich. Die Interpretation ihrer Werke war für ihn die Richt-
schnur für die Beurteilung des Könnens eines Dirigenten. Bei der
Aufführung Haydnscher oder Mozartscher Werke erlaubte er kei-
nerlei Temposchwankungen innerhalb eines Satzes. Bei Sätzen in
Sonatenform durfte das gesangliche Seitenthema unter keinen
Umständen langsamer gespielt werden als das Hauptthema. Davon
abgesehen: Er glaubte fest daran, dass bis zu Beethoven die alte
Lehre von den Proportionen der Tempi innerhalb mehrsätziger
Werke noch durchaus verbindlich war. Als Beispiel nannte er die
Ouvertüre zur Zauberflöte: Eine Viertelnote der langsamen Einleitung entsprach seiner Ansicht nach genau einer halben des nachfolgenden Allegro-Teils. Von vielen mehrsätzigen Werken Haydns
und Mozarts nahm er eine »grundlegende Bewegungseinheit« an.
So meinte er von Mozarts *Kleiner Nachtmusik,* es gebe für sie trotz
des Reichtums der Tempi ein »gleichbleibendes Grundmaß.[7] Für
mustergültig hielt er für alle vier Sätze die Metronomzahl 132.
Seiner Ansicht nach galt sie für jedes Viertel des Kopfsatzes Allegro, für jedes Achtel des nachfolgenden Andantes, für jedes Viertel
des Menuetts und für jede halbe Note des Finales. Eine Einspielung mit dem Wiener Volksopernorchester unter seiner Leitung
dokumentiert, dass die Rechnung tatsächlich aufgeht, dass das
Ergebnis stimmig ist.[8]

Tempo rubato und Improvisation

Als Musiker und Intellektueller war Swarowsky so einzigartig,
dass man ihn kaum in eine Kategorie einordnen kann. In gewisser
Weise war er Wegbereiter der später sich anbahnenden sogenannten ›historischen‹ Aufführungspraxis. Er war neugierig auf die
Aufführungslehren des 18. Jahrhunderts; es reizte ihn, die Regeln
der damaligen Praxis zu erfahren. Dabei galt sein besonderes Interesse dem *Tempo rubato* des Gesangs und der Improvisation. Unter
Improvisation ist im 18. Jahrhundert die verfeinerte Praxis der
spontanen Ausschmückung einzelner Passagen zu verstehen.

Wolfgang Amadeus Mozart war ein Meister dieser Kunst, wie wir aus vielen Zeugnissen wissen. Allerdings war das Improvisieren der ausgearbeiteten Partien beim Klavierspiel nur der Hand erlaubt, die die »einstimmige Melodie« spielte, also der rechten Hand. Die linke musste strikt das Tempo halten, ebenso wie das Orchester. Mozart hat sich in einem Brief vom 23. Oktober 1777 darüber folgendermaßen geäußert: »Dass ich immer accurat im Tact bleybe, über das verwundern sich alle. Das Tempo rubato in einem Adagio, dass die linke Hand nicht davon weiß, können sie gar nicht begreifen. Bey ihnen giebt die lincke Hand nach.«[9] In zwei eindrucksvollen Einspielungen zweier Klavierkonzerte von Mozart mit Friedrich Gulda und dem Volksopernorchester hat Swarowsky dieses historische Konzept der improvisatorischen Praxis realisiert. Inzwischen kann man diese Einspielungen mit zwei anderen vergleichen, die Claudio Abbado und Rudolf Serkin mit dem London Symphony Orchestra aufgenommen haben. Rudolf Serkin spielt die Melodie des Andantes des *Klavierkonzerts in C-Dur KV 476* genauso wie sie Mozart notiert hat. Keine Spur von Improvisation, keinerlei Abweichung vom Notentext. Er trägt das Andante recht langsam vor, so dass der Hörer eher den Eindruck eines Adagios erhält.[10] Im Gegensatz zu Serkin schmückt Gulda die Melodie improvisierend aus, er verziert sie mit Trillern, Mordenten, Vorschlägen, Zwischentönen und ganzen Passagen. Und es ist wirklich erstaunlich, dass die Melodiestimme hier oft über die Taktgrenzen der Begleitung hinüberschwingt, so dass man meinen muss, Solist und Orchester spielten nicht immer simultan zusammen. Guldas Vortrag ist nicht minder expressiv als der Serkins, im Ganzen aber belebter, der vorgeschriebenen Tempobezeichnung Andante angemessener.[11]

Beethoven-Interpretation

Tempo rubato bedeutet eine Art freien Vortrags, die gegen die rigide Einhaltung des Tempos opponiert. Ursprünglich war diese Praxis vor allem in der Vokalmusik des Barock üblich. Später wurde sie allgemein verbreitet, auch bei den Wiener Klassikern. Von Beethoven wissen wir, dass er »Affektation« und »Mechanismus« beim Musizieren verabscheute. Unter Mechanismus verstand er das leere Brillieren der Virtuosen. Sein reiches Rubato-Spiel auf dem Klavier war berühmt. Swarowsky gab jedoch immer zu bedenken, dass Beethoven eine ähnliche Vortragsweise im Orchester sicherlich nicht für realisierbar gehalten hätte, »einsam dominierende Soli ausgenommen.«[12] Je massiver ein Klangapparat ist, desto schwieriger wird es, das Rubato zu realisieren. In dieser Hinsicht unterscheiden sich die Klaviersonate und das Klavierkonzert beträchtlich voneinander. Typisch ist dafür eine Einspielung des fünften Klavierkonzerts von Beethoven op. 73 unter Swarowsky mit Friedrich Gulda und dem Wiener Volksopernorchester.[13] Bekannt geworden ist dieses berühmte Konzert mit der Bezeichnung »Emperor«, Imperator, deren Ursprung im Dunkeln bleibt. Eine gewisse Berechtigung kann man ihr insofern nicht absprechen, als auch dieses im Jahr 1809 entstandene Konzert zumindest stellenweise den vielgerühmten heroischen Stil Beethovens erkennen lässt, einen Stil, den in besonderer Weise die *Eroica* repräsentiert. Als »heroisch« lässt sich jedenfalls im Kopfsatz das marschartige Hauptthema mit den charakteristischen punktierten Rhythmen bezeichnen. Der Reiz der Musik rührt jedoch besonders von mehreren lyrischen Gedanken her, die mit den Vortragsbezeichnungen *dolce, leggiermente, espressivo* und *cantabile* versehen sind. Bei aufmerksamem Zuhören lässt sich nicht verkennen, dass Swarowsky die reinen Orchesterpartien, ganz gleich ob ›heroisch‹ oder ›lyrisch‹, ohne Temposchwankungen vortragen lässt. Sobald aber der Solist die Führung übernimmt, weicht bei den lyrischen Stellen auch das begleitende Orchester vom Grundtempo ab. Eine leichte Rubato-Färbung ist also hier erlaubt. In einer Einspielung des fünften Klavierkonzerts von Beethoven mit den Berliner Philharmonikern und Maurizio Paulini wird ganz deutlich, dass Claudio Abbado durch Swarowskys Schule gegangen ist. Dennoch setzt er mitunter die Akzente anders. So werden die zahlreichen lyrischen Stellen

einen Hauch langsamer gespielt, egal ob sie von Pollini oder vom
Orchester vorgetragen werden. Keine Frage: das Rubato kommt in
dieser Aufnahme besonders zur Geltung.[14] Swarowskys Ansichten
über das Dirigieren muten manchmal paradox an, sind aber folgerichtig. So war der Dirigent für ihn nur ein ›halber‹ Interpret. Das
heißt: Seine Aufgabe sei es, im Kopf zu spielen, während andere
für ihn die Instrumente bedienten. Er müsse die Fähigkeit entwickeln, Künstler, die technisch ausführten, was er nicht könne,
seinem Willen untertan zu machen.

Brahms- und Mahler-Interpretation

So sehr sich Swarowsky für die Struktur einer Komposition interessierte, so war ihm doch auch der Ausdruck eine überaus wichtige Kategorie. Von den Klassikern und auch von Johannes
Brahms meinte er, dass sie vor allem drei Ausdrucksgrade benutzten: das *Dolce*, das *Espressivo* und das *Cantabile*. *Dolce* bedeutet seiner
Auffassung nach »das einfache Hervortreten einer Hauptstimme
oder einer wichtigen Nebenstimme.« *Espressivo*: »ausdrucksvoll im
Sinne instrumentalen Ausdrucks«. *Cantabile* stehe bei Phrasen, die
so gesungen werden sollten, als produziere sie die menschliche
Stimme.[15] 1970 nahm Swarowsky mit der Süddeutschen Philhar-
monie alle vier Symphonien von Brahms auf, und hier kann man
hören, wie genau er die genannten Vortrags- und Ausdrucksbezeichnungen beachtete. Lauscht man dem Kopfsatz der *Ersten
Symphonie,* so ist man vor allem von der plastischen Wiedergabe des
polyphonen Gewebes beeindruckt. Sowohl die langsame Introduktion als auch die Coda haben denselben Grundpuls. Beim zentralen
Allegro fällt die Einheitlichkeit der Bewegungen besonders auf.
Das Hauptthema wird etwas breiter als sonst vorgetragen. Auf
diese Weise vermeidet Swarowsky die übliche Verlangsamung des
Tempos beim Seitenthema. Dennoch ist die Vortragsweise durchaus nuanciert.[16]

Zu Swarwoskys großen Vorbildern gehörte Gustav Mahler. Als junger Student hörte er im Wiener Musikvereinssaal eine Aufführung der *Dritten Symphonie* unter der Leitung Furtwänglers, die ihn so beeindruckte, dass er spontan beschloss, sein Studium abzubrechen, um sich ausschließlich der Musik zu widmen. Sein Lehrer Anton Webern war ein eminenter Kenner Mahlers, und Swarowsky hatte das Glück, von Webern Wesentliches zum Werk Mahlers zu erfahren. Webern öffnete ihm die Augen für Mahlers überreiche Formenwelt und spielte ihm Symphonien Mahlers auf dem Klavier vor, so wie er sie selbst von Mahler gehört hatte. Dabei legte er größtes Gewicht auf die Wahrung der Gestalt bei »unerhörter Ausdruckskraft«.[17] Von den drei Symphonien Mahlers, die Swarowsky eingespielt hat – die erste, die vierte und die fünfte – fordert die fünfte mit den Wiener Philharmonikern unsere besondere Aufmerksamkeit. Das Adagietto, der vierte Satz dieser Symphonie, ist seit Luchino Viscontis Film *Der Tod in Venedig* der bekannteste Satz Mahlers, und gilt vielfach als Inbegriff für Mahlers Musik. Wie sehr die verschiedenen Interpretationen dieses von Mahler mit »sehr langsam« bezeichneten Satzes voneinander abweichen, ist wirklich erstaunlich. Für die Aufführung des Satzes brauchte Mahler mehreren Berichten zufolge sieben bis neun Minuten. Andere erfahrene Dirigenten brauchen viel länger: Leonard Bernstein länger als elf Minuten, Herbert von Karajan und Claudio Abbado zwölf Minuten, Bernhard Haitink vierzehn Minuten und Hermann Scherchen sogar über fünfzehn.[18] Swarowsky liegt mit zehn Minuten und zweiunddreißig Sekunden etwa in der Mitte zwischen den extremen Polen. Dabei gelingt ihm eine überraschende Nuancierung des Ausdrucks.[19] Swarowsky sprach in seinem Unterricht besonders gern von der Struktur, eher als vom Ausdruck. Als Lehrer fühlte er sich verpflichtet, seinen Schülern vor allem Sachliches zu vermitteln. Er war der Meinung, dass sich bei richtiger Interpretation der richtige Ausdruck von selbst einstellt. Hört man Interpretationen seiner berühmtesten Schüler, so gewinnt man nicht selten den Eindruck, dass sie expressiver, gefühlvoller als ihr Lehrer musizieren. Sicherlich spielt dabei auch der Generationsunterschied eine Rolle. So bekannte Mariss Jansons, dass für ihn wichtiger sei, was hinter den Noten stehe, was Musik bedeute. Es stellt sich nun die Frage: was zeichnet alle Schüler Swarowskys aus, was ist das Gemeinsame bei ihnen? Es ist der Ernst der Auffassung, die Ablehnung des Stardirigententums, der Wille, dem Werk zu dienen.

Günter Wand

Es war einmal in mythischen Zeiten, dass der Rat der weisen Alten alles im Staat bestimmte. Lange vorbei. Heute wird ein Kult mit der Jugendlichkeit getrieben. Wer als Normalsterblicher die Mitte des Lebens überschritten hat, ist bald nicht mehr gefragt. Künstler und Gelehrte dagegen, die bis ins hohe Alter kreativ sind, werden verehrt. Mit Hochachtung spricht man von Richard Strauss, Strawinsky, Picasso, Kokoschka und auch von namhaften Dirigenten, die noch mit 80 Jahren den Taktstock führten. Ein Neunzigerjähriger aber, der noch auftritt – das dürfte einmalig sein.

Günter Wand, geboren am 7. Januar 1912 in Elberfeld, gestorben einen Monat nach seinem 90. Geburtstag bei einem Unfall, war Dirigent in Wuppertal und Detmold, Generalmusikdirektor in Köln und Chef des NDR-Symphonieorchesters. Sein Weltruhm begann mit 70 Jahren in einem Alter, in dem sich andere längst zur Ruhe gesetzt haben. Konzertreisen mit dem NDR-Symphonieorchester führten ihn um die Welt; seinem amerikanischen Debut mit dem Chicago-Symphony-Orchestra mit 78 Jahren war ein triumphaler Erfolg beschieden. Bei aller seiner scheinbaren Fragilität vermochte er immer noch, dem Orchester jugendliches Feuer zu vermitteln. Seine Begabung, sich zu regenerieren, war immens.

Ich besuchte regelmäßig Konzerte unter seiner Stabführung in der Hamburger Musikhalle und staunte jedes Mal darüber, mit welch geringen Mitteln er größte Wirkung entfaltete. Er vergaß keinen wichtigen Einsatz und hielt in jedem Moment der Aufführung alles unter Kontrolle. Mitunter genügte ein angedeutetes Heben beider Arme, um ein dröhnendes Fortissimo der Blechbläser auszulösen. Im Gegensatz zu vielen seiner Dirigentenkollegen, die ausladende und ekstatische Gesten lieben, war Wand in der Lage, sich seinem Orchester geistig mitzuteilen.

Arnold Schönberg schrieb einmal über seinen Schüler Alban Berg: »Es ist das Zeichen der großen Persönlichkeit, den Glauben an seine Ideen zur eigenen schicksalhaften Bestimmung zu erheben.« Dieser Ausspruch scheint mir in besonderer Weise auf Günter Wand zuzutreffen. Der Glaube an seine Ideen bestimmte entscheidend seine künstlerische Laufbahn und seinen Musizierstil. Er verzichtete auf die Karriere eines Jet-Set-Dirigenten, hielt von Staralüren nichts, liebte Konzert-Mitschnitte, weil sie die besondere Atmosphäre einer Life-Aufführung einfangen, und er huldigte einer eigenwilligen Auffassung von Werktreue. »Werktreue ist für mich Werkerkenntnis«, so äußerte er einmal. »Die Einsicht in die Richtigkeit von Wahl und Maß der kompositorischen Mittel. Diese Einsicht bestimmt die Aufführung.«

Hans Swarowsky, der große Erzieher einer ganzen Reihe jüngerer Dirigenten, pflegte ironisch zu sagen, dass die Kompositionen der Wiener Klassiker, zumal die von Haydn und Mozart, so fabelhaft strukturiert seien, dass selbst die schlechteste Interpretation ihnen nichts anhaben könne. Von den Musikdramen Richard Wagners oder den monumentalen Symphonien Anton Bruckners und Gustav Mahlers lässt sich dies gewiss nicht behaupten. Insofern hatte Theodor W. Adorno Recht, wenn er behauptete, Interpretation sei »die Rettung des Kunstwerks.«

Das Geheimnis einer guten Interpretation liegt in der Kunst der Nuance, der Fähigkeit des Interpreten, den vom Komponisten vorgestellten Klangstrom so Gestalt werden zu lassen, dass er dem Hörer klangsinnlich wie geistig mitgeteilt wird. Günter Wand verstand sich als »Treuhänder«, als »komponistengläubig«. Sein primäres Anliegen war es, die musikalische Architektur hörbar zu machen, die Musik zu erkennen, wie sie vom Komponisten gemeint ist.

Ähnlich wie Gustav Mahler möchte er als Interpret vermitteln, was hinter den Noten steht: den Geist der Musik. Dies kann aber nur dann geschehen, wenn mit äußerster Präzision nach der Partitur musiziert wird, wozu viele Proben erforderlich sind. Dass Wands Konzerte und Aufnahmen so überzeugten, lässt sich sowohl auf die Stimmigkeit der Interpretation zurückführen, die

Relationen der Tempi und den nuancierten Vortrag wie auf ihre
hohe Emotionalität, die jeder Hörer spürt.

Wands umfängliches Repertoire orientierte sich an der Klassik
und umfasst Gesamtaufnahmen der Symphonien Beethovens,
Schuberts, Brahms' und Bruckners. Von vielen seiner Einspielungen kann man nur im Superlativ sprechen. Wer eines seiner Konzerte besuchte, konnte sicher sein, in jeder Hinsicht Ungewöhnli-
ches zu erleben. Denn Wand setzte stets neue Akzente. Noch
heute gilt das für seine berühmten Bruckner-Aufführungen, die
einen völlig neuen Interpretationsstil begründet haben. Nie zuvor
wussten wir, wie bei aller Strenge ausdrucksvoll und differenziert
Bruckner sich anhören kann, und wie jauchzend seine Schlüsse
klingen.

Es ist etwas Besonderes zu erleben, wie konzentriert und an-
dächtig das Publikum in den stets ausverkauften Konzertsälen den
Aufführungen Wands lauschte. Die Begeisterung, die er allenthalben auslöste, galt nicht nur dem begnadeten Musiker und Dirigenten, sondern auch dem eigenwilligen Menschen. Der sich nicht
anpassen mochte, der in künstlerischen Fragen keine Kompromis-
se schloss und der seinen eigenen Prinzipien treu geblieben ist.
Dies alles nötigt Respekt ab für den großen alten jungen Mann des
deutschen Musiklebens.

Karl Anton Rickenbacher

Dirigenten lassen sich nach verschiedenen Kategorien unterscheiden. Neben typischen Kapellmeistern gibt es Meister des
Taktstocks, die den Typus des Intellektuellen repräsentieren und
eine geradezu magische Ausstrahlung haben. In diese zweite Kategorie gehört zweifellos der 1940 geborene Karl Anton Rickenbacher. Im Gespräch beeindruckte er durch Vielseitigkeit, umfassen-
des Wissen und seine Gedanken zur Tiefendimension der Musik;
ungewöhnlich war seine große Neugier. Er wurde nicht müde,
Fragen zu stellen, Meinungen zu ergründen, Näheres über die
Entstehungsgeschichte und die geistigen Grundlagen der Werke,
die er dirigierte, in Erfahrung zu bringen. Er verbrachte viel Zeit in
Museen und interessierte sich brennend für Literatur und Philosophie. Nichts ist bezeichnender für sein geistiges Format als die
Tatsache, dass er im April 2001 in Cordoba das *Deutsche Requiem*
von Johannes Brahms dirigierte, und zwar in der prächtigen Kathedrale, die gläubige Katholiken innerhalb der berühmten
Mezquita, einer ehemaligen maurischen Moschee, erbaut haben –
ein Plädoyer für die Ökumene, das Miteinander der Religionen und
für Toleranz.

Rickenbacher hatte das Glück, bei drei namhaften Dirigenten zu
studieren: Otto Klemperer, Pierre Boulez und Herbert von Karajan. Klemperer führte ihn in das weit verzweigte Repertoire der
deutschen Musik ein, Boulez machte ihn mit der französischen
Musik und mit der Musik der zweiten Hälfte des 20. Jahrhunderts
vertraut. Als Schweizer hat Rickenbacher eine Affinität zur deutschen wie zur französischen Kultur. Kein Wunder, dass sein umfangreiches Repertoire deutsche wie französische Meisterwerke
umfasst.

Er gehörte zu den herausragenden Interpreten der Musik von
Olivier Messiaen. Seine Aufnahmen Messiaenscher Werke werden
als authentisch gerühmt – durchaus plausibel, wenn man bedenkt,
dass er eine Zeitlang bei dem französischen Meister studierte und

seine Werke analysierte. Messiaen schätzte ihn als sensiblen Interpreten sehr.

Typisch für das Musikleben der Gegenwart ist die Tatsache, dass die Repertoires immer kleiner werden. Von der überquellenden Opernproduktion des 17. und 18. Jahrhunderts werden heute praktisch nur noch die reifen Opern Mozarts und gelegentlich musikdramatische Arbeiten von Claudio Monteverdi aufgeführt. Nur selten erlebt man Inszenierungen der Reformopern von Christoph Willibald Gluck und Joseph Haydn. Hinzukommen Werke von Johann Sebastian Bach, von Komponisten der Wiener Klassik, der Romantik und Spätromantik bis hin zu Mahler, Richard Strauss, Strawinsky und Bartók. Natürlich gibt es auch Konzerte mit Musik vor Bach, und, häufiger, mit Neuer Musik: sie sind aber für ein spezielles Publikum bestimmt und bilden Nischen innerhalb des vielschichtigen Konzertbetriebs. Rickenbacher vertrat die Überzeugung, dass die zumeist wenig bekannten frühen Werke großer Meister besondere Beachtung verdienen, gestatten sie doch vielfach Rückschlüsse auf spätere Entwicklungen.

Von dieser Auffassung geleitet nahm er die frühen Kantaten Ludwig van Beethovens, die *Missa Solemnis* von Anton Bruckner und die frühen Werke von Richard Strauss auf. Die Produktion ergab eine Box mit nicht weniger als 14 CDs. Darüber hinaus hat Rickenbacher dem Publikum ein bemerkenswertes Werk von dem aus Worms stammenden Rudi Stephan, die zweiaktige Oper *Die ersten Menschen*, zugänglich gemacht. Stephan selbst, der 1915 im Alter von 28 Jahren in Galizien fiel, hielt diese Oper für sein bedeutendstes Werk.

Ich lernte Karl Anton Rickenbacher im Jahr 2000 persönlich kennen und erlebte ihn mehrfach als Dirigenten in Hamburg und Berlin. Im Sommer 2000 besuchte ich ihn und seine Frau Gaye in ihrem Haus am Genfer See, zusammen mit meiner Lebensgefährtin Silvely. Seit dieser Zeit verband uns eine herzliche Freundschaft. Durch seine Vermittlungen kamen Kontakte zum Hindemith-Haus und der Villa Furtwängler zustande. Seine Dirigierkunst besticht durch Präzision und überzeugt durch Technik. Sein unerwarteter Tod im Jahr 2014 hat mir einen engen, vertrauten Freund genommen.

Komponistenvergleich: Wagner und Verdi

Richard Wagner und Giuseppe Verdi werden in der Musikgeschichte oft als Gegenspieler, Konkurrenten und Antipoden dargestellt. Allenfalls die erste von diesen Zuschreibungen kommt der
Wahrheit nahe. Die anderen sind willkürlich und entsprechen in
keiner Weise der historischen Wirklichkeit. Als Konkurrenten
empfanden beide sich nicht. Dazu waren die Traditionen, an die sie
anknüpften, zu verschieden. Von Wagner wird berichtet, er habe
sich über manche Begleitfiguren in Verdis Arien amüsiert, und von
Verdi wissen wir, dass er die Partitur von *Tristan und Isolde* besaß
und das große Liebesduett aus dem 2. Akt bewunderte. Was Franz
Werfel in seinem großen Verdi-Roman über dessen Absicht
schreibt, Wagner in Venedig zu treffen, ist reine Fiktion. Wagner
und Verdi sind sich niemals begegnet. Die Größe und Bedeutung
seines Gegenspielers mag Verdi allerdings durchaus empfunden
oder geahnt haben. Die Nachricht vom Tode Wagners 1883 im
Palazzo Vendramin in Venedig löste jedenfalls große Trauer in ihm
aus.[1]

Nationalismus und Patriotismus sind die beiden Ebenen, auf
denen die Gemeinsamkeiten und die gravierenden Unterschiede
zwischen Wagner und Verdi deutlich werden. Beide hegten patrio-
tische Gefühle, Wagner als Deutscher, Verdi als Italiener. Und
beide teilten die Sehnsucht nach einem geeinten Vaterland. Die
Länder jedoch, in denen sie lebten, waren politisch und staatsrecht-
lich zersplittert. In Deutschland gab es die Königreiche Preußen,
Sachsen und Bayern. Erst 1871 gelang Otto von Bismarck die
Gründung des Deutschen Reiches. In Italien standen um die Mitte
des 19. Jahrhunderts große Gebiete unter österreichischer Herrschaft. Nach jahrzehntelangen Auseinandersetzungen ließ sich
schließlich 1861, nach der Niederlage der österreichischen Truppen, Vittorio Emanuele von Savoyen zum ersten König des italienischen Nationalstaats ausrufen. Im Zuge der allgemein patrioti-
schen Stimmung waren nicht von ungefähr viele Italiener auf Verdi

stolz, ja, sie deuteten seinen Namen als Abkürzung des königlichen Namens ›Vittorio Emanuele Rè d'Italia‹.[2]

In Deutschland beschäftigte Wagner jahrzehntelang die Frage, was deutsch sei. In einem Aufsatz, der in letzter Fassung 1878, zwei Jahre nach Eröffnung der Bayreuther Festspiele, erschien, versuchte er, das Deutschtum von den typischen Nationaleigenschaften der Franzosen und der Engländer abzugrenzen. Als ›deutsche Tugenden‹ bezeichnete er den Ernst, die Tiefe und die Treue. Als würdigen Repräsentanten des deutschen Wesens sah er Johann Sebastian Bach.[3]

Im geeinten Italien empfand sich Verdi selbst als Vertreter der italienischen Kultur. Zwar räumte er ein, dass auf dem Gebiet der Instrumentalmusik den Deutschen Meisterwerke gelungen seien. Für eine eindeutig italienische Domäne hielt er jedoch die Vokalmusik, als deren Ahnherrn er Pierluigi di Palestrina nannte.[4]

Neues Gedankengut zur Deutung des deutschen Nationalcharakters steuerte Friedrich Nietzsche bei. Spätestens seit seinem Abfall von Wagner 1879 war für ihn die Antithese zwischen Süden und Norden, Geist und Blut, Gesundheit und Krankheit ein Thema, das ihn intensiv beschäftigte. Kein Wunder also, dass er dieses Spannungsverhältnis auf die Musik übertrug. Bereits in *Jenseits von Gut und Böse* stellte er der deutschen Musik, für deren Höhepunkt er die Kunst Wagners hielt, eine überdeutsche oder übereuropäische Musik entgegen, von der er die Erlösung der Musik vom ›Norden‹ erhoffte.[5] In *Der Fall Wagner* ging er noch einen Schritt weiter.[6] Hier spielte er Bizet gegen Wagner aus, schwärmte unverhohlen von *Carmen* und forderte die Mediterranisierung der Musik. Von Verdi sprach er nicht.

Alles spricht dafür, dass die Unterschiede zwischen Wagner und Verdi die bestehenden Gemeinsamkeiten bei weitem überwiegen. Als Persönlichkeiten waren sie grundverschieden. So meinte die deutsche Musikwissenschaftlerin Anna Amalie Abert in einem Essay, dass der ichbezogene Wagner ein starkes Sendungsbewusstsein besaß, während Verdi, dem handfesten italienischen Opernkomponisten, eben dieses Sendungsbewusstsein fehlte. Ob diese Behauptung stimmt, erscheint fraglich angesichts der Tatsache, dass Verdi als passionierter Musiker sechsundzwanzig Opernwerke schuf.

Ein weiterer Punkt, an dem sich der tiefgreifende Unterschied zwischen Wagner und Verdi zeigt, ist ihr Verhältnis zur Tradition. Unter den deutschen Komponisten des 19. Jahrhunderts sind Richard Wagner und Franz Liszt zweifelsohne die beredtsten Vertreter des Fortschrittsgedankens in der Musik. Beide glaubten unerschütterlich an die Weiterentwicklung der Musik im Zuge einer permanenten Revolution. Nur im Drama allerdings und in der symphonischen Programmmusik sahen sie eine Zukunftsfähigkeit der Musik. Verdi, ein echter Erneuerer der Oper und ein Melodiker par excellence, war dagegen wie Johannes Brahms eher traditionsgebunden. Sein Ausspruch »Torniamo all' antico« ist berühmt geworden.

Der größte Unterschied zwischen den beiden Komponisten besteht darin, dass Verdi Opern schrieb und Wagner Musikdramen – zwei Gattungen, die sich in jeder Hinsicht voneinander unterscheiden. Nicht nur hinsichtlich der Länge, sondern auch in Konzeption und Struktur. Wagner legte seine Vorstellungen darüber in einer ausführlichen Abhandlung nieder, die zwischen September 1850 und Februar 1851 im Zürcher Exil entstand und den Titel *Oper und Drama* trägt – nach Richard Strauss »das Buch aller Bücher über Musik«. Wagners Theorie über das Gesamtkunstwerk beruht auf einer Reihe von Grundprinzipien, die in sich schlüssig sind. Dichtkunst, Tonkunst und Tanzkunst – ihrem Wesen nach »reinmenschliche Kunstarten« und ursprünglich in der Lyrik und im Drama der antiken Griechen vereint – seien untrennbar miteinander verbunden. Vereinzele man sie, könnten sie sich nicht entfalten. Nur im Gesamtkunstwerk des Musikdramas seien sie vollkommen. Das gelte ebenso für Pantomime, Oratorium und Schauspiel wie auch für die sogenannte ›absolute Musik‹.[7]

Beethovens Neunte Symphonie war für Wagner das »menschliche Evangelium« der Kunst der Zukunft. Ein wirkungsvolles Drama könnte seiner Meinung nach nur aus vertonter Dichtung entstehen. Dichter und Musiker müssten sich zu diesem Zweck so abstimmen, dass ein vollkommener musikalischer Ausdruck erreicht werde.

Diese Ideen waren Giuseppe Verdi fremd. Er begann seine Karriere als Belcanto-Komponist und schuf – dabei Bellini, Donizetti und Rossini als Traditionalisten hinter sich lassend – eine Opernform, die zwar aus Einzelnummern besteht, aber den großen Zusammenhang einer Erzählung bewahrt. An den Opern Rossinis und seiner Anhänger kritisierte Verdi das Fehlen eines »roten Fadens«.[8]

Wagners Ideal einer Vereinigung von Dichtung und Tonkunst blieb keineswegs reine Theorie. Er dichtete und komponierte. Er griff altdeutsche Epen auf und bearbeitete sie solange, bis sie einen zeitgemäßen Sinn annahmen und seiner Philosophie entsprachen.

Die Liebe war und ist die zentrale Kraft in Wagners Leben und in seiner Kunst.[9] Alle seine romantischen Opern und seine Musikdramen lassen sich als Variationen dieses Themas auffassen, das er stets subtil behandelte und dem er immer wieder neue Facetten abgewann.[10]

Anders als Wagner verstand Verdi sich keineswegs als Dichter. Allerdings hatte er ein feines Gespür für literarische und dramatische Texte. Die Vorlagen zu den meisten seiner 26 Opern entnahm er Dramen berühmter Schriftsteller wie William Shakespeare, Lord Byron, Victor Hugo, Alexandre Dumas und Friedrich Schiller. Im Falle von *Rigoletto* und *Maskenball* wählte er Texte, die wegen ihrer politischen Brisanz den Anstoß der Zensur erregten und abgeändert werden mussten. Während Wagners Dramen Grundfragen der menschlichen Existenz vielfach in mythologischer Verkleidung behandeln – im *Ring des Nibelungen* treten Götter, Riesen, Zwerge und Menschen auf – dominieren in Verdis Opern menschliche Leidenschaften.

Zu allgemeinen kunsttheoretischen Fragen hat sich Verdi nur selten geäußert. Eine seiner wichtigsten Aussagen lautet: »Die Wirklichkeit zu kopieren ist eine gute Sache, aber die Wirklichkeit zu erfinden ist besser. Das Kopieren der Wirklichkeit ist nämlich Fotographie, keine Malerei.«[11] In Übereinstimmung mit dieser Maxime distanzierte er sich sowohl vom Belcanto als auch vom Verismo. Eine Tendenz zur Idealisierung ist in seinem Opernschaffen unverkennbar. Im Gegensatz zu den Opernkonventionen seiner Zeit scheute er nicht davor zurück, auch Außenseiter der Gesellschaft wie Rigoletto, Violetta und Othello zu Protagonisten seiner bekanntesten Opern zu machen.[12]

Verdi war Melancholiker. Vielleicht lässt sich so seine Vorliebe für tragische Stoffe erklären. Von seinen 26 vollendeten Opern sind 24 Tragödien und nur zwei Komödien. In seinem Werkverzeichnis nennt er zwei Werke - *I masnadieri* und *Luisa Miller*, beide nach Schiller - ausdrücklich »*Melodramma tragico*«. Er liebte ausführliche Sterbeszenen, ähnlich wie Wagner, dessen Protagonisten meistens sterben. Wagners und Verdis Musikdramen kreisen um die Pole Liebe und Tod. Darin berühren sich die Antipoden. Während aber Verdi Einzelschicksale schildert, behandelt Wagner das Thema Liebe entsprechend seiner eigenen Philosophie.

Am gravierendsten unterscheiden sich Wagner und Verdi in der musikalischen Gestaltung. Wagners Musiksprache ist entschieden progressiver als die Verdis, und zwar in jeder Hinsicht: sowohl in den Dimensionen der Technik als auch in der Psychologisierung der Musik. Als Beispiel zwei Szenen, in denen Bösewichter agieren.

Verdis vorletzte Oper *Othello*, ein Eifersuchtsdrama, basiert auf der gleichnamigen Tragödie von Shakespeare, den Verdi sehr schätzte. Der Inhalt: Nach seiner Rückkehr nach Venedig wird der maurische Feldherr Othello vom Volk umjubelt. Sein Fähnrich Jago fühlt sich bei einer Beförderung übergangen und rächt sich, indem er Othello glauben macht, dessen schöne Gattin Desdemona habe ihn betrogen. Zunächst stellte Verdi Jago in den Mittelpunkt der Handlung, er gab sogar der neuen Oper dessen Namen.

Um eine möglichst plastische Vorstellung vom Charakter des Verleumders zu bekommen, ließ Verdi einen Maler ein Portrait Jagos malen. Seinen Librettisten Arrigo Boito ließ er sogar den Text der ›Credo-Arie‹, der Beschwörung des Bösen, verfassen – einen Text, der bei Shakespeare gar nicht vorkommt.

Jagos Credo ist eine Umkehrung des christlichen Glaubensbekenntnisses. Sein Gott ist ein grausamer Gott, der kein Erbarmen kennt, ein Komödiant, der nichts als Hohn und Spott für die Menschen übrig hat. Nach Jago ist alles an Gott Lüge und der Mensch ein Spielball des Schicksals. Alle moralischen Werte werden herabgewürdigt, ins Lächerliche gezogen, Himmel und Jenseits verhöhnt. Der Kernsatz lautet: Es gibt keine Unsterblichkeit. Auf den Tod folgt das Nichts. Jagos Credo als persönliches Bekenntnis Verdis aufzufassen, würde allerdings zu weit gehen. Sicher ist jedenfalls, dass Verdi an ein Weiterleben nach dem Tode nicht glaubte. Nach dem Ableben enger Freunde äußerte er sich entsprechend.

In einem Brief an Clara Maffei sprach er im Oktober 1883 von der Nichtigkeit des Lebens.[13] Der Text des Credos lautet:

Credo in un Dio crudel
che m'ha creato simile a sè,
e che nell'ira io nomo.
Dalla viltà d'un germe
o d'un atòmo vile son nato.
Son scellerato perchè son uomo,
e sento il fango originario in me.
Sì! quest'è la mia fè!
Credo con fermo cuor,
siccome crede la vedovella al tempio,
che il mal ch'io penso
che da me procede
per mio destino adempio.
Credo che il giusto è un istrion beffardo

e nel viso e nel cuor;
che tutto è in lui bugiardo,
lagrima, bacio, sguardo,
sacrificio ed onor.
E credo l'uom gioco d'iniqua sorte
dal germe della culla
al verme dell'avel.
Vien dopo tanta irrision la Morte.
E poi?... e poi?
La Morte è il Nulla,
è vecchia fola il Ciel.

Ich glaube an einen grausamen Gott,
der mich nach seinem Bilde erschuf,
und den ich im Zorn nenne!
Aus der Niedrigkeit eines Keims
oder Atoms bin ich in Niedrigkeit geboren!
Ich bin ein Bösewicht, weil ich ein Mensch bin,
und fühle den Schlamm meines Ursprungs in mir!
Ja! Das ist mein Glaube!
Ich glaube mit festem Herzen,
so wie die Witwe im Tempel,
dass ich das Böse, das ich denke,
das von mir ausgeht,
als mein Schicksal erfülle!
Ich glaube, dass der Gerechte ein höhnischer
Komödiant ist, im Antlitz wie im Herzen,
dass alles an ihm Lüge ist:
Tränen, Küsse, freundliche Blicke, Opfermut und Ehre!
Und ich glaube, dass der Mensch das Spielzeug
eines bösen Schicksals ist,
vom Keim in seiner Wiege
bis zum Wurm in seinem Grab.
Auf all diesen Spott folgt der Tod.

Und dann? Und dann?
Der Tod ist das Nichts!
Das Jenseits ist ein altes Märchen!

Verdis Vertonung dieses Credos am Anfang der zweiten Szene des zweiten Aktes basiert im Wesentlichen auf drei wiederkehrenden Elementen: einem Kopfthema, das als Leitthema oder Leitmotiv fungiert, einem rohen Triolenmotiv, das Verdi mit *aspramente*, rauh, bezeichnet, und einem dritten Element, einer affirmativen melodischen Phrase, das in mancher Weise mit dem ersten korrespondiert.

Das Kopfthema, die Bejahung des grausamen Gottes, wird insgesamt viermal intoniert. Zunächst zweimal vom Orchester *fortissimo* und *unisono*, das zweite Mal unter Beteiligung Jagos, das dritte und vierte Mal im tiefen Register (*poco più lento*) und voll harmonisiert, *forte* beginnend und bis zum dreifachen *piano* abnehmend bei der Erwähnung des Todes. Das dritte Element schließlich – eine volltönende melodische Phrase – spricht den Herrgott als Komödianten an und den Menschen als Kreatur, mit dem das Schicksal sein Spiel treibt. Hier fallen zwei Tritoni, Halboktaven – die »satanischen Intervalle« – auf. Die Vertonung stimmt in allen Einzelheiten mit dem Text überein. So wird das Wort Nulla, Nichts, mit einer Generalpause eingeleitet.

Zu den Kennzeichen der hochdramatischen Musik gehören schroffe rhetorische, melodische, rhythmische und dynamische Kontraste, häufigere Tremoli und Triller. Einige Notenbeispiele sollen das Dargelegte veranschaulichen.

Bsp. 1: Element 1 (»Kernthema«) im Unisono

Bsp.2: Element 1 voll harmonisiert in tiefer Tonlage

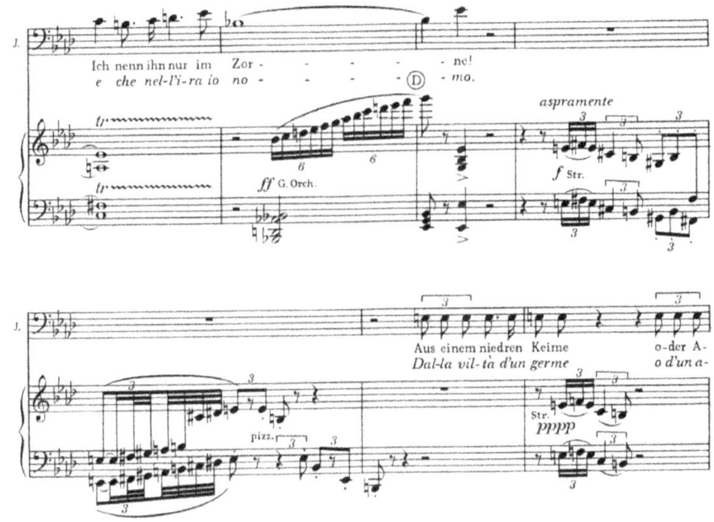

Bsp. 3: Element 2 (aspramente)

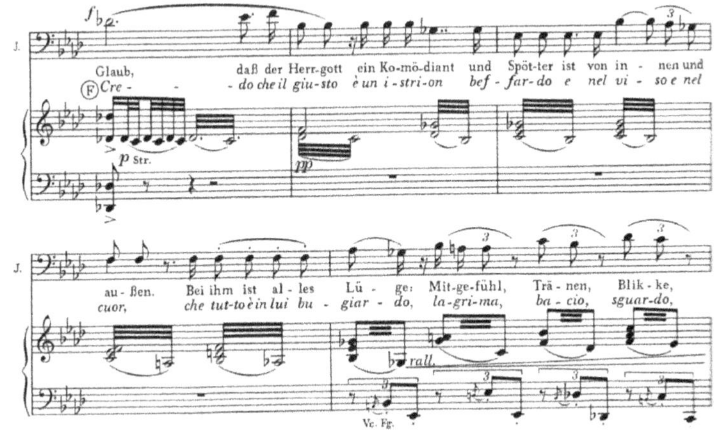

Bsp. 4: Element 3

Bsp. 5: tritonische Fassung von Element 3

Der grundsätzliche Unterschied zwischen Wagner und Verdi liegt in Wagners Erfindung der Leitmotivtechnik. Sie fungiert oft als Tiefensonde des Unterbewusstseins. Sie enthüllt, was im Inneren der handelnden Personen vorgeht, drückt nicht bloß deren Empfindungen aus, sondern gibt auch ihre geheimen, unbewussten, unausgesprochenen Gedanken preis.[14] Sehr aufschlussreich ist in dieser Hinsicht eine der unheimlichsten Szenen der Tetralogie, die zu Beginn des zweiten Aktes der *Götterdämmerung* zwischen Hagen und Alberich spielt: Es ist Nacht. Hagen, der schlafend an einen Pfosten der Gibichungen-Burg gelehnt sitzt, wird von seinem Vater Alberich, der Personifikation des Bösen, aufgesucht. Er bedrängt seinen Sohn, Rache zu nehmen am Geschlecht der Götter und Helden und den Ring zu gewinnen.

Wagner gab dieser Szene eine einzigartige Form. Der Dialog zwischen dem in Trance verharrenden Hagen und dem aufgeregten Alberich vollzieht sich in Abschnitten mit völlig gegensätzlichen Zeitmaßen, einem langsamen für Hagen und drei lebhaften für Alberich.

Dreimal stellt der böse Alberich die Frage: »Schläfst du, Hagen, mein Sohn?«. Auf Hagens Frage: »Der Ewigen Macht, wer erbte sie?« antwortet Alberich: »Ich und du!« An dieser Stelle erklingt im Orchester zum ersten Mal das von Hans von Wolzogen so genannte »*Motiv des Mordwerkes*«, obwohl vom geplanten Mord an Siegfried noch keine Rede ist.

Zu Beginn der fünften und zugleich letzten Szene denkt die wissende Brünnhilde über Siegfrieds Verrat nach und beklagt, unfähig, das Rätsel zu lösen, ihr Schicksal. An dieser Stelle ertönt im Orchester gleich mehrmals das Motiv des »Mordwerkes«. Auf diese Weise erfährt der mit Wagners Musiksprache und seinen Leitmotiven vertraute Hörer, dass in Brünnhilde der Gedanke an Rache und Mord aufkeimt, und es erscheint ihm keineswegs unverständlich, dass sie dem heranschleichenden Hagen schließlich die Stelle verrät, an der Siegfried verwundbar ist.

Wie kaum ein anderer Komponist des 19. Jahrhunderts lud Wagner seine Musik mit psychologischen Hinweisen und Symbolen aller Art auf. Zu Recht nannte ihn Thomas Mann, der ihn bewunderte, einen großen Psychologen. Ja, er scheute sich nicht, Wagner als Wegbereiter Sigmund Freuds zu bezeichnen – für viele nationalistisch denkende Musiker eine Blasphemie, die schließlich Mann zwang, Deutschland zu verlassen.

Die Beschreibung komplexer Gefühlszustände und die Intensität des psychischen Ausdrucks sind auch die Stärken von Verdis Musik. Doch im Gegensatz zu Wagner, der im *Ring des Nibelungen* die Leitmotivik zu einem System ausbaute, gibt es beim frühen und mittleren Verdi keine Ansätze zu einem entsprechenden System. Erst im *Othello* findet sich bei ihm etwas Leitmotivähnliches – allerdings mit einem gravierenden Unterschied: Bei Wagner umfassen die Leitmotive den ganzen Kosmos, nahezu das Universum der deutschen Mythologie. Sie bezeichnen Personen, Urelemente, Gegenstände, Empfindungen, Affekte, Leidenschaften, Naturzustände und Ideen.[15] Wichtig ist dabei, dass den vielen Motiven, die konkrete Personen und Gegenstände bezeichnen, stets Seelisches und Symbolisches anhaftet. Das Siegfriedmotiv symbolisiert zum Beispiel nicht nur die Figur des Siegfried, sondern auch die Idee des Heldentums, des Heroischen. Das Ringmotiv wiederum ist ein Sinnbild für Macht und Machtstreben, während mit dem Schwertmotiv Schutz und Sieg verbunden sind. Das Speermotiv schließlich bezeichnet sowohl Wotans Waffe als auch seine Begrenzungen: die verhängnisvolle Bindung an die Verträge, die er schloss.

Der italienische Forscher Gino Roncaglia hat in den vierziger Jahren zur Interpretation der Verdischen Oper den Begriff »Tema-cardine« eingeführt. Darunter verstand er die musikalische Manifestation des Hauptkonflikts in einer Oper.[16] Nie gehe es dabei um abstrakte Ideen oder Symbole, sondern immer um tragische Realität. Im *Rigoletto* zum Beispiel diene der Fluch als »Tema-cardine«. Für eine gewisse Zeit, meinte Roncaglia, habe Verdi seinen Opern zentrale Themen gegeben, sich schließlich aber in *Othello* und *Falstaff* von ihnen gelöst. Nach neueren Untersuchungen trifft dies nicht zu. So ist in *Don Carlos* ein mehrfach wiederkehrendes Leitmotiv besonders auffällig. Es symbolisiert den Freundschaftsbund zwischen Don Carlos und Marquis Posa. In Verdis Eifersuchtsdrama *Othello* ist ein Eifersuchtsmotiv zentraler Konflikt. Man kann also auch bei Verdi von Leitmotiven sprechen. Im Gegensatz zu denen Wagners haben sie aber nichts von Etiketten, die man ihnen anheftet, und sie sind variationsreicher.[17]

Grundsätzlich kann man aber weiterfragen: Wie steht es mit der Beliebtheit der beiden Komponisten heute? Was ist das Besondere an ihnen? Nach den jüngsten Aufführungsstatistiken liegt Verdi eindeutig vorne. Die drei meistgespielten Opern an deutschen Bühnen in der Spielzeit 2010/2011sind Mozarts *Zauberflöte,* Bizets *Carmen* und Verdis *Traviata.* Dass die Musikdramen von Wagner und Richard Strauss weiter hinten liegen, ist auch auf die enormen Anforderungen zurückzuführen, die sie an die Szene, an Sänger und Orchester stellen. Für kleinere Bühnen sind sie praktisch unzugänglich.

Nike Wagner, die Urenkelin des Komponisten, gab jüngst folgendes Statement ab: »Verdi ist Traditionalist, Wagner schafft einen neuen Operntyp. Belcanto-Linien hier, Leitmotivteppich dort.« Keine Frage: Wagner hat von allen Komponisten des 19. Jahrhunderts die Entwicklung der Musik am stärksten beeinflusst. Gustav Mahler, Richard Strauss, Hans Pfitzner, Arnold Schönberg, Alban Berg – sie alle wären ohne Wagner undenkbar. Er ebnete den Weg zur freien Atonalität und zur Emanzipation der Dissonanz. Er ist tatsächlich der eigentliche Vater der Neuen Musik.

Wagners Musik und sein Werk wurden in Deutschland sehr unterschiedlich aufgenommen. Nach der Machtergreifung der Nationalsozialisten 1933 wurde er zum vielbewunderten Vorbild. Legendär ist seit dem Durchfall des *Tannhäuser* in Paris 1861 sein Hass auf die Franzosen, ebenso auf ihren Esprit wie auf die französische Kunst insgesamt. Umso verwunderlicher, dass er von französischen Künstlern tief verehrt wurde. Bedeutende Persönlichkeiten wie Charles Baudelaire, Paul Verlaine und Stéphane Mallarmé waren tief beeindruckt von seiner auratischen Kunst. Der junge Debussy unternahm eine Pilgerreise nach Bayreuth, bevor er sich von Wagner distanzierte. Zu Wagners Anhängern gehören Camille Saint-Saens und Vincent d'Indy. Riesigen Einfluss übte er auf Gabriele d'Annunzio und Thomas Mann aus, der Wagners Werk gut kannte und dessen Leitmotivtechnik in seinen Romanen übernahm.

Eine vergleichbare Wirkung ging nie von Verdi aus. Seine Nachfolger Pietro Mascagni, Ruggero Leoncavallo und vor allem Giacomo Puccini schlugen mit ihren veristischen Opern eine andere Richtung ein.

Der Philosoph Ernst Bloch gebrauchte ein Bild, das den grundsätzlichen Unterschied zwischen Wagner und Verdi veranschaulicht. In seiner »Philosophie der Musik« spricht er von doppelbödigen Aussagen bei Wagner und bezieht sich auf Fälle, bei denen die Aussage des Darstellers mit der des Orchesters nicht übereinzustimmen scheint.[18] Er schrieb von einem Ablauf der Ereignisse in »zwei Stockwerken«. In manchen Fällen handle der gesungene Text »oben«, so meinte er, und nicht dort, wo das Leitmotiv der Musik im »unteren Stockwerk« spricht und handelt. Auf diese Weise werde die Musik zum Künder des Unbewussten.

Bei Verdi bilden Gesang und Orchester in der Regel eine Einheit. Es gibt kaum Abläufe auf zwei Ebenen. Das Orchester unterstreicht den seelischen Gehalt des Textes.

Die Sujets, die Verdi in seinen Opern behandelt, sind teils historisch, teils beziehen sie sich auf die Gegenwart, wobei er mit Kritik nicht spart. Wagner bearbeitet zwar mittelalterliche Stoffe, gibt ihnen allerdings einen völlig neuen Sinnzusammenhang. Viele seiner Protagonisten sind als Menschen der Zukunft konzipiert. Man denke an Senta, an Elisabeth, an Brünnhilde, an Siegfried und an Parsifal. Wagner stand seiner Zeit immer kritisch gegenüber, er äußerte öfters, dass sie ihn anekle. Seine Werke stellen nicht die Welt dar, wie sie ist, sondern wie sie sein sollte. Sie gleichen Modellen einer utopischen Welt der Zukunft und bieten Lösungsversuche für die Probleme der Menschen und der Menschheit. Auch daraus erklärt sich ihre ungebrochene Aktualität.[19]

Bibliographie Wagner – Verdi

Abbiati, Franco: *Giuseppe Verdi*, 4 Bände, Mailand 1959

Bloch, Ernst: *Zur Philosophie der Musik*, Frankfurt am Main 1974

Cesari, Gaetano (Hrsg.): *I Copialettere di Giuseppe Verdi*, Bolgna 1968

Drenger, Tino: *Liebe und Tod in Verdis Musikdramen. Semiotische Studien zu ausgewählten Opern*, Eisenach 1996

Floros, Constantin: *Musik als Botschaft*, Wiesbaden 1989

Floros, Constantin: *Humanism, Love and Music*, New York 2012

Floros, Constantin: *Hören und Verstehen. Die Sprache der Musik und ihre Deutung*, Mainz 2008

Nietzsche, Friedrich: *Werke*, hrsg. Von Karl Schlechta, 5 Bände, München 1979

Roselli, John: *Giuseppe Verdi. Genie der Oper. Eine Biographie*, München 2013

Wagner, Richard: *Werke und Dichtungen. Volksausgabe*, 16 Bände, Leipzg o.J.

Musik und Politik – Richard Wagner und der Pazifismus

Wagners universalistischer Geist

Niemand wird heute bestreiten können, dass Richard Wagner mitunter abstruse Ideen hegte. Das gilt in erster Linie für seine rassistische und antisemitische Gesinnung, die ihm eine starke Gegnerschaft einbrachte. Dennoch ist unbestritten, dass er einer der originellsten Denker des 19. Jahrhunderts gewesen ist.

Liest man seine Schriften zum ersten Mal oder nach langer Zeit wieder, fällt die Themenbreite besonders ins Auge. Wagner befasst sich nicht nur mit kunsttheoretischen Fragen, sondern auch mit Politik, Gesellschaft, Wirtschaft, Wissenschaft, Ethik und Religion. Seinem Denken liegt ein ganzheitliches universalistisches Konzept zugrunde. Alles hängt mit allem zusammen. Wagner war kein Philosoph – philosophisch ist aber sein Bemühen, alles auf einen Urgrund zurückzuführen. Er war überzeugt, dass die Kunst eng mit dem Leben zusammenhänge. Sein ganzes Denken verhielt sich konträr zum Autonomiegedanken, zum *l'art pour l'art*.

Ein weiterer grundsätzlicher Punkt verdient Beachtung: Gemeinsam mit Nietzsche war Wagner einer der schärfsten Kritiker seines Jahrhunderts. Er übte scharfe Kritik an allem und allen: nicht nur am Kunstbetrieb seiner Zeit, an Giacomo Meyerbeer und der Grand Opéra; er befasste sich mit den Institutionen des Staates und der Gesellschaft, mit dem Materialismus der Wissenschaft, den Kirchen und Religionen, der Ehe und der flachen, banalen Ethik. Er entwickelte für alles auch Alternativen – zum Teil abstruse, aber doch immer konkrete Ideen, wie die Kunst und die Gesellschaft der Zukunft aussehen sollten. Der visionäre utopische Zug seines Denkens ist von großer Bedeutung.

Die Idee der welterlösenden Liebe

Von Wagner ist nicht ohne Berechtigung gesagt worden, er sei Erotomane gewesen.[1] Die Liebe bildete das zentrale Thema seines Lebens und seiner Kunst. Über sie hat er sich immer wieder in seinen Schriften und den zahlreichen Briefen ausgesprochen. Vergleicht man sie mit den Liebesauffassungen, die er in seinen Dramen vertritt, stellt man eine frappierende Ähnlichkeit fest.

Liebe ist nach Wagners Auffassung etwas Einmaliges und Außerirdisches, das sich jenseits von Zeit und Raum ereignet und nicht institutionalisiert werden kann, etwas, das gegen die Normen und Konventionen einer Gesellschaft und die jeweilige, als brüchig entlarvte Moral aufbegehrt. Liebe kennt nur ihr eigenes Gesetz, weshalb sie oft den Ehrenkodex verletzt. Sie ist häufig in Ausnahmesituationen erfahrbar und begünstigt das Außergewöhnliche und aus dem Rahmen Fallende. Die Liebe war und ist die zentrale Kraft in Wagners Leben und in seiner Kunst. Alle seine romantischen Opern und seine Musikdramen lassen sich als Variationen über dieses Thema auffassen, das er stets auf subtile Weise behandelte und dem er immer wieder neue Facetten abzugewinnen verstand. So führt er im *Tannhäuser* den Gegensatz zwischen sinnlicher und platonischer Liebe, zwischen Geist und Sinnen, drastisch vor. Im Ring des Nibelungen werden der Widerstreit zwischen Liebe und Macht und der Untergang einer Welt thematisiert, die an Lieblosigkeit leidet.

Gegenstand von *Tristan und Isolde* ist die Vergleichbarkeit von Liebe und Tod, die Sehnsucht nach der »Nacht der Liebe«, nach dem Paradies. Tristan hält für seinen Onkel und König Marke um die Hand der irischen Prinzessin Isolde an. Tristan und Isolde lieben sich vom ersten Anblick an, offenbaren sich aber zunächst ihre Liebe nicht, sie sind sich über ihre Gefühle noch völlig im Unklaren. Erst nachdem sie den Liebestrank getrunken haben, gestehen sie sich, dass sie einander gehören. Die allmächtige Liebe zwingt Isolde, ihren Mann, und Tristan, seinen König zu verraten.

Wagner beschreibt in seiner Erläuterung des *Tristan*-Vorspiels die Situation mit den Worten: »Nun war des Sehnens, des Verlangens, der Wonne und des Elends der Liebe kein Ende. Welt, Macht, Ruhm, Ehre, Ritterlichkeit, Treue, Freundschaft – alles wie wesenloser Traum zerstoben.«[2]

Ähnlich schreibt Arthur Schopenhauer, dass, sobald die »Geschlechtsliebe«, d.h. »das Interesse der Gattung« ins Spiel kommt, der Sexualtrieb individuelle Interessen oder Wünsche beiseitedränge. »Ihm allein weichen daher Ehre, Pflicht und Treue, nachdem sie jeder anderen Versuchung, selbst der Drohung des Todes widerstanden haben.«[3]

Die Ehe als Institution war ein Thema, das im 19. Jahrhundert heftig diskutiert wurde. Die Heiligkeit der Ehe war nicht länger bindend. 1856 erschien Gustave Flauberts berühmter Roman *Madame Bovary,* eine meisterhaft geschriebene, aber ziemlich banale Ehebruchsgeschichte. Anders als Flaubert vertrat Wagner radikale Ansichten über die Ehe. Ehe ohne Liebe war ihm ein Unding.

Echte Liebe ist nach Wagners Vorstellung bedingungslos und dauert bis in den Tod. Sie stellt nicht die Frage nach dem Charakter dessen, den man liebt, noch woher er kommt. Sie bedeutet letztlich totale Hingabe, vor allem von Seiten der Frau.

Wagner war sich des utopischen Charakters dieser Vorstellungen durchaus bewusst. Als echter Visionär erhoffte er sich von der Kunst die Lösung der Probleme, die die Menschheit in Atem hielten.

Wagner und Schopenhauer

Der Gegensatz zwischen Sexualität und Humanität gehört zu den Leitideen der europäischen Philosophie seit der griechischen Antike. Am prägnantesten äußerte sich Arthur Schopenhauer dazu, der 1818 im ersten Band seines Werkes *Die Welt als Wille und Vorstellung* eine grundsätzliche Unterscheidung zwischen Eros und Agape traf. »Alle wahre und reine Liebe ist Mitleid«, schrieb er,

»und jede Liebe, die nicht Mitleid ist, ist Selbstsucht. Selbstsucht ist der Eros, Mitleid ist die Agape.«⁴ Unter Eros verstand Schopenhauer das »Erste, das Schaffende, das Prinzip, aus dem alle Dinge hervorgingen«, und damit auch die Geschlechtsliebe. Agape war die Menschenliebe.

Wagner schätzte die Philosophie Schopenhauers sehr und griff viele seiner Ideen auf. Das Hauptwerk *Die Welt als Wille und Vorstellung* lernte er spät, erst 1854 kennen und war von ihm begeistert. In einem Brief bezeichnete er es als »Himmelsgeschenk«, in dem er vieles gefunden habe, das ihn seit Jahren umtriebe. Sein letztes vollendetes Werk, das »Bühnenweihfestspiel« *Parsifal,* dokumentiert, wie bedeutend Schopenhauers Einfluss auf sein Denken war. Allerdings war er ein zu unabhängiger Geist, als dass er ein bloßer Epigone hätte werden können. So entwickelte er viele Gedanken Schopenhauers selbstständig weiter.

In seinen letzten Lebensjahren beschäftigte er sich zunehmend mit ethischen Fragen. Er beklagte den Niedergang der Gesellschaft und der Menschheit allgemein. Von der Kunst erhoffte er sich »Regeneration«. Im *Parsifal* griff er ein Sujet auf, das er bereits im *Tannhäuser* behandelt hatte – den Zwiespalt zwischen Eros und Agape – behandelte das Thema jetzt aber auf völlig neue Weise.

Es fällt auf, dass bestimmte Situationen in den beiden Dramen sich ähneln. So erinnert die Blumenmädchenszene im *Parsifal* in mancher Weise an die Vision vom Venusberg im *Tannhäuser,* und wie dort die Welt der mittelalterlichen Gralsritter steht der Pilgerchor hier für das geistige Prinzip, den Sieg der Keuschheit über den Trieb. Während aber im *Tannhäuser* die Rolle der Erlöserin einer Frau, Elisabeth, zufällt, ist im *Parsifal* der Erlöser der Titelheld, ein Mann. In der mitreißenden Verführungsszene des zweiten Aufzugs und nach dem Kuss der Kundry erkennt Parsifal, »weltsichtig« geworden, dass nicht die Wunde, die ihm Amfortas zugefügt hat, sondern die Qual der Liebe in seinem Herzen brennt. Er wächst über sich hinaus und entsagt dem Sexus. Die Standhaftigkeit Parsifals symbolisiert den Sieg der Menschenliebe über die

Sexualität. Wagner bekannte sich hier leidenschaftlich zu Schopen-
hausers Ethik. So lesen wir in seiner Schrift *Was nützt diese Erkenntnis*, einem Nachtrag zum *Parsifal*, in dem er für die Ideen Schopenhauers wirbt: »Nur die dem Mitleiden entkeimte und im Mitleid bis
zur vollen Brechung des Eigenwillens sich betätigende Liebe ist die
erlösende christliche Liebe, in welcher Glaube und Hoffnung ganz
von sich eingeschlossen sind.[5] So bezeichnete er die beiden Themen des *Parsifal*-Vorspiels ausdrücklich als »Liebe« und »Glaube«.

Pazifistisches im Parsifal

Parsifal wird von zahlreichen weltanschaulichen, ethischen, reli-
gions-, philosophischen und kunsttheoretischen Gedanken getra-
gen. Wagner als Dichter übersetzt sie in kultische Handlungen,
szenische Aktionen, Metaphern, Allegorien und Symbole, wobei er
christliche und buddhistische Elemente zusammenführt. Im Mittelpunkt der Handlung stehen Themen wie der Verfall der
Menschheit, Regeneration durch Liebe, Mitleid und Selbstverleug-
nung sowie Seelenwanderung und das Verbot der Tötung von
Tieren.[6]

Pazifistisches Gedankengut, das im *Parsifal* eine bedeutende Rolle spielt, wurde bislang wenig beachtet. So tragen die Gralsritter
keine Waffen, und im Bereich des Grals dürfen keine Tiere getötet
werden. Dass Parsifal den Schwan tötet, gilt als Freveltat. Folgerichtig praktizieren die Gralsritter den Vegetarismus. Sie enthalten
sich fleischlicher Nahrung und ernähren sich nur von Brot und
Wein.

Wagner ächtet auch die Gewalt. So tadelt Gurnemanz im ersten
Aufzug den Toren, weil er den Schwan tötete.

»Unerhörtes Werk!
Du konntest morden – hier im heil'gen Walde,
des stiller Friede dich umfing?«

Eine weitere Rüge folgt, nachdem Parsifal Kundry wütend bei der Kehle fasst. »Verrückter Knabe! Wieder Gewalt!« Im dritten Aufzug mahnt Gurnemanz den schwer bewaffneten Parsifal, dass im Bereich des Grals keine Waffen erlaubt sind.

Pazifismus und Vegetarismus

Von Heraklit stammt der bekannte Ausspruch: »Der Krieg ist der Vater aller Dinge.« Die Sehnsucht nach Frieden hat die Menschheit aber mehr als der Drang nach Eroberung beseelt, schon von ihrem Anfang an. In nahezu allen Epochen der Geistesgeschichte wurde sie artikuliert. Aktive Friedensbewegungen gibt es seit dem 19. Jahrhundert. Der Begriff Pazifismus stammt von dem französischen Politiker Emile Arnault, der ihn im August 1901 in seiner Schrift *Code de la Paix* prägte. Wagner konnte ihn nicht kennen. Oft und mit Leidenschaft sprach er aber vom Frieden, einem Thema, das ihm sehr am Herzen lag. Zur Erläuterung:

Die zentralen Themen, die Wagner in seinen letzten Lebensjahren beschäftigten, waren die Degeneration der Menschheit und die Möglichkeiten einer Regeneration. Den Niedergang führte er auf mehrere Faktoren zurück: Egoismus, Herrschaft des Geldes, die Institution des Eigentums und allgemeine Lieblosigkeit. Die Zivilisation werde am Mangel an Liebe zugrunde gehen – Lieblosigkeit, die durch Egoismus entstehe. Geld und materieller Besitz seien dafür verantwortlich, ebenso wie der Verderb des Blutes durch die Vermischung der Rassen, und das Essen von Fleisch.

Wagners Theorien zum Vegetarismus gehen von der Annahme aus, dass der Mensch ursprünglich Vegetarier und im Laufe der Zeit zu einem Fleischesser geworden sei. Erst die Ernährung mit tierischem Fleisch habe die Raub- und Blutgier des Menschen geweckt, sie habe ihn zu einem Raubtier gemacht, das die grundsätzlich friedliche Welt beherrschte. Wagner zweifelte nicht daran, dass Fleischnahrung, Eroberungsdrang des Menschen und Krieg in kausalem Zusammenhang stünden.

Typisch für Wagner ist es nun, dass er es bei der Diagnose nicht bewenden ließ, sondern konkrete Vorschläge zur Therapie machte. Von einer Umstellung der Menschheit auf Pflanzenkost erhoffte er sich wahre Wunder.

Religionsphilosophische Implikationen

Wagner sympathisierte mit den Vegetariern, doch kritisierte er, dass sie keine Religion hätten. Überhaupt fand er, dass die moderne Welt religionslos sei.[7] Die überlegenen Religionen, Christentum und Buddhismus, hätten versagt, beide steckten sie in einer tiefen Krise. Was die Menschheit brauche, sei eine neue, echte Religion. Diese wahrhafte Religion vereinigt für Wagner christliche mit buddhistischen Elementen.

Das Christentum bildet zwar ihre Grundlage, aber es ist ein gereinigtes, geläutertes Christentum, das zudem bestimmte Elemente des Buddhismus in sich aufnehmen sollte. Hier baute Wagner im Wesentlichen auf Schopenhauer auf, der gegen das Judentum und vor allem gegen die Herkunft des Christentums aus dem Alten Testament viele Vorbehalte hegte. Zwar war er der Ansicht, dass durch das Christentum das plumpe jüdische Dogma sublimiert und stillschweigend versinnbildlicht werde. Die Crux des Christentums sah er jedoch in der Vereinigung zweier so heterogener Lehren wie die des Alten und des Neuen Testaments.

Ebenso wie Richard Wagner glaubte auch Schopenhauer an die buddhistische Lehre von der Seelenwanderung. Einen Grundfehler des Christentums sah er darin, dass es widernatürlicher Weise die enge biologische Verwandtschaft des Menschen mit der Tierwelt negiere, der er doch wesentlich angehöre, und ihn damit ganz auf sich allein stelle. Wobei die Tiere im Christentum nahezu als Sachen gelten, ganz anders als im Hinduismus und Buddhismus – Religionen, die die augenfällige Verwandtschaft des Menschen mit der tierischen Natur ausdrücklich anerkennen und in der Seelenwanderung der engen Verbindung Ausdruck verleihen.

In seiner Abhandlung *Über Religion* empörte Schopenhauer sich über die jüdische Naturauffassung, die Vivisektion und Tierquälerei zulässt. Hier erweist der späte Wagner sich als gelehriger Schüler seines Mentors Schopenhauer, eine Tatsache, die die Wissenschaft bislang übersehen hat. Nebenbei bemerkt: auch König Ludwig II., Wagners Förderer, war Pazifist. Mit seinem Versuch, seine pazifistische Einstellung durchzusetzen, schockierte er die führenden Militärs seines Königsreichs.

Zum Pazifismus gehört natürlicherweise auch der Vegetarismus. Tolstois Wort »Vom Tiermord zum Menschenmord ist nur ein Schritt« wurde für Pazifisten während des Ersten Weltkriegs zur Losung. Magnus Schwantje, einer der bedeutendsten Vorkämpfer für Vegetarismus und Tierschutz in Deutschland, hielt im Jahr 1916 in Ascona eine vielbeachtete Rede über dieses Thema, in der er Krieg und Aggression verurteilte, und verfasste 1919 auch eine Schrift über Wagners ethisches Wirken. Hier lesen wir: »Seine Briefe beweisen, dass viele weit verbreitete ungünstige Ansichten über Wagners Charakter auf Verleumdung, andere auf Mangel an Verständnis für den Charakter eines genialen Menschen beruhen.«[8]

Hitler und Wagner

Der Antisemitismus Wagners ist berüchtigt, und die Frage, inwiefern er als Vorläufer des Nationalsozialismus einzuschätzen sei, wurde und wird immer noch heftig und kontrovers diskutiert. Wie der Politikwissenschaftler Udo Bermbach schrieb, wurde Wagners Werk und sein Denken während des Dritten Reiches konsequent als die Vorwegnahme der nationalsozialistischen Weltanschauung angesehen.[9] Wagners *Siegfried* war das Werk, das Hitler und die Seinen am meisten schätzten. Der Spiegel-Herausgeber Rudolf Augstein verneinte allerdings bereits 1997 die Ansicht, wonach Wagners Schriften und seine Musik Schuld an Hitlers Greueltaten gewesen seien.[10] Unbestritten ist, dass Hitler Wagner und Bayreuth bewunderte und sich vielfach auf ihn berief. Zu bedenken ist allerdings, dass nicht alle Nationalsozialisten die Dramen Wagners in gleichem Maße schätzten.

Von Hitler wird behauptet, dass *Parsifal* ihm als Schlüsselwerk galt. Spätestens seit 1934 soll er versucht haben, Einfluss auf die Bayreuther Inszenierung des Stückes zu nehmen. Dabei beabsichtigte er, das Werk von seinem angeblich christlich grundierten Weihecharakter zu entrümpeln. Dem Historiker Saul Friedländer verdanken wir die Erkenntnis, dass für Hitler in *Parsifal* die Kunst zur Religion wurde – eine neue Religion, die für den Führer noch zu christlich war, aber das Heraufdämmern einer heiligen arischen Gemeinschaft ankündigte.[11]

Hatte Wagner ähnliche Gedanken gehabt? Die Musik zu *Parsifal* ist bekanntlich in Italien entstanden, wo Wagner sich in den Jahren 1879 und 1880 mit seiner Familie aufhielt. Parallel zur Musik verfasste er dort die Schrift *Religion und Kunst*, mit der er sein letztes Werk theoretisch untermauern wollte. Es stellt sich die Frage, ob *Parsifal* und die Abhandlung antijüdische Elemente enthalten. Die Grundthese der Schrift besagt, dass sowohl die Kirchen als auch die beiden Religionen – Christentum und Hinduismus – versagt hätten. Deshalb müsse die Kunst an die Stelle der Religion treten. Von einer Kritik am Judentum ist in der Schrift nirgends die Rede.

Es ist mehrfach behauptet worden, dass Wagner mit dem *Parsifal* eine Lanze für die arische Ideologie brechen wollte. Eine zentrale Rolle in der Handlung spielt der lebensspendende Gral, das Gefäß, das nach alter Sage das Blut Christi enthält. War Jesus Christus Arier? In einem Gespräch mit Cosima bekannte Wagner, er habe bei der Konzeption des Werkes an den Heiland, d.h. Jesus Christus, gar nicht gedacht.[12] Viel Aufhebens wird um die Gestalt der Kundry, der verführerischen Frau, gemacht, die von ihrem Meister, dem Zauberer Klingsor, einmal Herodias und auch Gundriggya genannt wird. Herodias ist die Tochter eines jüdischen Fürsten, Gundriggya dagegen eine skandinavische Walküre. Wagner nannte sie eine »Strickerin des Krieges«. Sie ist mit Fluch beladen, weil sie den Heiland am Kreuz ausgelacht hat. Sie wird getauft und damit erlöst; am Schluss sinkt sie freilich entseelt zu Boden.

Das Verbot der Parsifal-Aufführung seit 1939

Zur Rezeptionsgeschichte des *Parsifal* im 20. Jahrhundert hat Udo Bermbach wesentliche Aussagen gemacht. Seiner Darstellung nach wurde das Werk öfters geistlich vereinnahmt, sein religiöser Gehalt immer wieder betont. Gelegentlich wurde auch der nationalistische Gehalt hervorgehoben. Wie Bermbach schreibt, soll nach dem Rassentheoretiker Ludwig Schemann Wagner mit Hilfe des *Parsifal* und dessen neuen Weg zur Religion ein neues »wahrhaftiges Christentum« realisiert haben, ein »a-jehovanisches« Christentum, also ein Christentum ohne Bibel. Diese Interpretation kam den Nazis entgegen. Interessanterweise stellten sich Hitler und Himmler die SS als eine Form der Gralsritterschaft vor.[13] Besonders wichtig für die Geschichte der Aneignung des *Parsifal*-Stoffes ist nicht zuletzt, dass die Oper seit dem Ausbruch des Krieges im Dritten Reich und selbst in Bayreuth nicht aufgeführt werden durfte. Anscheinend fürchteten die Nationalsozialisten eine Demoralisierung der Bevölkerung wegen der pazifistischen Tendenz des Stückes. Auch die Religionslastigkeit war ihnen nicht geheuer. Sie musste im Sinne der Nazi-Ideologie umgedeutet werden.

Schluss

Wie lässt sich die Neigung des späten Wagner zum Pazifismus erklären – vor allem, wenn man bedenkt, dass Wagner 1870/71 den deutsch-französischen Krieg und den Sieg der deutschen Truppen lebhaft begrüßt hatte. Wagners nationalistische Gesinnung ist legendär. Er mochte die Franzosen nicht, ihren Esprit ebensowenig wie ihre Musik. Eine Zeitlang hoffte er sogar, dass Paris abbrennen würde. Umso mehr erstaunt, dass er später von Künstlern wie Charles Baudelaire und Stephane Mallarmé tief verehrt wurde. Sein Verhältnis zu Otto v. Bismarck, dem Gründer des Deutschen Reiches, das ursprünglich positiv gewesen war, wurde im Laufe der Zeit auch immer schlechter. In seinen letzten Lebensjahren hasste Wagner den »Eisernen Kanzler« abgrundtief. Er warf ihm vor, um der Vermehrung seiner Macht willen die Herrschaft des Königs zu verewigen und dadurch die Deutschen ins Elend zu stürzen. So nannte er den Kanzler einmal einen »brutalen Barbaren«, auch einen »Sauhetzer«, und Wilhelm I. war ihm nichts als ein »schwachsinniger König«. Was ihn nicht daran hinderte, nach der Ernennung des Königs zum Kaiser für ihn einen Kaisermarsch zu komponieren.

Hier ergeben sich manche neuen Gesichtspunkte für die Deutung des *Parsifal.* Nicht zuletzt muss das Werk vor einem zeitkritischen Hintergrund betrachtet werden. Wagners eindringliche Forderung nach Waffenverzicht und seine Verurteilung des Krieges bezieht sich durchaus auch auf die Politik des Eisernen Kanzlers. Wagner plädierte für eine Haltung des Altruismus und sah im Egoismus den Grund allen Übels. Die Botschaft der als Mitleid verstandenen Liebe, die Menschlichkeit, die im Parsifal gepredigt wird, vereinigt christliche mit buddhistischen Elementen und lehnt sich an die Philosophie Arthur Schopenhauers an. In diesem Evangelium ist aber auch eine Spitze gegen das Judentum unverkennbar.

Europäische Institutionen und persönliche Begegnungen

Während meiner über dreißigjährigen Lehrtätigkeit am musikwissenschaftlichen Institut der Hamburger Universität – 1961 wurde ich Privatdozent, 1972 ordentlicher Professor, 1995 emeritiert – war es mir vergönnt, zahlreiche Studenten zu betreuen. Circa 40 promovierten bei mir bis zu meiner Emeritierung, etwa 20 danach und etwa 100 begleitete ich bis zum Magisterexamen. Zu mehreren pflegte und pflege ich freundschaftliche Kontakte.

Mein engster Mitarbeiter seit 1972 war und ist immer noch Peter Petersen. Er promovierte 1971 mit einer Arbeit über die Tonalität im Instrumentalschaffen von Béla Bartók und habilitierte sich mit einer umfangreichen Arbeit über Alban Bergs epochale Oper *Wozzeck*, die er erstmals einer gründlichen semantischen Analyse unterzog. Sein primäres Interesse galt der musikalischen Analyse und der Neuen Musik des 20. und 21. Jahrhunderts. So wurde er zum führenden Experten für Hans Werner Henze und die sogenannte Exilmusik. Das von ihm mit herausgegebene Online-Lexikon für die Exilmusik ist schon heute ein Standardwerk. Außerdem verfasste er ein umfangreiches Buch über Musik und Rhythmus, in dem er eine neue Theorie und eine neue Methode der rhythmischen Analyse vorstellte. Seine Gedankengänge bestechen durch Originalität. So begannen seine Vorlesungen über die Musikgeschichte nicht mit dem Altertum, sondern rückwärtsgehend von der Gegenwart aus. Ich war und bin immer wieder überrascht, wie ähnlich wir beide in wissenschaftlichen Fragen denken, obwohl sich unsere Arbeiten nicht selten in verschiedene Richtungen entwickelten.

Neil K. Moran, aus Canada stammend, studierte Musikwissenschaft, Archäologie und Volkskunde in Boston und Hamburg, wo er mit einer grundlegenden zweibändigen Dissertation über die Ordinariumsgesänge der byzantinischen Messe promovierte. Er arbeitet interdisziplinär. Dank seiner Forschungen über die altslawische Musik und den gregorianischen Choral gehört er heute zur Riege der kreativsten Musikwissenschaftler überhaupt. Sein Buch über Sänger in spätbyzantinischen und slawischen Zeichnungen ist heute ein Standardwerk. Ein weiteres Buch ist dem Thema Rudyard Kipling und Afghanistan gewidmet. Moran, mit dem ich seit mehreren Jahrzehnten in engem Kontakt stehe, übersetzte vier große Bücher von mir ins Englische.

Wesentliche Unterstützung erfuhr und erfahre ich immer noch von meinen beiden spanischen Doktoranden, Paulino Capdepón Verdú und Susana Zapke. Paulino, heute Professor für Musikgeschichte an der Universität von Castilla-La Mancha ist einer der besten Kenner der jüngeren spanischen Musik. Seine Dissertation über die Villancicos von Antonio Soler setzt neue Maßstäbe. Seine zahlreichen Arbeiten bestechen durch stupendes Detailwissen.

Susana Zapke hat heute eine Professur an der Musik und Kunst Privatuniversität Wien inne. Ihre Interessen reichen von den mozarabischen Neumen, über die sie eine exzellente Dissertation verfasste, über zentrale Themen wie die Urbanität der Musik in Wien bis zur Moderne mit Schönberg, Strindberg, Munch. Unter meinen frühen Doktorandinnen fiel Gisa Aurbek auf, die mit einer ausgezeichneten Doktorarbeit über byzantinische Musik promovierte.

Zu meinen engeren Freunden zählen noch meine ehemalige Doktorandin Marie-Agnes Dittrich, eine hervorragende Analytikerin, Professorin für Musiktheorie an der Musikuniversität Wien, promoviert mit einer Arbeit über Schuberts Harmonik; Philipp Adlung, fähiger Musikwissenschaftler, promoviert mit einer Dissertation über Mozarts *Mitridate*, Rechtsanwalt und Manager, u.a. Direktor des Beethoven-Hauses in Bonn und des Händel-Hauses in Halle; Matthias Spindler, Verleger und Mitherausgeber der Festschrift zu meinem 70. Geburtstag, und Albrecht Gaub, Experte für die russische Musik des 19. Jahrhunderts. Er schrieb eine fundamentale Dissertation über die kollektive Oper *Mlada,* das interessante Produkt einer engen Zusammenarbeit zwischen fünf Kom-

ponisten, die sich 1862 in St. Petersburg als »Mächtiges Häuflein«
zusammengeschlossen hatten.

Eine intellektuelle Freundschaft verband mich weiter mit der
Musikwissenschaftlerin Dr. Ursula v. Rauchhaupt, die sich lebhaft
für religionsphilosophische Themen interessierte. Im Mittelpunkt
unserer Gespräche standen musikalische Themen und der Buddhismus. Einen regen Gedankenaustausch hatte ich 2008 mit der
Bildungswissenschaftlerin Erika Schuchardt, die seinerzeit an ihrem Beethoven-Buch arbeitete.

Bei mir in Hamburg hatten eine Zeitlang die bulgarischen Wis-
senschaftlerinen Elena Toncheva und Svetlana Kujumdzieva gearbeitet, beide Professorinnen an der bulgarischen Akademie der
Wissenschaften in Sofia und hervorragende Expertinnen der byzantinischen und altslawischen Kirchenmusik.

Zu meinen engsten Freunden gehören vor allem Ernst Bern-
hardt-Kabisch, Professor emeritus der Indiana-University in
Bloomington, und seine Frau Dr. Eva Dessau, Germanistin und
Tochter des bekannten Komponisten. Wir lernten das Ehepaar in
Hamburg kennen, dem Ort ihrer regelmäßigen Herbstferien. Bern-
hardt-Kabisch, ein hervorragender Linguist, Komparatist und
Stilist, war Professor für englische Literatur. Ich hatte das große
Glück, dass er zwölf meiner Bücher ins Englische übersetzte, von
denen die meisten im Internationalen Verlag der Wissenschaften
Peter Lang erschienen. Ich verdanke ihm viele Anregungen und
einen regen Gedankenaustausch.

Da ich mich über viele Jahre als Mahler-Forscher profilieren
konnte, war es nur natürlich, dass dies mehrere jüngere Kommilitonen in Hamburg zu Dissertationen anregte: Alexander Odefey
schrieb eine ergebnisreiche Arbeit über die *Kindertotenlieder* von
Gustav Mahler. Bernd Schabbing befasste sich intensiv mit Mahler
als Opern- und Konzertdirigenten am Stadttheater Hamburg.
Juliane Wandel beleuchtete erstmals die Rezeption der Werke
Mahlers zu Lebzeiten des Komponisten. Christian Wildhagen
schrieb eine fundamentale Arbeit über die 8. Symphonie, und

Altug Ünlü arbeitete über die Prinzipien der Instrumentation Gustav Mahlers. Zu meinen begabtesten Schülern gehören ferner Michael Mäckelmann, der leider früh verstarb, und Aloyse Michaely. Von Mäckelmann stammt eine grundlegende Arbeit über Schönberg und das Judentum, und Michaely, Professor für Musiktheorie an der Musikhochschule Lübeck, schrieb eine nicht minder wichtige Dissertation über die Musik von Olivier Messiaen.

Zu den von mir betreuten Mahler-Dissertationen schrieb Jeremy Barham 2004 in Music & Letters: »*Floros is Vater of all Doktorväter*«.

Eine freundschaftliche Beziehung über viele Jahre bestand zwischen mir und Peter Fischer-Appelt, dem ehemaligen Präsidenten der Universität Hamburg. Da er ein großer Musikliebhaber ist, förderte er das Musikwissenschaftliche Institut, dessen geschäftsführender Direktor ich über zehn Jahre war. Unsere Diskussionen kreisten vor allem um Schönbergs sakrales Fragment, die Oper *Moses und Aron*. Wir waren uns einig darin, dass Schönberg gerade in diesem Werk seine originelle Theologie darlegte.

Die Katholische Akademie war und ist eines der kulturellen Zentren der Hansestadt. Günter Gorschenek, der frühere Direktor, interessierte sich sehr für religiöse, soziologische und politische Themen und setzte sich für den interdisziplinären und interreligiösen Dialog ein. Gelehrte und Wissenschaftler verschiedener Konfessionen und Fachgebiete kamen zu Gesprächen in die Akademie. Spiritus rector war der Religionsphilosoph Eugen Biser, ein subtiler Geist, exzellenter Rhetor und wichtigster Vertreter der politischen und religiösen Toleranz. Im Laufe der Zeit wuchs zwischen uns eine echte Freundschaft. Er stellte den Antrag für meine Mitgliedschaft in der Europäischen Akademie der Wissenschaften und initiierte die Ringvorlesung »Kunst als Glaubensbekenntnis«, an der vier Wissenschaftler – ein Theologe, ein Literaturwissenschaftler, ein Kunsthistoriker und ich – teilnahmen.

Seit 1979 – früher lebte ich in meinem Studio sehr zurückgezogen – wurde ich zunehmend zu Vorträgen und Symposien eingeladen, die meinen Horizont ständig erweiterten. Diese Aktivität, durch die ich viele neue Freunde gewann, setzte ich bis zum Mahler-Jahr 2010/2011 ohne Unterbrechung fort. Dabei besuchte ich viele europäische Länder: Österreich, Italien, die Niederlande, Belgien, Großbritannien, Polen, Slowakei, Spanien, Jugoslawien, Griechenland, Frankreich und Dänemark.

Mein wichtigster Mitstreiter auf dem Gebiet der musikalischen Semantik ist mein Kollege Hartmut Krones, emeritierter Professor an der Wiener Musikuniversität und wohl führender Musikforscher Österreichs. Er hat auf vielen Gebieten Grundlegendes geleistet, unzählige Symposien organisiert und mehrere Bücher und zahlreiche Aufsätze verfasst. Krones ist der führende Experte auf dem Gebiet der musikalischen Rhetorik, die zwischen etwa 1600 und 1800 zu einem »weiten Kreisen der musikalisch Gebildeten bekannten Symbolfundus« aufstieg. Einem Fundus, der zwar in vielen Lehrbüchern angesprochen, aber nie vollständig überliefert wurde. Krones wies nach, dass die Lehre von den musikalisch-rhetorischen Figuren nicht nur im »provinziellen« protestantischen Norden Deutschlands, sondern auch im katholischen Süden und in Frankreich und England verbreitet war und bis ins 19. und 20. Jahrhundert, etwa bei Mahler und Strindberg, fortwirkte.

Neben Krones gehört auch Rainer Bischof, der frühere Generalsekretär der Wiener Symphoniker und Präsident der Internationalen Gustav Mahler Gesellschaft zu meinen engeren Freunden. Er ist Komponist und Philosoph in Personalunion, studierte Philosophie bei Erich Heintel und Zwölfton-Komposition bei Hans Erich Apostel, beide in Wien. Als Komponist fühlt er sich der Zweiten Wiener Schule verbunden, insbesondere Schönberg und Webern, und geht doch eigene Wege. Sein umfangreiches kompositorisches Oeuvre, das sich durch starke Expressivität auszeichnet, umfasst mehr als fünfzig Werke – Orchesterwerke, Instrumentalkonzerte, eine Oper, Lieder und Kammermusik. Sein philosophisches Denken hat er in manche seiner Kompositionen diskret einfließen lassen. Zu seinen bedeutendsten Orchesterwerken darf man den *Totentanz* rechnen, ein im Jahr 2000 uraufgeführtes und durch den *Füssener Totentanz* von Herwig Zens angeregtes starkes Werk. An philosophischen Schriften legte Bischof bisher *Vom europäischen Geist. Gedanken zum Menschen und zur Kunst,* Löcker, Wien 2000, vor. Es behandelt die Frage nach Ursprung und Wesen der Kunst, außerdem die tragische Dialektik zwischen Kunst und Philosophie, und das Thema »Hölderlin und die Philosophie«. Sein neuestes Werk, Bischofs Opus magnum, ist *Versuch eines humanistischen Manifests,* Wien 2017, eine Zusammenfassung der europäischen Philosophie, bezogen auf den Begriff des Menschen.

Das Brucknerhaus in Linz ist einer der schönsten Konzertsäle Europas. 1972 fertiggestellt, beeindruckt es sowohl als Monumentalbau als auch durch seine ausgereifte Akustik. 1980 lud mich Franz Grasberger, der ehemalige Direktor der Musiksammlung der Österreichischen Nationalbibliothek und Leiter des Anton Bruckner Instituts, zu einem Bruckner-Referat ein. Ich arbeitete damals intensiv über Bruckner, einen Komponisten, den ich sehr liebe. In Linz war ich ein gern gesehener Gast. Ich nahm an zehn Symposien teil und publizierte mehrere Aufsätze. Dort und in Wien konnte ich meine Freundschaft mit den profiliertesten Bruckner-Forschern vertiefen. Genannt seien Elisabeth Maier, Verfasserin der fundamentalen Publikation *Verborgene Persönlichkeit. Anton Bruckner in seinen Aufzeichnungen,* Wien 2001; Andrea Harrandt, die bedeutende Herausgeberin der Bruckner-Briefe; Renate Grasberger, der die Musikwelt grundlegende Bände über die Bruckner-Ikonographie verdankt; sodann den vielseitigen, sehr begabten und leider früh verstorbenen Wolfgang Erich Partsch und meinen Freund Uwe Harten, den Herausgeber des Bruckner-Handbuches. In den letzten vierzig Jahren hat das Anton Bruckner Institut Unglaubliches geleistet und unzählige Details über den Ansfelder Komponisten publiziert, der mehrere Jahre als Domkapellmeister in Linz verbrachte.

Meine eigenen Forschungen konzentrierten sich auf die Frage, inwiefern zwischen Bruckners Persönlichkeit und seinem Schaffen

ein Zusammenhang bestehe und wie wichtig Außermusikalisches –
Religiöses und Weltliches – für seine tief berührende Musik war.
Dass psychologische Kategorien dabei zum Tragen kommen,
versteht sich wohl von selbst.

An der Kunstuniversität Graz existiert seit siebenunddreißig
Jahren das Institut für Wertungsforschung, heute Institut für Musikästhetik. Von 1970 bis 2002 wurde es von Otto Kolleritsch
geleitet, viele Jahre Rektor der Universität. Das Institut beschäftigte
sich mit Fragen der Musikästhetik und -soziologie und der Rezep-
tionsforschung, mit besonderem Schwerpunkt auf Fragen der
Axiologie. Ein Beispiel: Arnold Schönberg und seine Schüler waren fest von der Überlegenheit der deutschen Musik überzeugt.
Oder: Von Alban Berg sind verächtliche Urteile über den Schweizer Arthur Honegger und den Franzosen Darius Milhaud überliefert. Nach der Gründung des »Dritten Reiches« verlor Schönberg
seine Stelle als Professor für Komposition an der Berliner Akademie der Künste; er und seine Schüler wurden als Vertreter der
entarteten Kunst diffamiert. Die Ambivalenz dieser Urteile gibt zu
denken.

Kolleritsch war auch Leiter der jährlich stattfindenden Musik-
symposien im Programm des Festivals »Steirischer Herbst«. Als
solcher gab er die Publikationsreihe »Studien zur Wertungsforschung« heraus und lud mich häufig ein, als Vortragender dort
mitzuwirken.

An der Kunstuniversität Graz wirkt als Ordinarius seit 1996
mein Freund Peter Revers, der sich in Hamburg habilitierte. Neben
Komposition studierte er Musikwissenschaft, auf die er schließlich
den Schwerpunkt legte. Seine Stärke liegt in der Analyse. Als Experte in der Mahler-Forschung hat er ein zweibändiges Werk über
Mahler-Interpretationen herausgegeben (Laaber-Verlag 2011).
Seine Habilitationsschrift *Das Fremde und das Vertraute. Studien zur*
musiktheoretischen und musikdramatischen Ostasienrezeption (Stuttgart
1997) ist ein Standardwerk.

Salzburg ist die Mozart-Stadt – ich assoziiere unwillkürlich auch den Namen Hans Werner Henze mit ihr. Am 26. August 2006 fand dort die Nachfeier seines achtzigsten Geburtstags statt. Peter Ruzicka lud meine Lebensgefährtin und mich zur Geburtstagsfeier ein. In Anwesenheit des Komponisten erlebten wir im Festspielhaus eine fulminante konzertante Aufführung von Henzes Oper *Das verratene Meer* mit japanischen Sängern und dem Orchestra Sinfonica Nazionale della Rai unter Gerd Albrecht.

Die Geburtstagsfeier selbst fand im Schloß Leopoldskron statt. Bei der Begrüßung beglückwünschte Henze, der von schwerer Krankheit genesen war, mich zu meinen Schriften. Als ich ihm sagte: »Sie leben von innen«, ergriff er mit großer Rührung meine Hand.

Gustav Mahler war und ist in den Niederlanden sehr beliebt. Willem Mengelberg, der berühmte niederländische Dirigent, lernte 1903 die Musik Mahlers kennen und war von ihr begeistert. Er förderte Mahler durch Aufführung seiner Werke. Zum 25jährigen Dirigentenjubiläum Mengelbergs fand 1920 in Amsterdam ein großes Mahler-Fest statt. Holland war und ist Mahler-Land. Seit längerem besteht in Amsterdam die Mahler-Stichting. Eveline Nikkels, die Vorsitzende der Stiftung, brachte unter anderem ein Buch über Mahler heraus. Sie organisierte in Utrecht, Rotterdam und Amsterdam beachtliche Symposien, an denen ich teilnehmen durfte.

Man kann von Amsterdam nicht sprechen, ohne eine einzigartige Einrichtung zu nennen: das Nexus-Institut, das sich als Bewahrer der europäischen Kultur versteht. Symptomatisch für die Zielsetzung der Einrichtung ist der Titel des Buches, das der Leiter, der Philosoph Rob Riemen, verfasst hat. Er lautet *Adel des Geistes*. Im August 2011 veranstaltete Riemen ein interdisziplinäres Symposion über das heikle Thema Gustav Mahler und die letzten Fragen. Leider waren nicht alle Referenten dem Thema gewachsen.

Durch Vermittlung meines Schülers Paulino Capdepón wurde ich nach Oviedo in Nordspanien und nach Salamanca zu Vorträ-

gen eingeladen. Ich sprach über Fragen des Mozartschen Musiktheaters und über mein damaliges Lieblingsthema *Musik als Botschaft*. Paulino übersetzte beide Vorträge ins Spanische, sie erschienen im Druck.[1]

Später erhielt ich von Avelina López-Chicheri, der Direktorin
der Aula Musica an der Universität von Alcalà, eine Einladung zu
einem Seminar über *Semantik und Struktur bei Gustav Mahler und
Alban Berg*. Alcalà ist nach Salamanca die zweitälteste Universitäts-
stadt Spaniens und verdankt vieles dem Kardinal Cisnero, der die
Universität im 16. Jahrhundert gründete. Das Seminar gestaltete
sich sehr gut. Meine Hörer – examinierte Musiklehrer, Instrumen-
talisten und Musikwissenschaftler – stellten kluge Fragen.

Alcalà – der Name stammt aus dem Arabischen – ist die Ge-
burtsstadt von Cervantes. Wir besuchten den alten Hörsaal der
Universität, in dem heute in Anwesenheit des Königs der Cervan-
tes-Preis verliehen wird.

In Spanien machten wir eine eigentümliche Erfahrung. Das
Land zeichnete sich im Mittelalter durch eine einzigartige Symbiose
von Christen, Mauren und Juden aus, die die Kultur besonders
prägte. In vielen Städten vor allem Andalusiens gab es neben Be-
zirken, die von Christen bewohnt wurden, auch maurische und
jüdische Viertel. Was wir heute als Ideal der Zukunft sehen, die
Toleranz, war damals zeitweise Wirklichkeit.

Wir entschlossen uns, unseren Aufenthalt zu verlängern und ein
paar weitere Tage in Toledo, Madrid und Andalusien zu verbrin-
gen. Wir besichtigten die Kathedrale von Toledo, die auf uns einen
überwältigenden Eindruck machte. In der riesigen Sakristei sind
sehr viele Gemälde von El Greco zu sehen, unverwechselbar in
ihrer Eigenart, aber nicht immer gut platziert. In einer eher un-
scheinbaren Kirche, San Thomé, konnten wir ein großartiges,
weniger bekanntes Gemälde von El Greco, Das *Begräbnis von Orgaz*,
besichtigen – wunderbar, wie hier Erde und Himmel zusammenge-
spannt sind. Im überfüllten Prado sahen wir Goyas' Zyklus *Tau-
romaquia* – wer denkt bei diesem Titel nicht an Picasso? – und

erfuhren, dass Goya zu einigen seiner Zeichnungen von Versen stimuliert wurde. Die Beispiele für die gegenseitige Befruchtung der Künste sind offenbar unzählig. Den nachhaltigsten Eindruck machten auf uns Pieter Brueghel und Hieronymus Bosch: *Il trionfo della morte* und *Der Garten der Lüste* – zwei wunderbare Dokumente der phantastischen Malerei. Über die Alhambra in Granada braucht nichts gesagt zu werden, wohl aber über die Mezquita in Cordoba. Die Kathedrale: eine gigantische Moschee mit über 800 Säulen und unzähligen Rundbögen, der die christlichen Eroberer in der Reconquista ein katholisches Gotteshaus eingepflanzt hatten. Wir ahnten eine andere Religiosität.

Noch einmal zurück zu den Kollegen: Nad'a Hrckova, Bratislava, Primos Kuret, Ljubljana, und Niksa Gligo, Zagreb, sind gute Freunde. Nad'a übersetzte mehrere meiner Texte ins Slowakische und ins Tschechische. Die engsten Kontakte unterhalte ich allerdings zu meinen polnischen Kollegen.

Vor vielen Jahren traf ich in Graz Mieczyslaw Tomaszewski. Wir verstanden uns auf Anhieb. Dennoch war ich überrascht, als er mir am 2. März 1991 schrieb: »Ich muss offen sagen, dass jedes Ihrer Bücher, zum Beispiel über Mahler, und Aufsätze, zum Beispiel *Musik als Botschaft*, mir immer sehr nahestehen, sowohl hinsichtlich des Themas als auch der Methode. In meinem Seminar für Analyse und Interpretation des Meisterwerks an der Krakauer Hochschule für Musik, die sogenannte ›Penderecki-Schule‹ werden Ihre Texte oftmals analysiert als Musterbeispiele. Unser größter Wunsch wäre es, Sie einmal bei uns in Krakau zu hören.«

Ich zögerte nicht lange, diese freundliche Einladung anzunehmen. Wir waren mehrfach Gäste der Musikakademie. Ich hielt dort Seminare über meine Arbeit und nahm an mehreren internationalen Symposien als Referent und Diskutant teil. Bei dieser Gelegenheit lernten wir Krzystof Penderecki und seine Frau Elisabeta persönlich kennen. Frau Penderecka leitete das Beethoven-Fest in Warschau, an dem ich ebenfalls teilnahm. Am 16. November 2007 waren wir zur gelungenen Geburtstagsfeier zu Ehren des

60. Geburtstags von Frau Penderecka in Krakau eingeladen. Bei dieser Gelegenheit lernte ich den Geschäftsführer des Schott Verlags, Dr. Peter Hanser-Strecker, persönlich kennen. Gleichfalls in Krakau konnten wir die Freundschaft mit Regina Malecka, einer hervorragenden Expertin für Henryk Mikolaj Górecki und der polnischen Musiktheoretikerin Frau Regina Chlopicka vertiefen.

Bei einem Aufenthalt in Krakau führte uns eine Exkursion in das idyllische Haus von Karol Szymanowski, das heute als Museum dient. Außerdem erlebten wir in einer Kirche in der Nähe von Krakau eine grandiose Aufführung des ergreifenden *Credos* von Penderecki unter Stabführung des Komponisten.

Von den älteren Kollegen, die sich mit der Mahler-Forschung beschäftigen, schätze ich besonders Henry Louis de la Grange. Ich lernte ihn 1987 in Tsuyama kennen, einer kleineren Stadt in Japan, nicht weit von Osaka. Die japanische Gustav Mahler-Society hatte ihn, den britischen Forscher Donald Mitchell und mich zu einem Mahler-Festival, das dort stattfand, eingeladen. In einem riesigen Stadion sollte Mahlers *Auferstehungsymphonie* aufgeführt werden. Wir hielten dort Vorträge und gaben Interviews. Während des zweiwöchigen Aufenthalts freundeten wir uns an. Wir erlebten eine Aufführung der berühmten Symphonie vor etwa 3000 Zuhörern, die, nachdem die letzten Töne verklungen waren, in einen unbeschreiblichen Jubel ausbrachen.

Schon damals erkannte ich, dass Henry-Louis de la Grange zu den besten Mahler-Forschern unserer Zeit gehört. Er hat die Mahler-Forschung, speziell die Biographik, auf eine neue Grundlage gestellt. Seine monumentale vierbändige Biographie des großen Komponisten – in Französisch und Englisch verbreitet – ist schon heute ein Meilenstein in der Forschung. Ein Werk, das etwa 2500 Seiten umfasst; wir erfreuen uns an ihrer Ausführlichkeit und Vollständigkeit.

Jedes Ereignis in Mahlers kometenhaften Leben, jede von ihm geleitete Aufführung, jede Begegnung mit Freunden und Zeitge-

nossen, jede folgenschwere psychische Erschütterung wird registriert und kenntnisreich kommentiert.

Henry-Louis de la Grange mit Constantin Floros

Diese große Leistung wäre ohne langjährige Recherche in Ar-
chiven und Bibliotheken und ohne die bereitwillige Mitarbeit mehrerer Sammler nicht möglich gewesen. Henry-Louis de la Grange
kommt das Verdienst zu, diese wertvollen Dokumente in der 1986
gegründeten Mahler Multimedia-Bibliothek nicht nur der Forschung, sondern jedem Mahler-Enthusiasten zugänglich gemacht
zu haben. So befindet sich in der Mediathek unter anderem die
vollständige Sammlung der wertvollen Mahler-Erinnerungen von
Nathalie Bauer-Lechner.

Bedeutende Leistungen sind ohne passionierte Hingabe selten.
Henry-Louis de la Grange, der am 27. Januar 2017 in der Schweiz
verstarb, war ein leidenschaftlicher Forscher. Die intensive Erfor-
schung der Biographie von Gustav Mahler war seine Passion – eine
Leidenschaft, die schon 1945 geweckt wurde, nachdem er eine
Aufführung der *Neunten Symphonie* in New York gehört hatte. Sein
Lebenslauf war ein Leben für Mahler. Und es ist symptomatisch,
dass in den vier umfangreichen Bänden die Biographie des Kom-

ponisten einen breiten Raum einnimmt. Denn gerade bei Mahler ist die Biographie aufs engste mit seinem Werk verbunden. So hielt Mahler selbst seine Musik für »gelebt«, für einen Ausdruck seiner Lebenserfahrung und seiner Weltanschauung.

In Japan bot sich mir übrigens die Gelegenheit, eine mir bis dahin unbekannte Kultur kennen zu lernen. Ich besuchte Osaka, Tokio und die wunderbaren Tempel von Kyoto. Das Land ist von einer gewissen Zweigleisigkeit gekennzeichnet. Japanische Tradition und europäisches Denken gehen hier eine Symbiose ein. Im Konservatorium von Osaka gibt es Abteilungen sowohl für japanische als auch für europäische Musik. Die Japaner sind bekanntlich sehr diszipliniert und arbeiten hart. Dass es in Osaka buddhistische und shintoistische Tempel gibt, erklärte mir mein japanischer Übersetzer so: Die Japaner lieben es, shintoistisch zu heiraten, weil diese Religion Freudiges und Tanz nicht ausschließt, ihr Begräbnis findet aber nach buddhistischem Ritus statt.

In Tokio kam es zu einer intensiven Begegnung mit Toshio Hosokawa, geboren 1955, einem der führenden jüngeren Komponisten Japans, dessen Oeuvre mehrere Orchester- und Solokonzerte, Kammermusik und Filmmusik umfasst. Seine Charakterisierung der eigenen Musik klingt poetisch: »Es ist, als wenn man langsam durch einen Garten ginge«, wobei man wissen muss, dass japanische Gärten nicht symmetrisch angelegt sind. Hosokawa beeindruckte mich durch Höflichkeit, Liebenswürdigkeit und Stille.

Nach meiner Habilitation 1961 habe ich mich intensiv bemüht, einen Lehrstuhl für Musikwissenschaft in Griechenland zu errichten. Zu diesem Zweck besprach ich mich mit mir bekannten Professoren der Philosophischen Fakultät sowohl in Athen als auch in Saloniki. Leider blieben diese Bemühungen erfolglos, weil man der Meinung war, dass das einzige zu gründende musikwissenschaftliche Fach das der byzantinischen Musik sein müsste. Ein solcher Lehrstuhl sollte in der theologischen Fakultät angesiedelt und der Inhaber zumindest Doktor der Theologie sein. Ich hatte zwar viele

Fächer studiert, war aber kein Theologe. Daran scheiterte das Vorhaben.

Jahrzehnte später änderte sich die Situation in Griechenland radikal. Es wurden musikwissenschaftliche Institute und Lehrstühle in Athen, Saloniki, Korfu, Patras und auf Kreta gegründet. Im musikwissenschaftlichen Institut in Athen gibt es inzwischen Abteilungen für byzantinische, neugriechische und europäische Musikphilosophie, für Systematische Musikwissenschaft und für Psychoakustik. Vor der Krise, die über das Land hereinbrach, fanden in griechischen Universitäten namhafte Symposien statt. So gab es im Oktober 2003 auf Korfu einen Kongress über das Thema »Nationalismus und Romantik«, an dem 56 Forscher teilnahmen, aus Europa, Nord- und Südamerika und Israel. Kurz darauf folgte Anfang November in Athen ein dreitätiges Symposion zu Ehren von Theodor W. Adorno über *Analyse und Interpretation der Musik.* Im Sommer 2011 durfte ich in Saloniki den Eröffnungsvortrag über *The Influence of Byzantine Musik on the West* im Rahmen der Proceedings of Crossroads halten.

Engere Kontakte unterhalte ich noch heute mit meinem früheren Dotoranden, dem Ligeti-Experten Konstantinos Kakavelakis, mit dem Philosophen Markos Tsetsos und mit meinem Übersetzer Johannes Foulias, alle Athen, außerdem mit Euanthia Nika-Sampson und Maria Alexandrou, Saloniki, und Jannis Zannos, Korfu, einem meiner früheren Doktoranden.

Mögen sich die Verhältnisse in diesem geplagten Land bald wieder normalisieren!

Auseinandersetzungen

Nemo propheta in patria.

Was ist Forschung? Die Suche nach Wahrheit, nach unbestechlicher Erkenntnis, nach Bereicherung unseres gesicherten Wissens. Forschung kann durch fruchtbare Diskussion und widerstreitende Meinungen vorangetrieben werden, sie kann aber auch durch falsche Thesen und Interpretationen, durch Missverständnisse und Diskriminierung zurückgeworfen werden. Insofern hat Franz Wuketits Recht, wenn er von einem »Zickzackweg« der Wissenschaft spricht.

In einem Interview äußerte Ulrich Tadday die Ansicht, ich wäre der wahre »Anti-Dahlhaus«. Ich halte diese etwas sonderbare Bezeichnung für richtig und empfinde mich als Antipoden von Carl Dahlhaus. Es gibt tatsächlich keine einzige Frage, kein Problem, in dem wir übereinstimmen würden, worüber ich mich immer wieder wundere. Dahlhaus geht gern von Doktrinen aus; er ist der geborene Essayist und versucht vergeblich, durch Inspiration und Zuspitzung zur Erkenntnis zu gelangen. Ich dagegen bin Empiriker – in einem langwierigen Prozess untersuche ich systematisch alle einschlägigen Daten, schließe nichts von vornherein aus und formuliere dann meine Folgerungen.

Das Verhältnis von Biographie und Wissenschaft ist zurzeit heftig umstritten. Manche Kollegen sind allergisch gegen Biographien des 19. Jahrhunderts, die ihnen wie reine Heiligen- oder Heldendarstellungen vorkommen. 1975 stellte Carl Dahlhaus die rhetorische Frage: Wozu noch Biographien? In seinem Beethoven-Buch ist für den Künstler Beethoven kein Platz. Er nimmt eine scharfe Trennung vor zwischen Werk und »ästhetischem Subjekt«.[1] Dabei hat Beethoven selbst erklärende Hinweise zu einigen seiner Werke gegeben, an deren Authentizität kein Zweifel besteht. Erwähnt seien hier nur die Eroica, die Pastorale, die Neunte Symphonie sowie die Klaviersonate in e-moll op. 90 von 1814, gewidmet dem Grafen Moritz Lichnowsky, und die Klaviersonate in A-Dur op. 101 von 1816, gewidmet der Baronin Dorothea von Ertmann.[2]

Dahlhaus' Sicht der Dinge ist freilich nicht ganz neu. Bereits 1915 publizierte Heinrich Wölfflin sein epochemachendes Buch *Kunstgeschichtliche Grundbegriffe*. Vermutlich als Erster formulierte er den faszinierenden, aber auch befremdlichen Gedanken einer »Kunstgeschichte ohne Namen«, d.h. einer Kunstgeschichte, deren »Helden« Gotik, Renaissance und Barock sein sollten. In einer umfassenden Studie hat Melanie Unseld überzeugend dargelegt, dass im Rahmen der Musikkultur die Musikgeschichte, unter biographischen Gesichtspunkten betrachtet, kulturell dazugewönne, da unter diesen Umständen ein breiteres Feld an Akteuren in den Fokus gelänge.[3] Freilich sind die Dinge, um die es hier geht, nicht so simpel. Spricht man von den Künsten, so stellen Lebensbeschreibungen für mich nicht die »äußere«, sondern die »innere« Biographie eines Portraitierten dar. Neben einschneidenden emotionalen Ereignissen, die den psychischen Kosmos der Künstler aufwühlen, sind das die geistige Welt, in der ein Künstler lebt, seine Weltanschauung und Weltsicht, seine Bildung, die Frage seiner Religiosität, seine Ästhetik, seine Stellung in der Gesellschaft, sein Verhältnis zur Tradition und zu seinen Zeitgenossen. So gesehen spiegelt sich all dies – nicht nur die Struktur – in Beethovens Musik wider. Deshalb sollte man sich fragen: ist Beethovens Neunte Symphonie »absolute« Musik oder gehört sie eher zum Genre der Musik als Botschaft? Kann man große Werke wie Mahlers Auferstehungssymphonie und die Symphonie der Tausend ohne Kenntnis seiner Religiosität und seiner Weltsicht verstehen? Sind nicht nahezu alle Werke Alban Bergs autobiographisch konzipiert, und kommt nicht überhaupt dem Begriff »Musik als Autobiographie« zunehmend Bedeutung zu?

Der schwerste Vorwurf, den ich gegen die streng formalistische Betrachtung von Musik erhebe, ist die Ignorierung der so bedeutsamen geistigen Dimension der Musik!

Kritik, einigermaßen sachliche und gut begründete Kritik, ist ein heikles Thema. Sie setzt mehreres voraus: Zunächst das Lossagen vom Ego und eine Distanzierung von persönlichen Vorlieben, um sich auf diese Weise in die geistige Substanz eines Kunstwerks und die Situation des Künstlers hineinversetzen zu können. Zweitens ein profundes Wissen, um die Qualitäten und Schwächen eines Kunstwerks sachlich beurteilen zu können. Was eher selten ist, wohingegen Gefälligkeitsurteile zugunsten von Künstlern nicht nur sporadisch vorkommen.

Auch in der Wissenschaft wird Politik gemacht. Es existieren Parteien, Vereinigungen, Fraktionen und Cliquen. Fachleute, die man nicht mag, werden bekämpft oder totgeschwiegen. Wissenschaft setzt aber Ethos voraus und Toleranz für Andersdenkende. Boshaftigkeiten jeder Art sind tabu, vor allem Pseudokritiken, Neid und Eifersucht, auch Arroganz. Über wissenschaftliche Fragen kann man gelegentlich verschieden denken; das darf aber nicht zu einer angemaßten alleinigen Deutungshoheit führen.

Nicht wenige Kritiken sind böswillig, verdrehen Tatsachen, zitieren absichtlich missverständlich, um einem wissenschaftlichen Gegner oder gar Feind zu schaden, ihn zu diffamieren oder sogar zu vernichten. Dabei haben sich vor allem drei Methoden bewährt: erstens wird das zu rezensierende Buch totgeschwiegen – die vornehmste Methode. Zweitens werden angebliche Mängel oder Sachfehler moniert, und drittens wird die gesamte Konzeption des Buches in Frage gestellt.

Für solches Vorgehen gibt es in meiner wissenschaftlichen Laufbahn genügend Beispiele. So verriss buchstäblich in einer Besprechung in der Revue de Musicologie ein französischer Rezensent meine 1970 im Bärenreiter-Verlag erschienene Universale Neumenkunde. Er hatte nur wenige Seiten des fast 1000 Seiten umfassenden Werkes gelesen, nichts verstanden und alles falsch dargestellt. Ich schrieb eine Replik an die Schriftleitung der Zeitschrift, die sich erstaunlicherweise weigerte, diese zu veröffentlichen. Viele Jahre später publizierte Neil Moran meine Antwort in englischer Sprache.[4] Und Luca Ricossa, Professor für Gregorianik an der Musikhochschule Genf, verfasste eine ausführliche Rezension über mein Werk.

Ähnliches passierte mir mit meinem Taschenbuch über Peter Tschaikowsky, das 2006 im Rowohlt-Verlag erschien. Eine Rezensentin meinte aus nachweislich persönlichen Gründen, das Buch in einer Besprechung der Zeitschrift Die Tonkunst heftig kritisieren zu müssen. Auch diese Schriftleitung verweigerte die Publikation meiner Entgegnung. Ein drittes Beispiel: Ein inkompetenter Rezensent der mir sonst gewogenen Zeitschrift fono forum schrieb eine vernichtende Rezension meines Buches über Anton Bruckner, das die Süddeutsche Zeitung als »Meisterleistung« apostrophiert hatte. Ich sah mich gezwungen, gegen diese Attacke und die falschen Behauptungen juristisch vorzugehen. Ein Bonner Gericht untersagte die Verbreitung der unwahren Angaben durch die Zeitschrift.

Diese Beispiele mögen ein strafrechtlich relevantes Verhalten veranschaulichen. Absichtliche Diffamierung eines wissenschaftlichen Gegners kann niemals und unter keinen Umständen mit Meinungsfreiheit entschuldigt werden. Natürlich gibt es auch sachliche Berichterstattungen neben solchen barbarischen Presseattacken. Mir sind genügend Journalisten und Musikkritiker bekannt, die sachlich über Bücher und Aufführungen berichten. Zu ihnen gehört vor allem Lutz Lesle, Professor an der Musikhochschule Lübeck, der die Schriften Notfall Musikkritik und Der Musikkritiker, Gutachter oder Amateur? verfasst hat.

Hauptaufgabe der Forschung ist, wie erwähnt, die Förderung neuer Ergebnisse. Selbstverständlich haben nicht alle Veröffentlichungen denselben Rang. Es gibt relevante und weniger relevante Resultate. Fachleute bilden gern Clubs, in denen Clubfremde nicht zugelassen werden. Man bleibt gern unter sich. Allerdings wäre es eine wichtige Aufgabe der Forschung, ihre Einsichten der Öffentlichkeit mitzuteilen.

Axiologie I.: Peter Tschaikowsky – Der absolute Tiefpunkt der Musik?

Bewerten ist ein schwieriges Geschäft. Nicht selten gehen die Meinungen über berühmte Künstler oder Musiker auseinander. Bach, Händel, Mozart, Beethoven und Brahms gehören zur allgemein akzeptierten Klassik, haben heute keine Gegner und kaum Kritiker. Anders verhält sich die Sache im Fall von Peter Tschaikowsky und Jean Sibelius. So gilt Tschaikowsky in Russland als großer nationaler Komponist, obwohl er nicht zum »mächtigen Häuflein« um Modest Mussorgski gehörte. Auch in den angelsächsischen Ländern erfreuen sich seine Werke großer Beliebtheit. In Deutschland ist und bleibt er dagegen umstritten.

Zwar wird oft kein Geringerer als Igor Strawinsky zitiert, der Tschaikowsky verehrte und für einen der profiliertesten Musiker hielt. Klaus Mann schrieb sogar einen Roman über die *Symphonie Pathetique*, und sein Vater Thomas liebte das *Violinkonzert*.

Für einen renommierten Musikwissenschaftler vom Rang Alfred Einsteins aber bedeutete Tschaikowsky dagegen den absoluten Tiefpunkt in der Musik des 19. Jahrhunderts.[1] Mit schrecklichen Banalitäten sei er zum Komponisten der geistigen Mittelklasse geworden. Er lasse sich von Gefühlsprogrammen leiten, weshalb er selten zur vollen Beherrschung der Form gelange. Hemmungslos seinen lyrischen, melancholischen, pathetischen Wallungen hingegeben stehe er für den Exhibitionismus des Gefühls in reinster Form. In dieselbe Kerbe schlug auch der Philosoph und Musikkenner Theodor W. Adorno, von dem vernichtende Urteile über Tschaikowskys Musik stammen.

Auf Interessantes stößt man, wenn man den Gründen für diese Ablehnung nachgeht. So vertrat Adorno die Meinung, dass Menschen in England und Amerika, die Tschaikowsky hören, zum Weinen neigen.[2] Kein Wunder – schließlich entwickelte Adorno eine Typologie des musikalischen Verhaltens, die verschiedene Typen von Hörern unterscheidet. Den allerersten Platz nimmt der

Experte ein, ein »voll bewusster Hörer, dem tendenziell nichts entgeht und der zugleich in jedem Augenblick über das Gehörte Rechenschaft sich ablegt«. Dieser Typus, räumte Adorno ein, dürfte allerdings auf den Kreis der Berufsmusiker beschränkt bleiben. Deshalb engagierte er sich für den Typus des »guten Zuhörers«. Auch er höre übers musikalisch Einzelne hinaus. Einen anderen Hörertypus, den emotionalen Zuhörer, schätzte Adorno dagegen gar nicht. Er äußerte sich abfällig über ihn.

Für diesen werde Musik vielfach zu einer Quelle von Irrationalität. Sie diene ihm zu Zwecken seiner eigenen Triebökonomie. Dieser Typus begegne freilich seltener in Deutschland als in den angelsächsischen und slawischen Ländern.

Abschließend meinte Adorno: »Doch mag dieser Typus tatsächlich besonders auf emotional getönte Musik wie Tschaikowsky ansprechen. Zum Weinen ist er leicht zu bringen.«

Kein Zweifel – Adorno empfand die Musik des russischen Komponisten als trivial, eine Angelegenheit nicht für wahrhaft Gebildete, sondern eigentlich für Halbgebildete.

Wie solide sind diese Bewertungen untermauert? Zu bedenken ist zunächst, dass Tschaikowskys Oeuvre verschiedene Gattungen umfasst, wobei nicht alle Werke gleichwertig sind. Neben Symphonien, Opern, Konzerten und Balletten komponierte er Kammermusik, viele Lieder und Gesänge, geistliche Musik und Gelegenheitswerke. Die wertvollsten unter seinen sechs Symphonien sind zweifellos die Fünfte und die Sechste. Von den zehn Opern, die er geschrieben hat, konnten sich nur zwei wirklich durchsetzen: *Eugen Onegin* und *Pique Dame*. Sein Weltruhm gründet sich nicht zuletzt auf die drei Ballette, zu denen er die Musik komponiert hat und die noch heute auf den bedeutendsten Bühnen vieler Länder getanzt werden: *Schwanensee, Dornröschen* und *Nussknacker*. Hier zeigt sich der Komponist, den viele hauptsächlich für einen Elegiker und Melancholiker halten, von einer ganz anderen Seite: Die drei Ballette erschließen Bereiche seiner vielseitigen Kunst, die sonst nur selten zum Vorschein kommen: Das Märchenhafte, das Charakteristische, das Illustrative.

Jedes der drei Ballette erzählt eine eigene Geschichte, und doch lassen sie sich auf einen gemeinsamen Nenner bringen. Ihr Grundthema ist die Sehnsucht des in Not geratenen Menschen nach Erlösung durch Liebe.

Adorno konnte ironisch, ja, sarkastisch sein, wenn er etwas kritisieren zu müssen glaubte. In seinem Aufsatz »Musikalische Warenanalysen« findet sich eine vernichtende Kritik über den langsamen Satz von Tschaikowskys *Fünfter Symphonie*.[3] Er hielt das bekannte *Andante cantabile* für musikalische Dutzendware, für kitschig, geradezu für einen Schmachtfetzen, für eine Komposition, die ihn »an eine sonnige Mondnacht auf der Krim« erinnerte. Tschaikowsky sei hinter Wagner zurückgeblieben, er sei mehr oder weniger einer der Initiatoren der Musikindustrie. Seine Symphonien glichen prätentiösen Filmen, formal längst aus der Mode. Adornos scharfzüngige Glosse schließt mit folgenden Sätzen:

»Kitsch kennt so viel Hoffnung, wie er die Zeit umzukehren vermag, depravierter Widerschein jenes Einstandes im Augenblick, der nur den größten Kunstwerken gewährt wird. Erst wenn der Kitsch in ein parasitäres Verhältnis zur Geschichte tritt, ihre Verdikte imitiert und es sich verbieten muss, diese sogleich selber wieder gut zu machen, verliert er sein Recht. Die Massenkunst von heute ist eben darum schlechter als das Andante, ihr Modell, weil sie nichts mehr von der Art des Wiedereintritts der Hornmelodie nach der tragischen Generalpause erlaubt. Der Rest unbeholfener Naivität, den Tschaikowsky vor ihrer beholfenen voraus hat, war die Zuflucht dessen, was Kunst verweigern muss und wofür sie doch allein existiert.«

Berücksichtigt man, dass Adorno der entschiedenste Apologet der Zweiten Wiener Schule war, versteht man seinen Standpunkt besser. Er hatte bei Alban Berg Komposition studiert und übernahm in seinem Buch »Philosophie der Neuen Musik« die Kerngedanken Arnold Schönbergs, der fest an die Überlegenheit der deutschen Musik gegenüber allen anderen nationalen Musikrichtungen glaubte, einschließlich der slawischen.[4] Es entbehrt nicht der Tragik, dass Schönberg, der so überzeugt von der deutschen Musik war, nach der Machtergreifung durch die Nationalsozialisten Deutschland verlassen musste. Seine Werke und die seiner prominentesten Schüler Alban Berg und Anton Webern zählten zur entarteten Kunst und durften weder in Deutschland noch in Österreich aufgeführt werden.

Ein anderer latenter Grund für Adornos Polemik war die Tatsache, dass er programmatische außermusikalische Tendenzen in der Musik ablehnte. Zwar war er kein Verfechter der sogenannten »absoluten« Musik, aber auch kein Freund der Programmmusik. Die authentischen Programme zu Symphonien Gustav Mahlers hielt er für peinlich.[5] Wohl hatte er eine Ahnung davon, dass Tschaikowskys drei letzte Symphonien auf Programmen basieren, doch dürfte er Näheres darüber nicht gewusst haben. Vermutlich hätte es ihn auch nicht interessiert.

Wichtig zu wissen ist, dass Tschaikowsky von der Idee des Schicksals geradezu besessen war. In einem Brief an seine Gönnerin Nadeschda von Meck beschrieb er am 5. Dezember 1878 den Kerngedanken seiner *Vierten Symphonie* als Samenkorn des ganzen Werkes.

»Das ist das Fatum, die verhängnisvolle Macht, die unser Streben nach Glück verhindert und eifersüchtig darüber wacht, dass Glück und Frieden nie vollkommen und wolkenlos werden, eine Macht, die wie ein Damoklesschwert über unserem Haupt schwebt und unsere Seele unentwegt vergiftet. Sie ist unbesiegbar, nie wird man sie überwältigen. Es bleibt nichts, als sich damit abzufinden und erfolglos zu klagen.«[6]

Tschaikowsky hatte bereits 1868 die symphonische Fantasie »Fatum« komponiert, die er dem Dirigenten und Pianisten Alexejewitsch Balakirew widmete und später vernichtete. Was er unter Fatum präzise verstand, ist nicht bekannt. Möglicherweise meinte er damit seine homosexuelle Veranlagung und das Gerede über sie, das er gerade in der Zeit, in der er den Brief an Nadeschda schrieb, besonders fürchtete. Die Formulierung »wie ein Damoklesschwert« taucht in diesem Zusammenhang auch in einem Brief an seinen Bruder Modest auf. Die ersten Erfahrungen auf diesem Gebiet dürfte er im Internat der Rechtsschule in St. Petersburg gemacht haben. Seine enge Beziehung zu dem Dichter Alexej Nikolajewitsch Apuchtin, der bekanntermaßen homophil war, stammte aus dieser Zeit. Es gab in Tschaikowskys Leben Augenblicke, in denen er seine Homosexualität verfluchte, weil er sie für ein unüberwindliches Hindernis zwischen sich und anderen hielt. Auf diese Kluft führte er seine Menschenscheu, seine unermessliche Schüchternheit und sein Misstrauen zurück. Doch so sehr er sich auch bemühte, die verderblichen Leidenschaften zu überwinden – es gelang ihm nie. Nach neueren Erkenntnissen der Psychiatrie lässt sich bei den meisten männlichen Homophilen eine enge Mutterbindung nachweisen, eine Neigung zu Depressionen und gelegentlich auch zum Suizid. In vielen Fällen, so heißt es, gebe es einen älteren maskulin wirkenden Bruder – bei all dem wäre Tschaikowsky geradezu das Musterbeispiel eines Homophilen.

Immer wieder musste er gegen die eigenen Neurosen, Stimmungsschwankungen, Depressionen und seine Hyperempfindlichkeit ankämpfen. Ängste waren in seinem Leben etwas Alltägliches. Oft ist in den Tagebüchern von Alpträumen die Rede, ja gelegentlich von entsetzlichen Alpträumen. Drei Heimsuchungen fürchtete er am meisten: Nachlassen der schöpferischen Kraft, Alter und Tod.

Edvard Grieg scheint ein guter Psychologe gewesen zu sein, hört man seine Überlegungen über seinen Freund Tschaikowsky: »Er ist bis zum Wahnsinn melancholisch. Er ist ein schöner und guter Mensch, aber ein unglückseliger. Letzteres hätte ich nie gedacht, als ich ihn seinerzeit traf. Aber es ist so: Wer keine Feinde hat, hat sich selbst zum Feind.«

In einem von Tschaikowskys Tagebüchern liest man: »Die Arbeit rettet mich.« Dieser Satz könnte als Motto über seiner Biographie stehen. Alles deutet darauf hin, dass seine Leidenschaft für Musik, für Improvisieren und Komponieren auch ein Ausdruck dafür war, aus der Neurose auszubrechen. In der Kunst sah er die einzige Möglichkeit, der bedrückenden Wirklichkeit zu entrinnen.

Aber bleiben wir bei der *Vierten Symphonie*. Wie eine fixe Idee kehrt der musikalische Schicksalsgedanke mehrfach im Verlauf des Kopfsatzes wieder, wobei er den Fluss der Musik unterbricht. Entscheidende Anregungen für Tschaikowsky stammten zweifellos von Berlioz' *Symphonie fantastique*. Auch im Finale wird der Schicksalsgedanke machtvoll intoniert, während die beiden intermezzoartigen Mittelsätze davon verschont bleiben.

Die *Vierte Symphonie* widmete Tschaikowsky seinem »besten Freund«, womit er Nadeschda von Meck meinte. Als diese im September 1879 ein Exemplar des vierhändigen Klavierauszugs bekam, schrieb sie dem Komponisten:

»Mein Gott, wie meisterhaft ist es Ihnen gelungen, Trauer und Verzweiflung, Hoffnung, Leid und Qualen und alles, alles auszudrücken, was mir so oft im Leben beschieden war und mir diese Musik nicht nur als Kunstwerk teuer macht, sondern mich auch als vertrauter Ausdruck meiner Gefühle und meines Lebens so tief bewegt.« Tschaikowsky antwortete ihr am 25. September:

»Nie ist die Widmung einer Komposition berechtigter gewesen, nie hat sie einen tieferen Sinn gehabt. In ihr habe ich nicht nur mein Ich, sondern auch Ihre Seele offenbart, so dass sie in Wahrheit nicht meine, sondern unsere Symphonie ist.«

Elf Jahre nach seiner *Vierten* komponierte Tschaikowsky seine *Fünfte Symphonie*. Auch diesem Werk liegt der Schicksalsgedanke zugrunde.[7] In einem Notizheft mit Skizzen zu diesem Musikstück findet sich als Programm der Introduktion: »Vollständiges Beugen vor dem Schicksal, oder, was dasselbe ist, vor dem unergründlichen Walten der Vorsehung.« Trotzdem: wiederholt hat sich Tschaikowsky nicht. Wie in Berlioz' Symphonie *Harold in Italien* und in seiner eigenen *Manfred*-Symphonie ist auch hier der Schicksalsgedanke Leitthema in allen vier Sätzen, doch nimmt er jedes Mal andere Gestalt an.

In der Introduktion des Kopfsatzes wird er keineswegs mächtig herausposaunt, sondern dezent intoniert, als gelte es zu demonstrieren, dass das Schicksal dem Menschen in die Wiege gelegt ist. Der zweite Satz – das von Adorno scharf kritisierte *Andante cantabile*, mit weichen, tiefen Streicherklängen eröffnet – beginnt als Duett zwischen dem Horn und der Klarinette und ist als Liebesszene konzipiert, wie nicht zuletzt die Vortragsanweisung »con desiderio e passione« – mit Begehren und Leidenschaft – bestätigt. Hier bricht der Schicksalsgedanke an zwei Stellen mit unerhörter Gewalt herein und zerstört die Idylle. Gegen Ende des dritten Satzes, der berühmten »Valse«, klingt das Leitthema, von den Klarinetten und Hörnern unisono vorgetragen, pianissimo an. Im Finale aber, ins Dur gewendet, wird es zum Hauptthema des Satzes. Die Symphonie schließt sieghaft.

Gemessen an der *Vierten*, steht die *Fünfte Symphonie* auch artistisch auf einer höheren Stufe. Kompositionstechnisch ist der Kopfsatz ein Musterbeispiel folgerichtiger motivisch-thematischer Arbeit. Jeder der vier Teile des Satzes – Exposition, Durchführung, Reprise, Coda – kulminiert nach einer Steigerung in einem emotionalen Höhepunkt. Das Klangbild ist homogener, und Tschaikowskys unverwechselbarer Stil hier ausgereift. Fast alle Phrasen, Themen und Motive werden wiederholt, erscheinen aber oft in anderer Beleuchtung, woraus auch die ebenso gerühmte wie kritisierte Eingängigkeit seiner Musik resultiert.

Wie dargelegt, ist Musik eine Art Sprache. Besonders gilt dies für die unverwechselbare Musiksprache Tschaikowskys, die sich durch hohe Emotionalität und geistige Tiefendimension auszeichnet. Viele seiner Werke beeindrucken durch symbolische Ausdrucksformen von außermusikalischer Bedeutung, die bislang nur teilweise dechiffriert werden konnten.[8]

Alfred Einstein, der deutsch-amerikanische Musikwissenschaftler, nahm Anstoß daran, was er »Exhibitionismus des Gefühls« bei

Tschaikowsky nannte. Adornos Verdikt richtet sich vor allem eben gegen diese ungewöhnlich starke Emotionalität in seiner Musik. Dies berührt einen Punkt, in dem man nur schwer Urteile abgeben kann. Denn es gibt verschiedene Arten und Grade von Emotionalität. Dabei spielt der nationale Faktor, die Zugehörigkeit zu einem Volksstamm oder die Tradition, in der man aufgewachsen ist, eine wichtige Rolle.

Tschaikowsky wird zu Recht als nationalrussischer Komponist angesehen. Obwohl er Kosmopolit war, fühlte er sich zeitlebens als Russe und führte noch 1878 die Tatsache, dass seine Symphonien im Ausland nur selten aufgeführt wurden, auf zwei Gründe zurück: dass man gegen ihn als Russe voreingenommen sei und dass seine Musik einen dem Westen ganz fremden Charakter habe, den man im Ausland ablehne. Er schöpfte aus der russischen Musiktradition, in der er heimisch war, und auch aus der russischen Folklore. Sein Verhältnis zur deutschen Musik war eher ambivalent. Er bekannte mehrfach, weder Wagner noch Brahms zu mögen, fühlte sich aber zu Mozart und zu Schumann hingezogen. Mozart bedeutete für ihn eine Art Gegenwelt; die Welt des Rokokos war ihm das Zeitalter der Schönheit und Harmonie. In Schumanns Musik meinte er, eine verwandte Sensibilität und Geisteshaltung entdeckt zu haben. Zweifellos bestehen zwischen seiner Musik und der Schumanns viele Berührungspunkte. Anton Webern bezeichnete Tschaikowsky einmal als den »russischen Schumann«. Außerdem empfing er wesentliche Anregungen von Berlioz und von Liszt sowie von Einzelwerken anderer französischer Komponisten. Anfangs bewunderte er Bizets *Carmen*. Und er schätzte Léo Delibes als Ballettkomponisten außerordentlich.

Auf der anderen Seite übte Tschaikowsky bemerkenswerten Einfluss auf zeitgenössische und jüngere Komponisten aus.[9] Mit dem Finale seiner *Pathétique* – dem berühmten *Adagio lamentoso* – schuf er den Archetypus der »schluchzenden« Musik. Auch Mahlers *Neunte* und Alban Bergs *Lyrische Suite* schließen geistesverwandt mit getragenen Sätzen. Giacomo Puccini wurde bei der Konzeption seiner *Tosca* von der *Pique Dame* angeregt. In Sibelius' Erster *Symphonie* findet man Spuren des Tschaikowsky-Idioms. Und Igor Strawinsky wurde nicht müde, Tschaikowskys Ballette zu loben.

Vor Jahren hatte ich in Elmau ein interessantes und aufschlussreiches Gespräch mit dem international renommierten russischen Pianisten Anatol Ugorski. Wir sprachen über die deutsche und die russische Musik, über Brahms und Tschaikowsky. Er kannte Brahms' Musik sehr gut, denn er hatte dessen Klavierwerke eingespielt und Aufsehen damit erregt.[10] Als ich ihn nach seiner Meinung über Brahms' Klavierkonzerte fragte, antwortete er, dass er sie nicht mochte. Seine Liebe galt den Klavierkonzerten von Tschaikowsky.

Axiologie II: Rachmaninow – Kunst oder Kitsch?

Urteile über Musik sind nicht leicht zu begründen. Das Renommee eines Komponisten hängt von vielen Faktoren ab: der Qualität und dem Umfang seines Oeuvres, seiner kompositionstechnischen Meisterschaft, seiner Originalität und nicht zuletzt seiner Beliebtheit. Eine Rolle spielt dabei auch die Geistesverwandtschaft des Hörers, seine Vorliebe für einen Komponisten oder eine bestimmte musikalische Richtung.

Sergej Rachmaninow (1873-1943) zählt zu den markantesten russischen Musikern des ausgehenden 19. und beginnenden 20. Jahrhunderts. Er war berühmt als exzellenter Pianist, autoritärer Dirigent und interessanter Komponist. 1873 auf dem Gut Semjonowo im Gouvernement Nowgorod geboren, studierte er am Petersburger und am Moskauer Konservatorium, wo er als Neunzehnjähriger sein Diplom in den Fächern Klavier und Komposition machte. Seine pianistische Begabung war herausragend. 1904 verpflichtete er sich als Dirigent am Bolschoi-Theater in Moskau, gab den Posten aber bald auf, um mehr Zeit für das Komponieren zu haben. Nach der Oktoberrevolution 1917 verließ er Russland und emigrierte nach Amerika, wo er seine zweite Lebenshälfte dirigierend und konzertierend verbrachte.

Rachmaninow gehört zu den umstrittensten Komponisten der Musikgeschichte. Seine Popularität war und ist legendär. Er hatte und hat noch heute weltweit leidenschaftliche Anhänger, wie die Internationale Rachmaninow-Gesellschaft dokumentiert. Auch seine Gegner, vor allem in Deutschland, sind zahlreich, die seine Musik als trivial, kitschig, sentimental und schwülstig empfinden und allenfalls als Salonmusik gelten lassen.

Angeführt wird die Kritikerriege von Adorno, der eine sarkastische Glosse über das *cis-moll-Präludium* op. 3 Nr. 2 verfasste. Dabei unterstellte er dem Komponisten Größenwahn und sogar den »Nerokomplex«.[1]

»Psychoanalytiker haben den Nero-Komplex entdeckt. Das Präludium hat ihn vorweg befriedigt. Es erlaubt dem Größenwahn
sich auszutoben, ohne dass er dingfest zu machen wäre. Keiner
kann den donnernden Akkorden nachrechnen, dass der Dilettant,
der sie makellos hinlegt, an ihnen zum Weltbeherrscher wird.«

Solche Behauptungen stehen im Widerspruch zu allem, was wir
über die Persönlichkeit des Künstlers wissen. Kein Zweifel, A-
dornos Glosse ist abwertend gemeint. Rachmaninow war nicht
megaloman, sondern depressiv. Es fällt auf, dass fast alle seine
Werke in Molltonarten stehen. Als er das *Präludium in cis-moll* komponierte, war er 18 Jahre. Nachdem seine *Erste Symphonie* 1897 bei
der Petersburger Uraufführung durchgefallen war, verfiel er in eine
schwere Krise, konnte nicht mehr komponieren und musste von
Januar 1900 an in nervenärztliche Behandlung bei Dr. Nikolai
Dahl, der ihn hypnotisierte und dem es schließlich gelang, sein
Selbstbewusstsein wiederherzustellen.

Lange vor Adorno waren allerdings schon kritische Stimmen
gegen Rachmaninow laut geworden. So schrieb 1897 César Cui,
der Wortführer des »Mächtigen Häufleins«, nach der Erstaufführ-
rung: »Wenn es in der Hölle ein Konservatorium gäbe, und wenn
einer seiner begabtesten Studenten eine Symphonie über die Geschichte der sieben Plagen Ägyptens komponieren müsste und er
schriebe sie ähnlich wie Rachmaninow, er würde seine Aufgabe
brillant ausführen und die Höllenbrut in helles Entzücken versetzen.«

Sechzehn Jahre später meinte ein anderer russischer Kritiker,
Wjatscheslaw Karatygin, der für die Avantgarde eintrat: »Das Publikum vergöttert Rachmaninow, weil er den durchschnittlichen
Spießergeschmack trifft. Es ist betrüblich, dass Rachmaninows
ungewöhnliche musikalische Begabung nur eine Tangente zur
Kunst bildet, ihre Sphäre streift, ohne je zu ihrem Kern vorzustos-
sen.«[2]

Wie lassen sich diese Urteile und vor allem diese Widersprüche
erklären? Adorno schrieb bekanntlich Kritisches nicht nur über

Rachmaninow, sondern auch über Tschaikowsky, Jean Sibelius und selbst über Béla Bartók und trat als Fürsprecher der Atonalität und der Neuen Musik auf. Bekanntlich war er Schüler Alban Bergs. In seiner »Philosophie der neuen Musik« propagierte er die Zwölftonmusik Arnold Schönbergs. Wie Schönberg und dessen Schüler war auch er von der Überlegenheit der deutschen Musik fest überzeugt. Rachmaninows »russischer Jargon« und seine »russische Mystik« waren ihm suspekt.

Rachmaninow aber fühlte sich als Russe; er liebte seine Heimat und die Musik Peter Tschaikowskys, den er verehrte und dem er einige seiner Werke gewidmet hatte. Wie sein Vorbild schrieb auch er eine hochemotionale Musik. Er war ein begnadeter Melodiker und ein vorzüglicher Klangregisseur. Seine Musik fesselt durch Kontraste, Stimmungswechsel und eine interessante Harmonik.

Seit den zitierten negativen Urteilen hat sich die Situation wesentlich verändert. Rachmaninow ist heute sehr populär. Von seiner Klaviermusik gibt es hunderte Einspielungen. Die Bibliographie über ihn wächst ständig, und in Russland wird er heute als »letzter Romantiker« gefeiert. Anlässlich seines 140. Geburtstags schrieb der Publizist Dmitri Saika unter anderem folgendes: »Der Name Rachmaninow ist schon längst reine Marke. Seine Musik lässt niemanden kalt – weder die aus Anstrengung schwitzenden Schüler an den Musikschulen, noch die nach Erfolg heischenden Konzertpianisten, die sich nach ihren routinemäßigen Darbietungen von Rachmaninows Hits die Hände reiben, sobald der Kontostand in die Höhe schießt. Und erst recht nicht die begeisterten Zuhörer, die bei den ersten Akkorden des Zweiten Klavierkonzerts vor Ehrfurcht erstarren.«

Ein eigenes Kapitel in Rachmaninows Biographie ist seine rege Tätigkeit als Pianist. Seit seiner Jugend konzertierte er in vielen Städten und Ländern, zunächst in Europa, dann in Amerika. In Amerika unternahm er zahlreiche Tourneen. Spezialisten berichten, dass er in den amerikanischen Jahren die Tempi beschleunigte. Überwältigende Virtuosität wurde sein Ziel. Als Dirigent war er unerbittlich, tyrannisch wie Gustav Mahler. Er duldete keinen Widerspruch und keine Diskussion über Details der Interpretation. Es wäre freilich falsch zu glauben, dass alle seine Werke gleichwertig sind. Neben eindrucksvollen Kompositionen finden sich auch schwächere. Zu den bedeutendsten gehören die *Erste Klaviersonate* op. 28 von 1907, die symphonische Dichtung *Die Toteninsel* op. 29 nach Arnold Böcklin von 1909, das *Dritte Klavierkonzert* op. 30, von 1909, die *Nacht-Vigilie* op. 37 von 1915 und die *Symphonischen Tänze* op. 45 von 1940. Alle diese Werke stammen aus der russischen Periode seines Lebens. In Amerika ist relativ wenig entstanden. Entwürfe zu diesen wenigen Werken gehen vielfach auf die russische Zeit zurück.

Rachmaninow scheint das Schicksal vieler Künstler geteilt zu haben, deren künstlerische Produktion nach dem Verlust der Heimat erlahmte. Er selbst erklärt es so: »Nachdem ich Russland verlassen habe, verlor ich die Lust am Komponieren. Mit dem Verlust der Heimat verlor ich mich selbst. Einem Vertriebenen, der seiner Wurzeln, der Traditionen und des heimatlichen Bodens verlustig gegangen ist, fehlt die Lust zu schaffen. Ihm verbleibt kein anderer Trost als die nicht zu brechende Wortlosigkeit ungetrübter Erinnerungen.« Seine Sehnsucht nach der Heimat war so groß, dass er testamentarisch verfügte, auf dem Nowodewitschij-Friedhof – nicht weit von Anton Tschechow und seinem Freund und Rivalen Alexander Skrjabin – beerdigt zu werden, ein Wunsch, der nicht in Erfüllung ging. Er starb am 28. März 1943 in Beverly Hills und wurde nördlich von New York begraben. Wie sehr sein Renommee in der Zwischenzeit gewachsen war, kann man auch daran ersehen, dass die russische Regierung vor einigen Jahren seine Nachfahren bat, seine sterblichen Überreste in die Heimat überführen zu dürfen – ein Wunsch, der erfolglos blieb, auch weil Rachmaninow kurz vor seinem Tod am 1. Februar 1943 amerikanischer Staatsbürger geworden war.

Von den vier Klavierkonzerten, die Rachmaninow komponierte, ist das zweite, op. 18 in c-moll das bekannteste und wohl am meisten gespielte. Er widmete es seinem Arzt Nikolai Dahl, der ihn von tiefer Depression heilte. Die erstaunliche Popularität des Werkes lässt sich allerdings auch darauf zurückführen, dass sie als Untermalung mehrerer Filme gedient hat. Die Entstehungsgeschichte ist insofern interessant, als zuerst der zweite und der dritte Satz fertiggestellt wurden und beide am 2. Dezember 1900 unter der Stabführung von Alexander Siloti mit Rachmaninow am Klavier der Öffentlichkeit vorgestellt wurden. Die Premiere des vollständigen Werks am 27. Oktober 1901 machte Furore. Die berühmten Akkorde, mit denen das Werk eröffnet wird, sind offenbar Reminiszenzen an die Glockenklänge der russischen Heimat. Die Harmonik ist reizvoll.

Das *Dritte Klavierkonzert*, Jahre nach dem *Zweiten* entstanden, steht auf einer höheren Stufe. Seine Berühmtheit verdankt es nicht nur seiner melodischen Schönheit und Klangfülle, sondern auch seinen exorbitanten technischen Schwierigkeiten. Es ist ein Prachtstück für Virtuosen. Bemerkenswert ist, dass Rachmaninow am 16. Februar 1910 dieses Konzert in New York unter der Leitung von Gustav Mahler spielte, den er als Dirigenten außerordentlich lobte.

Zu Arnold Böcklins bekanntesten Gemälden gehört *Die Totensinsel*. Zwischen 1880 und 1886 malte der Schweizer Künstler nicht weniger als fünf Versionen dieses Sujets. Das Bild zeigt eine aus dem Meer emporragende Felseninsel, in deren Mitte Trauerzypressen wachsen. Auf die Insel steuert ein Boot zu, in dem sich eine weiß verhüllte Gestalt, ein Sarg und ein Ruderer befinden. Die autobiographische Dimension des Bildes ist unverkennbar: bei Böcklin spielt das Thema Tod und Vergänglichkeit eine bedeutende Rolle. Erstaunlicherweise hat das Bild sowohl Musiker als auch Schriftsteller über die Maßen fasziniert. Nicht weniger als sechs symphonische Dichtungen sind nach diesem Bild nachweisbar – die bekanntesten stammen von Max Reger, op. 37 Nr.3, und eben von Rachmaninow.

Der russische Komponist lernte das Gemälde zunächst als Schwarzweiß-Reproduktion in Paris kennen und war tief von ihm beeindruckt. Als er später das Original in Leipzig sah, meinte er: »Ich war von der Farbe des Bildes nicht besonders bewegt. Hätte ich das Original gesehen, hätte ich die ›Toteninsel‹ womöglich nicht geschrieben.«[3]

Rachmaninows 1909 in Dresden entstandene symphonische Dichtung ist über weite Strecken eine düster-unheimliche Komposition, die jedoch auf hellere Momente nicht verzichtet. Sie basiert im Wesentlichen auf drei kunstvoll verarbeiteten Elementen. Das erste ist ein fünftöniges Motiv im 5/8 Metrum, das ostinat behandelt wird und auch in Transpositionen auftritt und das Assoziationen an Meerfahrt und vielgestaltige Felsen weckt. Das zweite ist das viertönige Motiv *Dies irae* – das Initium der wohlbekannten Sequenz aus der katholischen Totenmesse, das zuerst im Largo, 9 Takte nach Ziffer 14, von den Blechbläsern intoniert wird und später in verschiedenen Varianten erscheint. Als drittes kommen schmeichelnde melodische Passagen hinzu, die weich harmonisiert sind und sieben Takte nach dem Largo einsetzen. Denkt man an das Thema der Komposition, so scheinen diese Passagen unpassend; der Komponist beschreibt sie in einem Brief an Leopold Stokowski folgendermaßen: »Es muss einen gewaltigen Kontrast zu allem übrigen darstellen; es soll schneller, viel erregter und leidenschaftlicher gespielt werden. Da diese Passage nicht auf das Bild zurückgeht, handelt es sich eigentlich um eine Art Ergänzung, insofern ist dieser Kontrast überaus notwendig. Erst der Tod, dann das Leben.«[4] Die symphonische Dichtung ist demnach eine Meditation über Leben und Tod.

Von Rachmaninow kann man sagen, dass seine persönliche Handschrift in jedem Takt seiner Musik erkennbar ist. Sein Personalstil war stark ausgeprägt. Wie Tschaikowsky mischt auch er russische mit westlichen Elementen, vor allem mit westlicher Harmonik. Er schöpfte auch viel aus der russischen Folklore und der russisch-orthodoxen Kirchenmusik. Bezeichnenderweise integrierte er in seine Musik auch den Klang der Glocken, der ihn sehr faszinierte.[5]

Unter keinen Umständen darf man Rachmaninows vielseitiges Schaffen unter »absolute Musik« verbuchen. Seine Instrumentalwerke tragen vielfach Züge der von mir sogenannten »verschwiegenen Programmmusik«.[6] Zwar bilden ausgesprochene Programme bei ihm die Ausnahme. Wie viele andere seiner Zeit hatte er eine Scheu, Programmatisches in seiner Musik öffentlich preiszugeben. Allerdings deutete er in Gesprächen und Briefen des Öfteren seine außermusikalischen Inspirationsquellen an. So ist seine erste dreisätzige Klaviersonate von Goethes Faust angeregt. Wie in Liszts Faust-Symphonie gleichen auch hier die drei Sätze Charakterstudien. Der erste Satz portraitiert Faust, der zweite Gretchen und der dritte Mephisto. In einem Brief an seinen engen Freund Nikita S. Morosow schrieb Rachmaninow im April 1907: »Die Sonate ist zweifellos seltsam und endlos lang. Ich denke, fast 45 Minuten. Zu diesen Ausmaßen verführte mich das Programm, das heißt eher eine Leitidee. Es handelt sich um drei kontrastierende Typen aus einem Werk der Weltliteratur.«[7] Ich persönlich zögere nicht, diese Klaviersonate zu den Meisterwerken spätromantischer Musik zu rechnen. Zwischen den einzelnen Sätzen bestehen subtile leitmotivische Beziehungen.

Rachmaninow war tief religiös. Es wird berichtet, dass er in seiner Jugend Kirchengesang liebte und oft, sogar im Winter, sich frühmorgens in der Dunkelheit mit der Droschke in ein Kloster fahren ließ, wo er den ganzen Gottesdienst ausharrte. Kein Wunder deshalb, dass er wie sein großes Vorbild Tschaikowsky eine *Liturgie des heiligen Chrysostomos* op. 31 und eine *Nacht-Vigilie* op. 37, eine Nachtwache, vertonte. Die Sammlung besteht aus 15 Abend- und Morgengesängen. Die Melodien entnahm er alten Kirchengesängen byzantinisch-russischer Tradition, wobei er sie vielfach bearbeitete. Doch komponierte er auch eigene Melodien mit der ihm eigenen Kunst der Anverwandlung.

Aufschlussreich ist die Beziehung Rachmaninows zu seinem Kollegen Alexander Skrjabin. Beide hatten am Moskauer Konservatorium bei Anton Arenskij und Sergej Tanejew studiert. Ihre künstlerischen Wege gingen jedoch völlig auseinander. Rachmaninow blieb zeitlebens der Tonalität treu, ist aber kein Epigone, denn er schrieb durchweg originelle Musik, die jeder aufmerksame Hörer als solche erkennen kann. Skrjabin dagegen experimentierte mit der Harmonik, erfand neue Akkordtypen und erforschte als Synästhetiker die geheimnisvollen Zusammenhänge zwischen Tönen und Farben. Skrjabins Farbenklavier wurde berühmt. Er pflegte theosophische Theorien und hing kunstreligiösen Erlösungsgedanken an – Beschäftigungen, die Rachmaninow völlig unverständlich blieben.

Rachmaninow war kein Freund ästhetischer Programme und theoretischer Konzeptionen. Sein künstlerisches Credo lautete: »Die Musik eines Komponisten sollte sein Geburtsland ausdrücken, seine Liebesaffären, seine Religion, die Bücher, welche ihn beeinflusst haben, die Bilder, die er liebt. Sie sollte das Produkt der Erfahrung des Komponisten sein. Ich schreibe die Musik nieder, die ich in mir höre, so getreu wie möglich. Ich bin ein russischer Komponist und das Land, in dem ich geboren wurde, hat meinen Charakter geprägt sowie meine Geisteshaltung.«

Einige Jahre nach seiner Emigration nach Amerika wurde Rachmaninow wie Schostakowitsch und Prokofieff eine Zeitlang Opfer der stalinistischen Kulturpolitik. In sowjetischen Zeitschriften erschienen kritische, oft hämische Artikel über ihn. Doch er ließ sich nicht beirren. Am 22. April 1928 gab er ein Benefizkonzert für die Kriegsopfer in Russland und 1942 auf dem Höhepunkt des 2. Weltkrieges ein weiteres Benefizkonzert für die Rote Armee, wodurch er die russischen Emigranten verärgerte. Außerdem schickte er regelmäßig Medikamente in die Heimat. Wie man es auch betrachtet: Trotz seiner 25 Jahre in Amerika ist Rachmaninow immer Russe geblieben.[8]

Musikalische Semantik

In seinem Buch *Menschliches, Allzumenschliches* schreibt Friedrich Nietzsche, der bekanntlich eine besondere Beziehung zur Musik hatte:

»Menschen, welche in der Entwicklung der Musik zurückgeblieben sind, können das selbe Tonstück *rein formalistisch* empfinden, wo die Fortgeschrittenen alles *symbolisch* verstehen.«[1]

Diese kluge Aussage könnte als Motto über jeder Abhandlung über musikalische Semantik stehen.

Die grundsätzliche Frage nach dem Verhältnis von Sprache und Musik ist ein Thema, das immer noch heftig kontrovers diskutiert wird. Während manche Gelehrten Sprache und Musik für grundverschiedene Medien halten, sprechen andere von der »Sprachähnlichkeit« der Musik.[2] Sie verweisen darauf, dass die Tonsprache sowohl über Grammatik, Logik und Syntax verfügt als auch über ein Vokabular, das allerdings einem ständigen Wandel unterliegt. Im Zeitalter des Barock orientierte sich die Musik als Tonsprache vielfach an der Rhetorik, manche Theoretiker sprachen von ihr als einer »Klangrede«, und noch heute gebrauchen wir syntaktische Begriffe, wenn wir bei der Analyse von Kompositionen aus Vorklassik und Klassik von Perioden, Sätzen und Halbsätzen sprechen.

In einem wichtigen Punkt unterscheidet sich die Tonsprache allerdings grundsätzlich von der Wortsprache: sie hat keine Bedeutung außer in musikalischem Zusammenhang. Dieser Punkt wird von Philosophen als entscheidendes Argument gegen die »Sprachähnlichkeit« der Musik immer wieder angeführt, muss aber insofern deutlich relativiert werden, als viele Komponisten die Bedeutung ihrer Musik durch verschiedene Mittel umschreiben.

In der Musikpsychologie ist seit langem bekannt, dass man tiefe Töne mit Volumen und Größe, hohe Töne dagegen mit Feingliedrigkeit und Helle assoziiert.[3] Hoch und tief, laut und leise, schrill und wohltönend, dünn und dick gehören in das Gebiet der Ursynästhesien, das heißt der Kopplung zweier physisch getrennter Be-

reiche der Wahrnehmung.[4] Daneben hat sich seit dem
16. Jahrhundert eine »konventionelle« Tonsymbolik herausgebildet,
die teilweise noch im 19. Jahrhundert gültig ist. Dur und Moll
repräsentieren bekanntlich gegensätzliche Stimmungen. Mit den
beiden Tongeschlechtern verbinden italienische Theoretiker ihre
Unterscheidung zwischen der *musica allegra* und der *musica mesta*,
»fröhlicher« und »trauriger« Musik.[5] Der Klang verschiedener Instrumente wird darüber hinaus mit bestimmten außermusikalischen
Vorstellungen assoziiert. So fühlt man sich beim Hörnerklang an
Jagd erinnert, bei Trompetenklang an Festlichkeit und Machtinsze-
nierung, bei Posaunenchören an Begräbnisszenen und beim Orgel-
klang an Kirchliches, Religiöses, Transzendentes.

Wissenschaftliche Erklärungsversuche zur haben in den letzten
Jahrzehnten das methodische Vorgehen in fast allen Kunstwissen-
schaften revolutioniert. Es wurde nach und nach deutlich, dass
nicht nur die Sprache, sondern auch die Musik letzten Endes der
Kommunikation dient.[6] In gewisser Weise lassen sich Sprache und
Musik als kommunikative Systeme bezeichnen. So lässt sich der
Komponist mit einem Sender vergleichen, der eine Botschaft an
einen Empfänger sendet, und die Art, wie der Empfänger reagiert,
ist für den Sender durchaus aufschlussreich. Auf diese Weise
kommt es zur Kommunikation zwischen dem Autor und seinem
Leser wie zwischen dem Komponisten und seinen Hörern.[7] Diese
Überlegungen zur Interaktion stellen auch an die Analyse, an Wür-
digung, Bewertung, Urteil neue Anforderungen.

Das wichtigste Anliegen der musikalischen Bestandsaufnahme
ist schon immer gewesen, die Struktur einer Komposition zu zer-
gliedern, mit anderen Worten herauszufinden, wie sie gemacht ist.
Allerdings darf nicht vergessen werden, dass nicht alles am musikalischen Kunstwerk Struktur ist, und dass Stilkritik ohne Inhaltsana-
lyse wenig ergiebig ist. Der Geist eines Werkes äußert sich nicht
nur in technischen Dimensionen, sondern auch im Ausdruck, in
der ihm eigenen musikalischen Sprache, in der Darstellungsform,
in sich abwechselnden Charakteren und im Gehalt, worunter viel-

fach die außermusikalische Aussage zu verstehen ist. Musik hat eine bedeutsame psychische und geistige Dimension, die ebenso der Aufklärung bedarf wie die Struktur.

Man könnte es auch so formulieren: Ein musikalisches Kunstwerk ist keineswegs eine »fensterlose Monade« – wie Adorno sagt, die man nur durch ein immanentes Vorgehen von innen her aufhellen kann. Vielmehr lässt es sich auch von außen betrachten und erhellen, und das Ziel der semantischen Analyse besteht darin, nicht bloß arteigene geheime Programme ans Licht zu bringen, sondern eben den »Ausdruck« der Musik und das »Geistige« am Kunstwerk wissenschaftlich zu erfassen.

Meiner festen Überzeugung nach kann keine musikalische Analyse erfolgreich sein, wenn sie ausschließlich »an sich« betrieben wird, isoliert von der Biographie des Künstlers, losgelöst von seiner Persönlichkeit und seiner geistigen Welt. Eine ergiebige semantische Analyse setzt verschiedenes voraus: Zunächst die Klärung der biographischen Situation, in der ein Kunstwerk entstanden ist. Viele Kompositionen sind Auftragswerke oder für Personen bestimmt, zu denen der Künstler in näherer Beziehung steht. Wichtig sind dabei Entstehungsanlass, Widmungen und Widmungsträger. Unerlässlich sind im Weiteren Details der Entstehungsgeschichte der Werke, weil sie neben Struktur und Genese weiteren wesentlichen Aufschluss über die Komposition geben können. So führte die Erforschung der Skizzen von Gustav Mahler, Arnold Schönberg und Alban Berg in den letzten Jahren zu sensationellen Ergebnissen.

Eine gründliche Kenntnis der geistigen Interessen des Autors, seiner musikästhetischen Vorbedingungen und vor allem seiner Absichten sind weitere Voraussetzungen für die semantische Analyse. Es braucht wohl kaum hervorgehoben zu werden, dass der psychische Kosmos und die vielgestaltige geistige Welt eines Autors sich in seinem Oeuvre widerspiegeln – woraus sich die Notwendigkeit ergibt, seine literarischen Anregungen, philosophischen

Einsichten, religiösen Erfahrungen und/oder sein soziales Engagement in die Betrachtung mit einzubeziehen.

Die wichtigste Voraussetzung der semantischen Analyse ist freilich die systematische Erforschung der musikalischen Symbolsprache eines Komponisten. Das Aufladen der Musik mit Bedeutungs-
inhalten erfolgt im 19. und 20. Jahrhundert durch Zitate – Eigen-
und Fremdzitate, durch Anspielungen an Werke anderer Komponisten, durch idiophonische, d.h. »selbstklingende« Instrumente
und Klangsymbole und durch musikalische Charakterstücke wie
instrumentales Rezitativ und Arioso, Choral und Lied ohne Worte,
Marsch und Trauermarsch, Exequienmusik, Pastorale, Ländler und
weitere Tanzcharaktere. Überdies semantisieren Komponisten ihre
Musik durch Zahlenspiele, Anagramme und Kryptogramme aller
Art. Verwiesen sei hier nur auf Alban Bergs magische Schicksals-
zahl, die »23«.[8]

Behält man dies alles im Auge, so versteht man, was Gustav
Mahler meinte, als er im Jahr 1896 zu seiner Vertrauten Natalie
Bauer-Lechner äußerte: »Alle Verständigung zwischen dem Komponisten und dem Hörer beruht auf der Konvention: dass der
letztere dieses oder jenes Motiv oder musikalisches Symbol, oder
wie man es sonst nennen mag, als den Ausdruck für diesen oder
jenen Gedanken oder eigentlichen geistigen Inhalt gelten lässt. Das
wird jedem bei Wagner besonders gegenwärtig sein; aber auch
Beethoven und mehr oder weniger jeder andere hat seinen besonderen, von der Welt akzeptierten Ausdruck für alles, was er sagen
will. Auf meine Sprache aber sind die Menschen noch nicht eingegangen. Sie haben keine Ahnung, was ich sage und was ich meine
und es scheint ihnen sinnlos und unverständlich.«[9]

Rezeptionsästhetiker weisen darauf hin, dass die Interpretation
von Kunstwerken im Lauf der Zeit einer ständigen Veränderung
unterworfen ist. Das trifft sicherlich zu. Umso wichtiger ist es
deshalb, die Absicht herauszuarbeiten, die der Autor, in unserem
Falle der Komponist, bei der Konzeption seines Werkes hatte.

Und was die Interpretationsgeschichte betrifft: sie wäre nicht zuletzt an der Autorenintention zu messen.

Noten und Partituren von Robert Schumann, Hector Berlioz, Richard Wagner, Franz Liszt, Richard Strauss, Gustav Mahler und Alban Berg lassen sich ohne die Einbeziehung semantischer Fragen nicht analysieren. Das »Poetische« ist in allen präsent. Die von mir entwickelte Methode der semantischen Analyse liegt fast allen meinen Büchern zugrunde. Ich nenne hier meine Mahler-Trilogie sowie meine Bücher über Beethovens *Eroica*, über Johannes Brahms, Anton Bruckner, Alban Berg, György Ligeti sowie die Bücher *Der Mensch, die Liebe und die Musik* (Arche Verlag, Zürich-Hamburg 2000), *Music as Message* (Peter Lang, Frankfurt am Main 2016) und *Hören und Verstehen. Die Sprache der Musik und ihre Deutung* (Schott Verlag, Mainz 2008).

Warum ist die Musik Mahlers heute so beliebt?

Am 4. Januar 1907 wurde im Wiener Kunstverein Mahlers *Sechste Symphonie*, die sogenannte »Tragische«, unter der Leitung des Komponisten uraufgeführt. Im *Wiener Fremdenblatt* erschien am 6. Januar ein Artikel, in dem Mahler folgendermaßen zitiert wurde: »Das Problem des Künstlers ist es, für die Nachwelt zu schaffen, gleichzeig aber das Verständnis der Mitwelt zu finden, ohne deren Anteilnahme er sein Werk im Allgemeinen gar nicht zur Vollendung bringen kann und untergeht.«[1] Der erste Teil dieses Satzes trifft auf Mahler durchaus zu, aber der zweite stimmt nicht. Mahler war zu Lebzeiten als genialer Dirigent allgemein anerkannt, als Komponist dagegen umstritten. Von den zahlreichen Vorwürfen, die gegen seine Symphonik erhoben wurden, wiegt der der »Kapellmeistermusik« besonders schwer. Denn damit wird seiner Musik ein tieferer Gehalt durchweg abgesprochen. Immer wieder wurden ihm auch Eklektizismus, Form- und Stillosigkeit, falsches Pathos, ungestümer Rhythmus, Vorliebe für grelle Kontraste und fanatische Leidenschaftlichkeit des Ausdrucks vorgeworfen.[2]

Heute, gut 100 Jahre nach seinem Tod, ist Mahler für Musiker und Musikfreunde weltweit zu einem Idol geworden. Die Wende begann spätestens fünfzig Jahre nach seinem Tod – eine beispiellose Renaissance. Mehrere Faktoren trugen dazu bei: das Erlöschen der Schutzfrist für seine Werke 1961, der berühmte Film *Der Tod in Venedig* von Luchino Visconti und die vielgerühmte Mahler-Monographie von Theodor W. Adorno.

Mahler zählt allgemein zu den Wegbereitern der Neuen Musik. Er gilt gewissermaßen als Vorläufer von Arnold Schönberg, Anton Webern und Alban Berg, den Komponisten der Zweiten Wiener Schule. Nach 1960 fand eine radikale Umwertung seines Komponierens statt. Hatten Zeitgenossen seinen angeblichen Mangel an Originalität kritisiert, so entdeckte man nach 1960 immer mehr originelle Züge in seiner Musik.

In der Geschichte der Mahler-Kritik nach 1960 lassen sich zwei Stränge unterscheiden. Die eine Richtung orientiert sich vor allem an der gefühlsbetonten Wirkung seiner Musik, an ihrer Tiefe und weitgefächerten Ausdrucksskala, was naturgemäß breite Hörerschichten anspricht. Die andere Richtung vertreten Komponisten der Avantgarde und Musikwissenschaftler. Sie interessieren sich eher für kompositionstechnische Neuerungen und Errungenschaften. So verwies Adorno auf die stofflichen Formkategorien der Mahlerschen Symphonik – Urphänomene wie Durchbruch, Suspension, Erfüllung, Collage und Montage.[3] György Ligeti rühmt dagegen zu Recht die räumlichen Qualitäten der Symphonik und Mahlers eindrucksvolles Konzept der ›Musik aus der Ferne‹ – ein Projekt, das er in seinem Werk *Lontano* mitreißend realisiert hat.[4]

Zur erstaunlichen Popularität Mahlers nach 1960 tragen mehrere Faktoren bei. Die wichtigsten sind der Wahrheitsanspruch seiner Kunst, ihre geistige Dimension, die Universalität seiner Symphonik, ihre Originalität und Modernität sowie der rasche Wechsel der Stimmungen. Diese Faktoren sollen im Folgenden besprochen werden.

Schmuck und Dekor sind der Kunst Mahlers fremd. Er war ein entschiedener Gegner von rein formalen Strukturen und hielt das persönliche Erlebnis für eine unentbehrliche Voraussetzung des musikalischen Schaffens. Er glaubte fest, dass Leben und Musik parallel zueinander verlaufen und bekannte, »noch nie eine Note geschrieben« zu haben, die nicht absolut wahr sei. Heute besteht kein Zweifel mehr daran, dass zumindest einige seiner Symphonien autobiographisch sind. Das gilt für die beiden ersten Symphonien, von denen er zu seiner Vertrauten Natalie Bauer-Lechner sagte: »Meine beiden Symphonien erschöpfen den Inhalt meines ganzen Lebens, es ist Erfahrenes und Erlittenes, was ich darin niedergelegt habe, Wahrheit und Dichtung in Tönen.«[5] Deutliche autobiographische Züge trägt auch die *Sechste Symphonie*, von der seine Frau Alma meinte: »Es ist sein allerpersönlichstes Werk und ein prophetisches obendrein.«[6]

Almas Erläuterungen zu drei Sätzen dieser Symphonie sind in letzter Zeit stark angezweifelt, wenn nicht gar ganz bestritten worden. Danach besiegeln die drei Hammerschläge im Finale das Schicksal des Protagonisten. Mahler beschreibe hier »seinen Untergang oder, wie er später sagte, den seines Helden.«[7] Diese Angaben Almas werden bestätigt durch die Aussagen Alfred Rollers, des vermutlich engsten Mitarbeiters Mahlers an der Wiener Hofoper. Roller schreibt: »Seine Musik spricht aus, was sein keuscher Mund verschwieg«, und im Anschluss daran erzählt er eine weitere Begebenheit: »Am Abend nach der Generalprobe der *Sechsten Symphonie* fragte er einen Freund, einen Nicht-Musiker, ob er einen Eindruck empfangen habe. Und als dieser noch unter der vom Werk hervorgerufenen Erschütterung tief schluchzend zu stammeln begann: »Wie kann ein Mensch von Ihrer Güte so viel Grausamkeit und Unbarmherzigkeit ausdrücken!«, da sagte Mahler ernst und bestimmt: »Es sind Grausamkeiten, die mir angetan worden sind, die Schmerzen, die ich zu dulden hatte.«[8]

Damit nicht genug. Im Sommer 1893 äußerte Mahler zu Natalie Bauer-Lechner, dass ihm »stets nur aus Leid und schwerstem inneren Erleben ein Werk entsprossen« sei,[9] und im April 1895 schrieb er an den Schriftsteller Oskar Bie:

»Meine Musik ist gelebt, und wie sollen sich diejenigen zu ihr verhalten, die n i c h t leben, und zu denen nicht ein Luftzug dringt von dem Sturmflug unserer großen Zeit.«[10]

Diese Äußerung lässt darauf schließen, warum viele Menschen heute von der Wahrhaftigkeit der Mahlerschen Musik angerührt sind. Der Wahrheitsanspruch der Kunst, der von Hegel stammt und den Mahler hier einfordert, wird auch von Arnold Schönberg und seinen Schülern erhoben und erfüllt. Schönberg sagte: »Die Musik soll nicht schmücken, sie soll wahr sein.«[11]

Mahler begann seine kompositorische Tätigkeit als Liedkomponist und Programmsymphoniker. Zu seinen ersten vier Symphonien gab er zum Teil ausführliche Interpretationshilfen. Allerdings musste er die schmerzliche Erfahrung machen, dass die mitgeteilten Programme fast immer völlig missverstanden wurden, weshalb er im Oktober 1900 in München eine vielbeachtete Erklärung gegen die Offenlegung der Programme abgab.[12] Seitdem galt seine Symphonik bis in die siebziger Jahre als »absolute Musik«, obwohl die meisten seiner Zeitgenossen die Existenz von Programmen vermuteten und nach Aufdeckung riefen.

Trotz der Münchner Erklärung glaubte Mahler weiterhin daran, dass es seit Beethoven keine Musik ohne »inneres Programm« gebe.[13] Eine nähere Untersuchung des Sachverhalts führte zu dem Ergebnis, dass allen seinen Symphonien Programme zugrunde liegen, die Mahler zwar offiziell verschwieg, die aber rekonstruiert werden konnten. Fast alle seiner vielgestaltigen Symphonien haben geistigen Inhalt – außermusikalische Bedeutung, die der versierte Hörer aufspüren kann. So versucht Mahler in seiner *Zweiten Symphonie* mit Hilfe der Eschatologie eine endzeitliche Antwort auf die existentiellen Fragen zu geben, die ihn bedrängten. Und seine *Dritte Symphonie* ist als kosmologischer Entwurf gedacht, als Entwurf eines Aufbaus der Welt von der starren unbeseelten Materie bis zu den Engeln und der Liebe Gottes. Auf diese Weise erreicht die Musik eine neue Dimension, eine Tiefe, mit deren Hilfe sich literarische, weltanschauliche, religiöse und existenzielle Ideen transportieren lassen.

Zu Mahlers Leitgedanken gehört die Ansicht, dass eine Symphonie allumfassend wie die Welt sein müsse. In einem Brief an ihn stellte Bruno Walter einmal fest, seine Musik bewege sich zwischen Ruhe und Leidenschaft, Altmodischem und Neuem, Humor und Pathos, Ironie und Erhabenem. Einschlägige Untersuchungen konnten eine Vielfalt an charakteristischen Merkmalen im vokalen, instrumentellen und im tänzerischen Bereich nachweisen. Zu den Mahler-typischen Eigenheiten aus dem vokalen Fach gehören Rezitativ, Arioso, Choral, Hymnus und das ›Lied ohne Worte‹. Marsch, Trauermarsch, Pastorale, ›Musik aus weiter Ferne‹ aus dem Instrumentalbereich haben ebenso speziellen Charakter wie aus dem Tanzsektor Ländler, Walzer, dessen französische Variante La

Valse und das Menuett. Jedes Charakteristikum hat seine eigene
Bedeutung. Auf diese Weise spiegelt Mahlers universale Symphonik alle wesentlichen Fragen des Menschen und der Welt.[14]

Die Kenntnis der Mahler-typischen Besonderheiten ist unent-
behrlich für das Verständnis seiner Symphonien. Ein Beispiel: Der
erste Satz der *Tragischen Symphonie* ist nach dem Muster der Sonatenform gebaut. Für die Exposition ist sogar eine Wiederholung
vorgegeben, was umso bemerkenswerter ist, als Mahler jede Wiederholung eine Lüge nannte. Von den drei Themen trägt das
Hauptthema marschartige Züge. Es schließt sich ein tragisches
Symbol an, das berühmte Durmoll-Siegel, unterstrichen von einem
markanten Leitrhythmus. Die Überleitungspartie trägt eindeutig
choralartige Züge. Das Seitenthema ist aber schwungvoll gestaltet
– Mahler verstand es als Portrait seiner Frau Alma.[15]

Zu Mahler und Bruckner: Hört man Symphonien der beiden
Meister nacheinander, wird bald deutlich, dass die Ausdrucksskala
bei Mahler wesentlich reicher ist als die bei Bruckner. Instrumentales Rezitativ und Arioso, Choral, Marsch, Trauermarsch und Pastorale sind auch bei Bruckner zu finden. In seinen Scherzi begegnen
dem Hörer wie bei Mahler zahlreiche Ländler, aber weder Walzer
noch menuettartige Partien. Und vergeblich sucht man bei ihm
Humoristisches, Ironisches, Sarkastisches oder Parodistisches.

Von Mahler kann man behaupten, dass er aus der symphonischen Tradition des 19. Jahrhunderts die Summe gezogen hat.
Viele Komponisten stimulierten ihn: nicht nur Beethoven, Schubert und Bruckner, sondern auch die »Neudeutschen« Wagner,
Berlioz und Liszt. Dank seiner außergewöhnlichen Anpassungsfähigkeit gelang es ihm, alle diese Anregungen zu einer unverwechselbaren Tonsprache, einem eigenen Tonidiom zu verschmelzen.
Darin liegt seine Originalität. Zugleich ist seine Symphonik bemerkenswert modern. Seine frühen Symphonien sind zwar deutlich in
der Tonalität verankert. Im Finale der *Sechsten* und in der Durchführung der *Siebten* kommen aber Abschnitte vor, die bereits auf
die Atonalität hindeuten. Auch kühne Dissonanzbildungen, die

von Zeitgenossen als Kakophonien herabgewürdigt wurden, und, in den späten Werken, Ansätze zur Linearität, die den Stil der Zwanzigerjahre vorausnehmen.

Zu Mahlers tiefen Überzeugungen gehörte der Leitsatz: »Alles Kunstschaffen hängt mit der Irritabilität zusammen«[16] – Irritabilität als Reizbarkeit, Erregbarkeit, Empfindsamkeit. In einem langen Brief an Gisela Tolnay-Witt erläuterte er am 7. Februar 1893 seine künstlerischen Prinzipien und führte aus, dass mit Beethoven eine neue Ära der Musik begonnen habe.[17] Als »Gegenstände der musikalischen Nachahmung« bezeichnete er hier unter anderem »nicht mehr die Grundtöne der Stimmung – also zum Beispiel reine Freude oder Trauer – sondern auch den Übergang von einem zum anderen.« Besonders auffallend ist in Mahlers Symphonien nicht nur der stimmungsmäßige Kontrast zwischen zwei Sätzen, sondern auch der Stimmungswechsel innerhalb ein und desselben Satzes.

Ein Beispiel dafür bietet der dritte Satz der Ersten Symphonie. Im Autograph trägt er die Überschrift *Todtenmarsch in Callots Manier*. Er beginnt als düsterer Trauermarsch mit ostinaten Pauken- und Tamtamschlägen und nimmt bald sentimentalen, bald triviallustigen oder auch elegischen Ausdruck an. Die Nähe von Tragik und Trivialität ist auch hier ein besonderes Charakteristikum des Mahlerschen Universums. Der Komponist selbst sprach von »herzzerreißender, tragischer Ironie« und erklärte diese Situation in einem psychoanalytischen Gespräch mit Sigmund Freud aus einem peinlichen Kindheitserlebnis herrührend, das eine Verknüpfung von »tiefer Tragik und oberflächlicher Unterhaltung« gewesen sei.[18] Wohlgemerkt: Mahlers oft kritisierte Trivialität und Banalität sind nicht selten beabsichtigt im Sinne seines bereits erwähnten Grundsatzes von der Universalität der Symphonik.

Seit 1960 hält Mahlers Popularität unvermindert an, ja, sie scheint geradezu noch zu wachsen. Es gibt dafür mehrere Gründe – geistige, kulturgeschichtliche, sozialpsychologische und nicht zuletzt musikalische. Jede Zeit, sagt man, hat ihre Vorlieben und Abneigungen. Jede Zeit entreißt bestimmte Dichter, Schriftsteller, bildende Künstler und Musiker dem Vergessen und lässt sich von ihnen inspirieren. Die Affinität – Geistesverwandtschaft und intuitives Gespür – bestimmt unser Verhältnis zur Kunst vergangener Zeit.

Vielen Menschen erscheint Mahler heute als visionärer Vorausdenker, als genialer Musiker, der spätere Ereignisse unbewusst geahnt hat. So wird die grausame Vision des Untergangs im Finale der *Sechsten Symphonie* als prophetische Vorhersage der schrecklichen Ereignisse des Ersten Weltkriegs interpretiert, ähnlich wie der Eindruck der Zerrissenheit, den manche Stellen bei Mahler hervorrufen, als Beispiel für die Unbehaustheit des modernen Menschen gilt und als Parallele zur kritischen Situation unserer Gegenwart gesehen werden kann. Populär ist Mahler auch wegen der Vielfalt der positiven und negativen Szenarien, die seine Musik heraufbeschwört, und der gegensätzlichen Stimmungen in ihr. Viele Hörer kennen aus eigener Erfahrung diese Umstände und sehen in ihnen eine berührende Lebenswahrheit.

Mahlers Musik zeichnet sich durch ein breit gefächertes charakteristisches Themenspektrum aus. Seine Symphonien spiegeln das Religiöse und das Mystische, das Visionäre, das Erhabene, das Nostalgische, aber auch das Humoristische, Ironische und Satirische. Werke wie die *Auferstehungs-* und die *Achte Symphonie* haben religiösen Sinngehalt, sie werfen existentielle Fragen auf, wobei das Motiv der spirituellen Liebe eine herausragende Rolle spielt. Die Sehnsucht der mystischen Vereinigung mit Gott ist Gegenstand des Wunderhornliedes *Urlicht,* des vorletzten Satzes der *Auferstehungssymphonie.* Mahlers Religiosität trug ausgesprochen persönliche Züge, sie vereinigte christliches Gedankengut mit neuzeitlichen Reflexionen und mutet in mancher Hinsicht durchaus zeitgemäß an. Allerdings wird sie unterschiedlich interpretiert. So meinte Adorno kritisch über die *Auferstehungssymphonie*: »Das Werk, an dem wohl die meisten Mahler lieben lernen, die *Zweite Symphonie*, dürfte am raschesten verblassen, durch Redseligkeit im ersten Satz und im Scherzo, durch einige Primitivität des Auferstehungsfinales.«[19] Und die ambitionierte *Achte* war ihm nichts anderes als eine »symbolische Riesenschwarte«: »Das Hauptwerk ist die missglückte, objektiv unmögliche Wiederbelebung des Kultischen«.[20] Adorno machte kein Hehl daraus, dass er, der Philosoph der Negativität, die positiv schließenden Sätze Mahlers nicht mochte. Darum bezeichnete er das Finale der *Tragischen Symphonie* – eine düstere Vision des Untergangs – als »das Zentrum von Mahlers gesamtem Oeuvre.«[21]

Ein weiteres wichtiges Thema neben dem Religiösen ist das Nostalgische. In den Manuskripten mancher späteren Werke finden sich Verse oder Anmerkungen, die vergangenes Glück beschwören. So hat Mahler in den Text des *Abschieds* aus dem *Lied von der Erde* die Verse »Die müden Menschen geh'n heimwärts, um im Schlaf vergess'nes Glück und Jugend neu zu lernen« eingefügt – Verse, die einem Jugendgedicht entstammen.[22] Und im Partiturentwurf des Kopfsatzes der *Neunten Symphonie* kann man an einer Stelle lesen: »Oh Jugendzeit! Entschwundene! Oh Liebe! Verwehte!«[23] Dieser nostalgische Ton ist auch in der frühen Symphonik zu finden – verwiesen sei auf die sogenannte *Posthornepisode* im 3. Satz der *Dritten Symphonie*.

Mahler pflegte zu sagen, dass er ohne die Entgiftung durch den Humor der Tragik der menschlichen Existenz nicht hätte standhalten können.[24] Humor als ästhetische Kategorie ist in seinem frühen Schaffen durchaus vorhanden. Er verwendete den schillernden Begriff in drei Sinnvarianten, wobei er den »schalkhaften« Humor von dem »süßsauren« und diesen wiederum von dem »naiven« unterschied. Typisch für den »süß-sauren« Humor ist das Wunderhornlied *Des Antonius von Padua Fischpredigt* – eine sarkastische Tierparabel. Das Gedicht nach Abraham a Santa Clara konfrontiert den Hörer mit einer grotesken Situation: Der heilige Antonius predigt den Fischen, als er die Kirche menschenleer vorfindet.

Mahler verstand das Lied, dessen instrumentale Substanz in das Scherzo der *Zweiten Symphonie* Eingang fand, als eine »Satire auf das Menschenvolk« – ein Gleichnis für die Erkenntnis, dass viele Geschöpfe, ob Mensch, ob Tier, unbelehrbar seien.

Satirisch ist auch das Wunderhornlied Lob des hohen Verstandes, ursprünglich »Lob der hohen Kritik« genannt. Grotesk ist hier die Situation, dass ein Sängerwettstreit zwischen einem Kuckuck und einer Nachtigall stattfindet, und ein Esel, der als Richter fungiert, den Preis dem Kuckuck zuerkennt. Mahler zitierte das Lied als heiteres Motto zu Beginn des Finales seiner Fünften Symphonie.

Ein musikalisches Kunstwerk kann nach Krystyna Tarnawska-Kaczorowska mit einer Pyramide mit verschiedenen Schichten verglichen werden.[25] Die Struktur des Werkes, das musikalische Material, bildet das Fundament, die tragende Schicht. Die Semiotik fungiert als Spitze. Dazwischen liegt die geistige Dimension - Ästhetik, Semantik, und Konstruktion, die das Werk wesentlich formen.

Mein Essay über die heutige Beliebtheit der Musik von Gustav Mahler beruht weniger auf technologischen Kategorien als auf Begriffen wie Semantik, Ästhetik und Ausdruck. Die Ästhetik, ein Ergebnis von Struktur und Konstruktion, manifestiert sich im musikalischen Ausdruck. Der Hörer eines komplexen Musikstücks nimmt nicht die Struktur wahr, sondern den Ausdruck, und im Falle Mahler ist besonders beachtenswert, dass seine Musik an spezifischen Ausdruckscharakteristika überreich ist.

Ich liebe Mahlers Musik nicht nur wegen ihrer ausgeprägten Emotionalität, sondern auch wegen ihrer Tiefsinnigkeit und ihrer einzigartigen Geistigkeit.

Enthumanisierung der Welt?

Verfolgt man die Nachrichten in der Presse und im Fernsehen, so gewinnt man den Eindruck, als wäre die Welt nach dem 11. September 2001 aus den Fugen geraten. Kriege, Bombenexplosionen, Selbstmordattentate, Flugzeugabstürze, Hinrichtungen, Hunderte von Toten und Tausende Verletzte, Verfolgungen von Politikern und Journalisten, Armut und Not, Katastrophen aller Art sind Alltag geworden. Niemand hätte gedacht, dass das 21. Jahrhundert so desaströs beginnen würde, kaum jemand glaubte, dass sich nach dem Ende des Zweiten Weltkriegs solch grausige Zustände wiederholen würden.

Die Französische Revolution und die Napoleonische Ära brachten viel Unheil über Europa – aber auch viele Neuerungen, die Gesellschaftsstrukturen und Staaten positiv veränderten. Man staunt nicht wenig, dass Intellektuelle in allen Ländern Europas Napoleon bewunderten und ihn mit dem Titanen Prometheus verglichen, der der Welt das Licht der Wahrheit gebracht hatte. Der Code Napoléon wurde Vorbild für die Grundlage der Rechtsprechung in vielen Ländern. Wie auch die Ideale der französischen Revolution – der Freiheit, Gleichheit und Brüderlichkeit. Auf dieser Grundlage konnte die Pressefreiheit entstehen, die heute in vielen Staaten – leider keineswegs in allen – selbstverständlich ist.

Was hat sich in den letzten 15 Jahren verändert? Unsere Gegenwart scheint vor allem durch übersteigerten Egoismus, Mangel an Idealen und extreme Intoleranz gekennzeichnet zu sein. Das ist keine willkürliche Behauptung oder unzulässige Verallgemeinerung. Denn es ist zwar richtig, dass politische und karikative Organisationen Armut und Not lindern helfen, und Proteste gegen Verletzungen der Menschenwürde nichts Seltenes sind. Entscheidend ist aber, dass der Idealismus zu einer Sache von Gestern geworden ist. Hohe Ideale zu vertreten, ist aus der Mode gekommen, gilt als antiquiert. Wie überhaupt Vorbilder, Leitfiguren und Autoritäten seit dem Ende des Zweiten Weltkrieges ausgedient haben.

Nicht weniger bezeichnend ist die Verbreitung von Intoleranz. Vor allem in Form von religiösem Fanatismus beherrscht sie heute die Öffentlichkeit. Hatten früher Christen gegen Juden und Muslime gekämpft, so bekämpfen sich heute Sunniten und Schiiten bis aufs Messer.

Die wirtschaftlichen Sorgen nehmen ständig zu: ökonomische Zusammenbrüche, Konkurse, Krisen. In vielen Bereichen des Lebens herrscht das Gesetz des Dschungels. Immer wieder geht es darum, die eigenen Interessen auf Kosten anderer durchzusetzen. Hatte man früher boshaft behauptet, die Korruption beginne auf dem Balkan, so ist sie heute eine globale Erscheinung geworden, die keinen Unterschied zwischen Nord und Süd, Ost und West kennt.

Der Blick auf die Wissenschaften ist erfreulicher. Die Naturwissenschaften haben seit dem 18. Jahrhundert enorme Fortschritte erzielt. Sie versetzen den Menschen in die Lage, medizinische Methoden zu verfeinern, das Leben zu verlängern, nahezu den gesamten Kosmos zu erforschen. Verglichen damit scheint es schwierig, das menschliche Zusammenleben nach ethischen Grundsätzen zu meistern. Hatte Richard Wagner im 19. Jahrhundert seine Zeit als Epoche des Egoismus und der »Lieblosigkeit« geschildert, so könnte niemand heute behaupten, dass sich die Situation grundlegend geändert hätte.

Fortschritt oder Rückschritt? Das 19. Jahrhundert war extrem fortschrittsgläubig. Man war fest davon überzeugt, im Zuge einer permanenten Revolution die Wissenschaften und Künste und alle Lebensbereiche zu vervollkommnen. Seit dem Ende des Zweiten Weltkrieges sind wir skeptisch geworden. Vieles dreht sich heute um Entwicklung und Fortschritt der Technik, die Unglaubliches leistet. Es scheint aber, dass dies auf Kosten der Humanität und des mitmenschlichen Denkens geschieht. Obwohl die Intelligenz und die schönen Künste – Literatur, Musik und die Bildende

Kunst – alle laut gegen diese verhängnisvolle Entwicklung ihre Stimme erhoben haben, scheint Protest vergeblich.

Nachwort

Einer philosophischen Ansicht zufolge ist der Mensch ein zwiespältiges Wesen. Seine Intelligenz und Erfindungsgabe machen ihn zur höchstentwickelten Kreatur auf unserem Planeten. Seine Triebhaftigkeit ist tierischen Ursprungs. Ob die katastrophale weltpolitische Situation heute mit dieser Zwiespältigkeit zusammenhängt, sei dahingestellt. John Gray, ein britischer Kulturphilosoph, enttäuscht über das Scheitern der Aufklärung und tief überzeugt davon, dass der angebliche Fortschritt der Menschheit bloße Illusion sei, behauptet, dass der Mensch ein Raubtier sei und bleibe: ein *homo raptus*.[1] Zoologen behaupten, dass die Großaffen, von denen die Menschen vor Millionen Jahren abstammten, und die in Afrika in Sippen lebten, sich durch Fremdenfeindlichkeit auszeichneten, auf Grund derer sie alle anderen Gruppen ablehnten. Im Laufe der Evolution habe die Xenophobie ganze Großgruppen, Völker und Nationen erfasst, eine These, die recht überzeugend wirkt.[2]

Der Lebenslauf eines Menschen ist das Ergebnis von Genen, soziologischer Herkunft, Schicksal, eigenem Fleiß und Zufall oder Vorsehung. In meinem Leben hatte ich das Glück, in dieser Hinsicht unter einem guten Stern geboren zu sein. Darüber hinaus begegnete ich Menschen, von denen ich viel lernte, die mir Vorbild waren und die mich gefördert haben. Als erste nenne ich meinen Mentor Heinrich Husmann und meinen Komponistenfreund György Ligeti. Dr. Vera Ligeti, Psychoanalytikerin, gab mir wichtige Informationen über ihren Mann und bei unseren Gesprächen viele Anregungen. Nuria Nono-Schönberg empfing uns dankenswerterweise zweimal im Nono-Archiv auf der Giudecca und zeigte uns die Bibliothek ihres Mannes sowie Aufzeichnungen und Filme über sein Wirken. Mein lieber Freund Prof. Dr. Ernest Bernhardt-Kabisch, Emeritus der University of Indiana, übersetzte nicht weniger als zwölf Bücher von mir ins Englische und gab mir viele wertvolle Anregungen. Michael Rücker und Frau Isolde Fedderies haben viele Jahre lang die englischen Übersetzungen meiner Bücher im internationalen Frankfurter Peter Lang Verlag betreut. Mein herzlicher Dank gilt last but not least meiner Lebensgefährtin Silvely MacLean of Coll, ohne deren Beistand und Ermutigung dieses Buch nicht entstanden wäre. Zu herzlichem Dank bin ich Peter Petersen und Frau Ingeborg Jacobi verpflichtet, die das vorliegende Buch sehr sorgfältig lektoriert haben, meiner Tochter, Viola Fischer, für wesentliche Hilfe bei der Erstellung des Typoskripts, und Sebastian Burkart vom Schott-Verlag für die intensive Betreuung während der Drucklegung.

Anhang

Anmerkungen

Etablierte und Außenseiter – Vorwort

[1] Norbert Elias/John L. Scotson: *Etablierte und Außenseiter*, Frankfurt a.M. 1990, S. 247.

[2] Hans Mayer: *Außenseiter*, Suhrkamp, Frankfurt a.M. 1975.

[3] Hans Mayer: »Wir sind alle Außenseiter«, in: ZEIT ONLINE, 27. November 1981.

[4] Franz M. Wuketits: *Außenseiter in der Wissenschaft. Pioniere – Wegweiser – Reformer*, Heidelberg 2015, S. VIII/IX.

[5] Norman Lebrecht: »Gustav Mahler«, in: *New Statesman*, 12. Mai 2011.

Saloniki – meine Heimatstadt

[1] Mark K. Mozower: *Griechenland unter Hitler. Das Leben während der deutschen Besatzung* 1941-1944, Frankfurt a.M. 2016.

Musikmetropole Wien

[1] Walter Szmolyan: »Schönberg und Berg als Lehrer«, in: *Österreichische Musikzeitschrift*, 29. Jg., Heft 6, Juni 1974, S. 291-297.

Mein Mentor Heinrich Husmann

[1] Jörg Rothkamm: Neuanfang im Geiste Guido Adlers? Die Entnazifizierung der Hamburger Musikwissenschaft und der Einfluss Heinrich Husmanns bis heute, in: Jörg Rothkamm/Thomas Schipperges (Hrsg.): *Musikwissenschaft und Vergangenheitspolitik*, München 2015, S. 63-87.

[2] Heinrich Husmann: *Einführung in die Musikwissenschaft*, Heidelberg 1958, S. 2.

[3] Meine umfängliche dreibändige Habilitationsschrift wurde 2015 von der Universität Hamburg digitalisiert und ins Internet gesetzt.

Der Weg zur Interdisziplinarität

[1] Ernst Robert Curtius: *Europäische Literatur und lateinisches Mittelalter*, Bern 1965, S. 10.

[2] Constantin Floros: Die Entzifferung der Kondakarien-Notation, in: *Musik des Ostens* III, Kassel 1965, S. 7-71, und IV, Kassel 1967, S. 12-44. Buchausgabe: *The Origins of Russian Music. Introduction to the Kondakarian Notation*, Peter Lang, Frankfurt a.M. 2009.

[3] Constantin Floros: *Universale Neumenkunde*, Kassel 1970; englische Ausgabe: *The Origins of Western Notation*, Peter Lang, Frankfurt 2011.

Humane Musik

[1] Siehe dazu mein Buch *Der Mensch, die Liebe und die Musik*, Zürich / Hamburg 2000 sowie meine Abhandlung »Entwurf einer integralen Musikwissenschaft«, in: *Hamburger Jahrbuch für Musikwissenschaft*, Band 16 (1999), S. 15–22.

[2] Clara und Robert Schumann: *Briefwechsel. Kritische Gesamtausgabe*, hrsg. von Eva Weissweiler, 2 Bände, Basel/Frankfurt am Main 1984 und 1987, hier Band I, S. 146.

[3] Näheres darüber in meinem dreibändigen Werk über *Gustav Mahler*, Wiesbaden 1977-1985 sowie in meiner interdisziplinärer Abhandlung »Auch das Schöne muß sterben: Brahms' Nänie op. 82«, in: Helen Geyer und Wolfgang Osthoff (Hrsg.): *Schiller und die Musik*, Köln/Weimar/Wien 2007, S. 395–408.

[4] Martin Petzold: »Bach-Kommentar. Theologisch-musikwissenschaftliche Kommentierung der geistlichen Vokalwerke Johann Sebastian Bachs. Die geistlichen Kantaten vom 1. Advent bis zum Trinitatisfest«, in: *Schriftenreihe der Internationalen Bachakademie Stuttgart*, hrsg. von Norbert Bolin, Band 14.2, Stuttgart/Kassel 2007.

Gedanken über die Tiefendimension der Musik

[1] Ludwig Wittgenstein: »Vermischte Bemerkungen«, in: *Werkausgabe*. Band 8, 7. Aufl. Frankfurt. M. 1977, S. 550.

[2] Zitiert nach Constantin Floros: *Alban Berg. Musik als Autobiographie*. Wiesbaden/Leipzig/Paris 1992, S. 360 (Bergs handschriftliche Zitatensammlung Nr. 1.000). Englische Ausgabe: Peter Lang Frankfurt am Main 2014.

[3] Sören Kierkegaard: *Die unmittelbaren erotischen Stadien oder Das Musikalisch-Erotische. Über Mozarts »Don Giovanni«*. Berlin 1991.

[4] Constantin Floros: *Gustav Mahler*, 3 Bände Wiesbaden 1977–1985. Hier Band II, S. 8.

[5] Constantin Floros: *Hören und Verstehen – Die Sprache der Musik und ihre Deutung*. Mainz 2008, S. 42–46.

[6] Constantin Floros: *Gustav Mahler*. München 2010, S. 82.

[7] Constantin Floros: *Alban Berg und Hanna Fuchs. Die Geschichte einer Liebe in Briefen.* Zürich/Hamburg 2001, S. 122. Englische Ausgabe: Indiana University Press 2007.

»Die Musik soll nicht schmücken, sie soll wahr sein« – Ästhetik der Zweiten Wiener Schule

[1] Ihren neuzeitlichen Namen verdankt die Ästhetik dem Philosophen A. G. Baumgarten (1750-1758).

[2] Immanuel Kant: *Kritik der Urteilskraft* (= suhrkamp taschenbuch wissenschaft 57), Frankfurt a.M. 1974.

[3] Natalie Bauer Lechner (anonym erschienen): »Aus einem Tagebuch über Mahler«, in: *Der Merker 3*, Nr. 5, 1912. S. 184-188.

[4] Natalie Bauer-Lechner: *Gustav Mahler in den Erinnerungen von Natalie Bauer-Lechner* (Hrsg. Herbert Killian), Hamburg 1984, S. 26. (Im Folgenden NBL2)

[5] NBL2, S. 33.

[6] *Gustav Mahler. Briefe* (Hrsg. Herta Blaukopf), Wien und Hamburg 1982, S. 122. (Im Folgenden GMB2)

[7] Theodor W. Adorno: »Philosophie der neuen Musik«, in: Ders.: *Gesammelte Schriften*, Band 12, Frankfurt am Main 1975, S. 46.

[8] Arnold Schönberg: Probleme des Kunstunterrichts, in: »Stil und Gedanke« (Hrsg. Ivan Vojtech), Frankfurt am Main 1976, S. 165-168.

[9] Eduard Hanslick: *Vom Musikalisch-Schönen. Ein Beitrag zur Revision der Ästhetik der Tonkunst*, 1. Aufl. 1854, 12. Aufl. Leipzig 1918, S. 76.

[10] Arnold Schönberg: »Mahler«, in: *Stil und Gedanke* (Anm. 8), S. 7-24.

[11] Anton von Webern: *Schönbergs Musik*, München 1918., S. 22-48.

[12] Schönberg: »Probleme des Kunstunterrichts«, S. 167.

[13] Floros: *Alban Berg. Musik als Autobiographie*, S. 87 ff.

[14] Arnold Schönberg: »Franz Liszt. Werk und Wesen«, in: *Stil und Gedanke*, S. 169-173.

[15] Arnold Schönberg: »Menschenrechte«, in: *Stil und Gedanke*, S. 140-145.

[16] Floros: *Alban Berg*, S. 88 f.

[17] Ebd., S. 93ff.; Hartmut Krones: »Alpine Programme bei Werner Pirchner und Anton Webern«, in: *22 Slovenian Music Days* 2007, S. 196-214.

[18] Floros: *Alban Berg*, S. 89.

[19] Zitiert nach Krones, »Alpine Programme«, S. 199.

[20] Floros: *Alban Berg*, S. 99.

[21] Adorno: »Philosophie der neuen Musik«, S. 13.

[22] Adorno: »Ästhetische Theorie«, in: Ders.: *Gesammelte Werke*, Band 7, Frankfurt am Main 1970, S. 182.

[23] Ebd., S. 184.

[24] Ebd., S. 185.

[25] GMB2, S. 254.

[26] Adorno: »Ästhetische Theorie«, S. 187.

[27] Ebd., S. 192.

[28] Ebd., S. 193.

[29] Ebd., S. 197.

[30] Zitiert nach Floros: *Neue Ohren für Neue Musik, Streifzüge durch die Musik des 20. und 21. Jahrhunderts.* Mainz 2006, S. 53. Englische Ausgabe: Peter Lang, Frankfurt am Main 2013.

Alban Berg, Anton Webern und die Neue Musik

[1] Arnold Schönberg: »Aphorismen«, in: *Die Musik*, 9. Jg. Band XXXVI), 1909/1910, S. 159-163, hier S. 162. Näheres darüber in meinem Buch *Neue Ohren für neue Musik.*, S. 22 f.

[2] Pierre Boulez: »Incipit«, in: *Anhaltspunkte*. Stuttgart/Zürich 1975, S. 357.

[3] Pierre Boulez: »Schönberg ist tot«, in: *Anhaltspunkte*, S. 288-304, hier S. 292.

[4] Pierre Boulez: »Missverständnisse um Berg«, in: *Anhaltspunkte*, S. 318-324, hier S. 323.

[5] Ebd., S. 319.

[6] Boulez: »Incipit«, S. 357-359.

[7] Boulez: »Lexikon-Artikel Webern«, in: *Anhaltspunkte*, S. 360-374, hier S. 368 f.

[8] Ebd., S. 373.

[9] Ebd.

[10] György Ligeti: *Gesammelte Schriften.* Hg. v. Monika Lichtenfeld, 2 Bände, Mainz/Basel 2007, hier Band I, S. 323-410. Zur Webern-Rezeption allgemein siehe den gehaltvollen »Webern-Artikel« von Hartmut Krones in MGG2 Personenteil Band 17, Kassel 2007, S. 586 -622, hier S. 615-617.

[11] Darmstädter Beiträge 1961/13.

[12] Theodor W. Adorno: »Berg. Der Meister des kleinsten Übergangs «, in: Österreichische Komponisten des XX. Jahrhunderts, Band 15, Wien 1968, S. 110.

[13] Näheres darüber in meinem Buch *Alban Berg. Musik als Autobiographie.*

[14] Zitiert nach Walter Kolneder: »Anton Webern. Genesis und Metamor-phose eines Stils« in: Österreichische Komponisten des XX. Jahrhunderts, Band 19, Wien 1974, S. 56 f. Siehe ferner Hans und Rosaleen Moldenhau-er: *Anton von Webern. Chronik seines Lebens und Werkes*, Zürich 1980, S. 173-175.

[15] Die Bagatellen op. 9 erschienen 1924 in der Universal Edition.

[16] Theodor W. Adorno: »Alban Berg«, in: *Klangfiguren. Musikalische Schriften I*, Berlin und Frankfurt 1959, S. 121-137, hier S. 125.

[17] Wolfgang Rihm: »Als ob Berg Geburtstag hätte«, in: *Oper 1985*. Hg. v. Imre Fabian und Gerhard Persché, Zürich 1985, S. 48.

[18] Bernd Alois Zimmermann: »Zukunft der Oper« (1965), in: *Intervall und Zeit*. Hg. von Christof Bitter, Mainz 1974, S. 38-46, hier S. 38.

[19] Vgl. etwa Alfred Lorenz: »Der musikalische Aufbau des Bühnenfest-spiels Der Ring des Nibelungen«, in: Das Geheimnis der Form bei Richard Wagner, I. Band, Berlin 1924.

[20] Peter Petersen: »Alban Berg. Wozzeck. Eine semantische Analyse unter Einbeziehung der Skizzen und Dokumente aus dem Nachlaß Bergs«, in: Musik-Konzepte. Sonderband, München 1985; ders.: Der Terminus ›Lite-raturoper‹ – eine Begriffsbestimmung, in: *Archiv für Musikwissenschaft* 56 (1999), S. 52-70.

[21] Zu Lenz' und Zimmermanns *Die Soldaten* siehe vor allem Peter Petersen / Hans-Gerd Winter: »Lenz-Opern. Das Musiktheater als Sonderzweig der produktiven Rezeption von J. M. R. Lenz' Dramen und Dramentheorie«. In: *Lenz-Jahrbuch. Sturm-und-Drang-Studien*, Band 1. St. Ingbert 1991, S. 9-58. Zu Zimmermanns Oper siehe ferner Wulf Konold: *Bernd Alois Zimmer-mann. Der Komponist und sein Werk*, Köln 1986, S. 187-200.

[22] Dazu Floros: *Alban Berg*, S. 21.

[23] Bernd Alois Zimmermann: »Drei Szenen aus meiner Oper ›Die Solda-ten‹«, in: *Intervall und Zeit*, S. 93-95.

[24] Zimmermann: »Zukunft der Oper«, in: *Intervall und Zeit*, S. 41.

[25] Zimmermann: »Zu den ›Soldaten‹«, in: *Intervall und Zeit*, S. 1726.

[26] Die folgenden Angaben sind meinem Berg-Buch, S. 305 f. entnommen.

[27] Floros: *Alban Berg. Musik als Autobiographie*, S. 182.

[28] Aloyse Michaely: »Toccata – Ciacona – Nocturno. Zu Bernd Alois Zimmermanns Oper Die Soldaten«, in: *Hamburger Jahrbuch für Musikwisssen-schaft*, Band 10, Laaber 1988, S. 127-204, hier S. 156 f.

[29] Bernd Alois Zimmermann: *Die Soldaten, Klavierauszug.* Edition Schott 5076, o. J., S. 460. Die Uraufführung des Werkes fand am 15. Februar 1965 in Köln unter der Leitung von Michael Gielen statt.

[30] Friedrich Schlegel: »Athenäums-Fragmente«, in: *Kritische Schriften.* Hg. v. Wolfdietrich Rasch, München 1971, S. 27.

[31] Ebd.

[32] Gero von Wolpert: *Sachwörterbuch der Literatur* (Kröners Taschenbuchausgabe, Band 231), 5. Aufl. Stuttgart 1969, S. 268.

[33] Theodor W. Adorno: »Vers une musique informelle«, in: *Quasi una fantasia. Musikalische Schriften II,* Frankfurt am Main 1963, S. 365-437.

[34] Heinz-Klaus Metzger: »Wendepunkt Quartett?«, in: *Musik-Konzepte* 20. Luigi Nono, Juli 1981, S. 93-112, hier S. 99.

[35] Dazu Thomas Schäfer: »Musik der abgeschiedenen Reminiszenz. Anmerkungen zu Peter Ruzickas Mahler-Rezeption«, in: Gustav Mahler Vereinigung Hamburg (Hg.): *Gustav Mahler.* »*Meine Zeit wird kommen*«. *Aspekte der Mahler-Rezeption,* Hamburg 1996, S. 87-103.

[36] Rudolf Kelterborn: »Wozzeck – wie Oper heute noch möglich ist«, in: *Oper 1985,* S. 44.

[37] Giselher Klebe: »Zuneigung mit Widersprüchen«, ebd., S. 46.

[38] Wolfgang Rihm: »Als ob Berg Geburtstag hätte«, ebd., S. 48.

[39] Adorno: Berg (1968), S. 25.

[40] Näheres darüber in meinem Berg-Buch, S. 356 f.

[41] Adorno: Berg (1968), S. 11 f.

[42] Zitiert in meinem Berg-Buch, S. 46.

Die zweite Wiener Schule in den Zwanzigerjahren

[1] Grundsätzliches dazu in meinem Buch *Neue Ohren für neue Musik,* S. 10-21.

[2] Josef Rufer: *Das Werk Arnold Schönbergs,* Kassel/Basel 1959, S. 26.

[3] Dazu Hans Heinz Stuckenschmidt: *Neue Musik (Zwischen den beiden Kriegen)* Zweiter Band), Berlin 1951, S. 222-232.

[4] Dazu Hans Heinz Stuckenschmidt: *Schönberg. Leben . Umwelt. Werk,* München/Mainz 1989, S. 279-281.

[5] Stuckenschmidt: *Schönberg* (1989), S. 280.

[6] Näheres dazu in *Neue Ohren für neue Musik,* S. 91 ff.

[7] Berg an Schönberg am 30. 5. 1926. Zitiert nach Juliane Brand, Christopher Hailey und Andreas Meyer: *Briefwechsel Arnold Schönberg – Alban Berg.*

Teilband II: 1918-1935 (Briefwechsel der Wiener Schule, hrsg. von Thomas Ertelt, Band 3), Mainz 2007, S. 260 f.

[8] Berg an Schönberg am 13.7.1926. *Briefwechsel* II, 267.

[9] Ebd., Anmerkung 508.

[10] Webern an Berg am 12. August 1922. Zitiert nach meinem Berg-Buch, S. 80.

[11] Berg an Webern am 19. August 1923. Zitiert nach meinem Berg-Buch, S. 80.

[12] Berg an Webern am 11. August 1924. Zitiert nach meinem Berg-Buch, S. 80.

[13] Dazu Johannes Wolfmüller: »Jean Cocteaus Ästhetik einer neuen französischen Musik. Anmerkungen zu Le coq et l' arlequin«, in: Werner Keil (Hrsg,): *Musik der zwanziger Jahre,* Hildesheim/Zürich/New York 1996, S. 207-242.

[14] Arnold Schönberg: *Harmonielehre*, Leipzig/Wien 1911, S. 447.

[15] Berg an Schönberg am 13. Dezember 1926. *Briefwechsel* II, 281.

[16] Dazu Eberhardt Klemm: Vorwort, in: *Arthur Honegger. Beruf und Handwerk des Komponisten. Illusionslose Gespräche, Kritiken, Aufsätze*, Reclam Universal Bibliothek, Leipzig 1980, S. 9 f. und S. 16.

[17] Zitiert nach Klemm, S. 195 f. Siehe ferner Peter Revers: »›Die Musik stirbt nicht an Blutarmut, sondern an Blutüberfluß.‹ Aspekte ds Musikdenkens und Musikschaffens Arthurs Honeggers«, in: *Musik-Konzepte. Neue Folge*. Heft 135, Arthur Honegger, München Januar 2007, S. 5-24.

[18] Klemm, S. 197.

[19] Hans Heinz Stuckenschmidt: *Neue Musik* (1951), S. 135.

[20] Berg an Schönberg am 1.3.1928. *Briefwechsel* II, 312.

[21] Schönberg an Berg am 3.3.1928. *Briefwechsel* II, 313.

[22] Berg an Schönberg am 30.3.1928. *Briefwechsel* II, 316.

[23] *Briefwechsel* II, 460/Anm. 876.

[24] Ernst Krenek: »Jonny spielt auf«, in: Krenek: *Im Zweifelsfall Aufsätze über Musik*, Wien/München/Zürich 1984, S. 13-32, hier S. 32.

[25] Ernst Krenek: »Musik der Gegenwart«, in: *25 Jahre Neue Musik*, Jahrbuch der Universal Edition 1926, hrsg. von Hans Heinsheimer und Paul Stefan, Wien 1926, S. 43-59.

[26] Handgeschriebene Glosse mit der Überschrift *Zum Artikel Kreneks im Jahrbuch* (zwei Seiten), bisher unveröffentlicht aus Schönbergs Nachlass.

Mein Dank gilt dem Arnold Schönberg Center in Wien für die Übersendung einer Kopie.
[27] Schönberg an Berg (Rundbrief), Hollywood, November 1934. *Briefwechsel* II, 537.

György Ligeti

[1] »Ja, ich war ein utopischer Sozialist«. György Ligeti im Gespräch mit Reinhard Oehlschlägel«, in: *MusikTexte Heft* 28/29, März 1989, S. 85-102, Zitat S. 91.

[2] Constantin Floros: György Ligeti. »Jenseits von Avantgarde und Postmoderne«, in : *Komponisten unserer Zeit*, Band 26, Wien 1996; Englische Ausgabe: Peter Lang: Frankfurt am Main 2014.

[3] Imre Kertész: *Ich – ein anderer*, Reinbek bei Hamburg 1999, S. 56.

[4] György Ligeti, in: Hans Jürgen Schultz (Hrsg.): *Mein Judentum*, 2. Aufl. München 1987, S. 196-207, Zitat S. 196.

[5] György Ligeti Edition 2, Sony Classical 01-062305-10 SK 62305, Track 26-28.

[6] Ebd., Track 4.

[7] Schultz: *Judentum* (Anm. 4), S. 200.

[8] György Ligeti: »Zwischen Wissenschaft, Musik und Politik«, in: György Ligeti/ Gerhard Neuweiler: *Motorische Intelligenz. Zwischen Musik und Naturwissenschaft*, hrsg. von Reinhart Meyer-Kalkus, Berlin 2007, S. 53-70, hier S. 57.

[9] »A propos Musik und Politik«, in: György Ligeti. *Gesammelte Schriften*, hrsg. von Monika Lichtenfeld, 2 Bände, Basel/Mainz 2007, Band 1, S. 232-236, hier S. 233.

[10] »Zur Anwendung von Computern in der Komposition«, in: *Gesammelte Schriften*, Band 1, S. 264.

[11] »Zwischen Wissenschaft, Musik und Politik«, in: *Gesammelte Schriften*, Band 2, S. 41.

[12] »Meine Stellung als Komponist heute«, in: *Gesammelte Schriften*, Band 2, S. 114/115.

[13] Ebd.

[14] *Gesammelte Schriften*, Band 1, S. 262.

[15] John M. Chowning »Music from machines: Perceptual Fusion & Auditory Perspective – for Ligeti«; Jean-Claude Risset: »Computer. Synthesis. Perception. Paradoxes«, in: *Hamburger Jahrbuch für Musikwissenschaft*, Band

11 Für Ligeti. Die Referate des Ligeti-Kongresses Hamburg 1988, S. 231-243 und S. 245-258.

16 Zur Dritten Klaviersonate von Boulez, in: *György Ligeti. Gesammelte Schriften*, Band 1, S. 447-450.

17 Floros: *Neue Ohren für neue Musik,* S. 141-150.

18 Ligeti las 1983 auf einer Zugfahrt von Straßburg nach Paris im französischen *L'Express* einen Artikel über Mandelbrots Chaostheorie, die ihn sogleich faszinierte.

19 *Gesammelte Schriften*, Band 1, S. 235.

20 Näheres über *Coloana infinita* in meinem Ligeti-Buch (2006), S. 196.

Ligetis Grand Macabre

21 Albert Camus: *Der Mythos vom Sisyphos. Ein Versuch über das Absurde*, Hamburg 1959. Dazu Leo Pollmann: »Sartre und Camus. Literatur der Existenz«, in: Sprache und Literatur 40, Stuttgart 1967.

22 Martin Esslin: *Das Theater des Absurden. Von Beckett bis Pinter* (rowohlts enzyklopädie) Reinbek bei Hamburg 1985.

23 Constantin Floros. *György Ligeti. Jenseits von Avantgarde und Postmoderne* (Verlag Lafite: Komponisten unserer Zeit Band 26), Wien 1996. Englische Ausgabe: Peter Lang 2014.

24 Ligeti: »In meiner Musik gibt es keine Weltanschauung«. Gespräch mit Lutz Lesle«, in: *Das Orchester* 36 (1988), S. 885-890.

25 Ligeti: »Ich glaube nicht an große Ideen, Lehrgebäude, Dogmen…«. Gespräch mit Lerke von Saalfeld«, in: *Neue Zeitschrift für Musik* 154 (1993). S. 32-36.

26 Harald Kaufmann: »Ein Fall absurder Musik. Ligetis *Aventures* und *Nouvelles Aventures*«, in: Kaufmann: *Spurlinien. Analytische Aufsätze über Sprache und Musik*, Wien 1969, S. 130-158, hier S. 138.

27 Siehe dazu die ausführliche Besprechung bei Floros: *Ligeti* (1996). S. 133-155. Auch die folgenden Zitate sind diesem Buch entnommen.

28 Elke Krumm: *Die Gestalt des Ubu im Werk Alfred Jarrys*, Köln 1976.

29 Zitiert nach Esslin (1985), S. 14.

30 Floros: *Ligeti*, S. 143.

31 Website der Fondation Ghelderode.

32 Floros: *Ligeti*, S. 136.

33 Ebd., S. 147-149.

34 Otto F. Best: *Das Groteske in der Dichtung*. Darmstadt 1980.

Hans Werner Henze

[1] Hans Werner Henze: *Musik und Politik. Schriften und Gespräche 1955-1975*, hrsg. von Jens Brockmeier, München 1976, S. 191.

[2] Hans Werner Henze: »Exkurs über den Populismus«, in: Henze (Hrsg.), *Zwischen den Kulturen. Neue Aspekte der musikalischen Ästhetik I*, Frankfurt am Main 1979, S. 7-31, hier S. 29 f.

[3] *The New Grove Dictionary of Music and Musicians*, Band 8, London 1980, S. 489.

[4] *Musik und Politik*, S. 245.

[5] Ebd., S. 47 und S. 175.

[6] Ebd., S. 77.

[7] Ebd., S. 195.

[8] Ebd., S. 186.

[9] Ebd., S. 77.

[10] Ebd., S. 192.

[11] Ebd., S. 242.

[12] *Zwischen den Kulturen*, S. 28.

[13] *Musik und Politik*, S. 188.

[14] Vgl. Josef Rufer: *Bekenntnisse und Erkenntnisse. Komponisten über ihr Werk*, Frankfurt am Main 1979, S. 334-342.

[15] Hans Werner Henze: *Die Englische Katze. Ein Arbeitstagebuch 1978-1982*, Frankfurt am Main 1983, S. 292.

[16] *Musik und Politik*, S. 175.

[17] Ebd., S. 224.

[18] Ebd., S. 228.

Luigi Nono

[1] Nono fügte dem Titel des Stückes ausdrücklich den Hinweis *per orchestra a microintervalli* hinzu. Siehe dazu Rainer Zillhardt: »Überlegungen zu den äußeren und inneren Bedingungen mikrotonaler Strukturen anhand von Luigi Nonos Orchesterstück A Carlo Scarpa«, in: *Musik-Konzepte Sonderband.*

[2] *Musik der anderen Tradition. Mikrotonale Tonwelten*, München Februar 2003, S. 141-166.

[3] Constantin Floros: »Das esoterische Programm der Lyrischen Suite von Alban Berg. Eine semantische Analyse«, *in: Alban Berg. Kammermusik* I

(Musik-Konzepte 4), München 1978, S. 5-48. Christian Martin Schmidt: »Schönbergs ›very definite - but private‹ Programm zum Streichquartett Opus 7«, in: Rudolf Stephan und Sigrid Wiesmann (Hrsg.): *Bericht über den 2. Kongress der Internationalen Schönberg-Gesellschaft »Die Wiener Schule in der Musikgeschichte des 20. Jahrhunderts«*, Wien 1986, S. 230-234.

[4] Floros: *Mahler,* 1977.

[5] Heinz-Klaus Metzger: »Wendepunkt Quartett?«, in: *Musik-Konzepte 20. Luigi Nono,* Juli 1981, S. 93-112. Außerdem: Hermann Spree: *»Fragmente – Stille, An Diotima«. Ein analytischer Versuch zu Nonos Streichquartett,* Saarbrücken 1992.

[6] Zitiert nach Ellen Kohlhaas: »Römerbad - Musiktage Badenweiler: Schumann oder der Stachel in der Versöhnlichkeit«, in: *Frankfurter Allgemeine Zeitung,* 3. Dezember 1980, S. 27.

[7] Anspielung auf den sechsten Satz des *Canto sospeso* (1955/56), wo es unter anderem heißt: *»Com'e duro dire addio per sempre alla vita cosi bella!«* (»Wie hart ist es, von dem so schönen Leben für immer Abschied zu nehmen!«).

Laudatio für Wolfgang Rihm

[1] Stefan Zweig: *Das Geheimnis des künstlerischen Schaffens,* Frankfurt a.M. 1981, S. 244.

[2] Wolfgang Rihm: *ausgesprochen. Schriften und Gespräche,* hrsg. von Ulrich Mosch (Veröffentlichungen der Paul Sacher Stiftung Band 6.1 und 6.2), 2 Bände, Amadeus Verlag, Winterthur/Schweiz 1997, Band I, 48.

[3] Ebd., Band I, 120.

[4] Ebd., Band II, 79.

[5] Ebd., Band I, 143.

[6] Ebd., Band II, 287.

[7] Ivanka Stoianova: »Rihm und Artaud: das Musiktheater der Grausamkeit«, in: *Musik-Konzepte. Neue Folge.* Sonderband. Wolfgang Rihm, XII/2004 S. 135-151.

[8] Rihm: *ausgesprochen,* Band I, S. 390-396.

[9] Beiheft zur CD Kairos 0012072 (1999/2000).

[10] Rihm: *ausgesprochen,* Band I, S. 292.

Hans Swarowsky

[1] Eine ausführliche Monografie über Hans Swarowsky wird in der Wiener Musikuniversität von Reinhard Kapp und Markus Grassl vorbereitet.

[2] Hans Swarowsky: *Wahrung der Gestalt. Schriften über Werk und Wiedergabe, Stil und Interpretation in der Musik*, hg. von Manfred Huss, Wien 1979, S. 72.

[3] Ebd., S. 7.

[4] Karl Kraus (1874 – 1936) war einer der bedeutendsten österreichischen Schriftsteller des beginnenden 20. Jahrhunderts, ein Publizist, Satiriker, Lyriker, Aphoristiker, Dramatiker, Förderer junger Autoren, Sprach- und Kulturkritiker – vor allem ein scharfer Kritiker der Presse und des Hetzjournalismus oder, wie er selbst es ausdrückte, der Journaille.

[5] Swarowsky, a. a. O., S. 57.

[6] Leopold Mozart: *Versuch einer gründlichen Violinschule* (Augsburg 1756), Faksimile Leipzig 1956, S. 30.

[7] Swarowsky, a. a. O., S. 62 f.

[8] Preiser Records 90021/LC-00992 (1960).

[9] Wolfgang Amadeus Mozart: *Briefe und Aufzeichnungen, Gesamtausgabe*, Bd. 2, Kassel 1962, S. 83.

[10] DGG 410068-2/LC-00173.

[11] Preiser Records 90021/LC-00992.

[12] Swarowsky, a. a. O., S. 61

[13] The Great Concert Hall Recordings.

[14] DGG 439770-2/LC-00173.

[15] Swarowsky, a. a. O., S. 49.

[16] Weltbild Classics 704031.

[17] Swarowsky, a. a. O., S. 236.

[18] Nach Gilbert E. Kaplan: *Gustav Mahler. Adagietto. Facsimile. Documentation. Recording,* New York 1992, S. 98 f.

[19] Berlin Classics 17202BC/LC-06203.

Wagner und Verdi

[1] Verdi an Giulio Ricordi, 15. Februar 1883. Zitiert nach Franco Abbiati: *Giuseppe Verdi*, 4 Bände, Mailand 1959, Bd. IV, 208.

[2] Grundsätzliches darüber bei Eberhard Straub: *Wagner und Verdi. Zwei Europäer im 19. Jahrhundert,* Stuttgart 2012, S. 30 ff.

[3] Richard Wagner: »Was ist deutsch?« in: ders.: *Sämtliche Schriften und Dichtungen.* Volksausgabe, 16 Bände, Leipzig o. J., Bd. 10, S. 36-53.

[4] John Rosselli: *Giuseppe Verdi. Genie der Oper. Eine Biographie*, München 2013, S. 230.

[5] Friedrich Nietzsche: »Jenseits von Gut und Böse § 255«, in: *Werke*, hrsg. von Karl Schlechta, Bd. III., München 1979. S. 723.

[6] Nietzsche: »Der Fall Wagner«, in: *Werke*, Bd. III, S. 907.

[7] Richard Wagner: *Das Kunstwerk der Zukunft. Sämtliche Werke und Dichtungen*, Bd. III, 42-172. Dazu meine Ausführungen in *Musik als Botschaft*, Wiesbaden 1989, S. 106-108. Englische Ausgabe: Peter Lang: Frankfurt am Main 2016.

[8] Rosselli, S. 137.

[9] Dazu mein Buch *Der Mensch, die Liebe und die Musik*, Zürich-Hamburg 2000, S. 217-231. Englische Ausgabe: *Humanism, Love and Music*, New York 2012, S. 138-147.

[10] *Sämtliche Schriften und Dichtungen*, Bd. 12, S. 346.

[11] Tino Drenger: »Liebe und Tod in Verdis Musikdramen. Semiotische Studien zu ausgewählten Opern«, in: *Hamburger Beiträge zur Musikwissenschaft* Bd. 45, Eisenach 1996, S. 22 f.

[12] Mit seiner Kameliendame wandte sich Alexandre Dumas der Pariser Halbwelt zu und öffnete damit dem Realismus in der Literatur Tür und Tor.

[13] Verdi an Clara Maffei im Oktober 1883. Zitiert nach Gaetano Cesari (Hrsg.): *I Copialettere di Giuseppe Verdi*, Bologna 1968, S. 503.

[14] Dazu das Kapitel »Wagner als Epiker« in meinem Buch *Hören und verstehen. Die Sprache der Musik und ihre Deutung*, Mainz 2008, S. 112 f.

[15] Dazu mein Buch *Musik als Botschaft*, S. 26-38.

[16] Gino Roncaglia: »Il Tema-cardine nell' opera di Giuseppe Verdi«, in: *Rivista Musicale Italiana*, Bd. 47, 1943, S. 220.

[17] Günther Engler: »Eifersucht. Über melodisch-motivische Beziehungen in Werken Verdis«, in: *Neue Zeitschriften für Musik*, Jg. 124, 1963, S. 372.

[18] Ernst Bloch: *Zur Philosophie der Musik*, Frankfurt am Main 1974, S. 246.

[19] Vgl. *Der Mensch, die Liebe und die Musik*, S. 230 f.

Wagner und der Pazifismus

[1] Grundsätzliches darüber in meinem Buch *Der Mensch, die Liebe und die Musik*, S. 217-231.

[2] Richard Wagner: *Sämtliche Schriften und Dichtungen in 16 Bänden* (SSD), Leipzig 1911, SSD XII, 346.

[3] Arthur Schopenhauer: *Metaphysik der Geschlechtsliebe. Die Welt als Wille und Vorstellung II*, Kapitel 44. Zürcher Ausgabe, Band IV, S. 647.

[4] Ebd., Band II, S. 466.

[5] SSD X, 260.

[6] Zum Parsifal siehe meine »Studien zur Parsifal-Rezeption«, in: *Richard Wagner. Parsifal* (Musik-Konzepte 25), München 1982, S. 14-57.

[7] Grundsätzliches darüber in meinem Buch *Musik als Botschaft*, S. 39-53.

[8] Magnus Schwantje: *Über Richard Wagners ethisches Wirken*, Bund für radikale Ethik 1919, S. 20.

[9] Udo Bermbach: *Mythos Wagner*, Berlin 2013, S. 274.

[10] Rudolf Augstein: »Siegfried, Lohengrin, Parsifal«, in: *DER SPIEGEL* 30/1997.

[11] Saul Friedländer: »Hitler und Wagner«, in: Saul Friedländer und Jörn Rüsen (Hrsg.): *Richard Wagner im Dritten Reich*, München 2000, S. 165-178, Zitat S. 173.

[12] Cosima Wagner: *Die Tagebücher*, ediert und kommentiert von Martin Gregor-Dellin und Dietrich Mack, München/Zürich 1977, Band II, S. 205.

[13] Udo Bermbach: »Liturgietransfer«, in: Friedländer: *Richard Wagner im Dritten Reich*, S. 40-65, hier S. 53.

Europäische Institutionen und persönliche Begegnungen

[1] Die Übersetzungen stammen von Paulino Capdepón Verdú. Siehe Constantin Floros: »"Todos los hombres serán hermanos". Mensajes humanitarios en la musica«, in: Quodlibet, September/Dezember 2007, S. 3-8; *Tragedia y comedia en des óperas maestras de Mozart*, in: Paulino Capdepón Verdú (Hrsg.): *Mozart en Espana. Estudios y receptión musical*, Editorial Academia del Hispanismo 2016, S. 273-283.

Auseinandersetzungen

[1] Carl Dahlhaus: *Ludwig van Beethoven und seine Zeit* (=Große Komponisten und ihre Zeit), Locher 1987.

[2] Floros: *Der Mensch, die Liebe und die Musik*, S. 193-202.

[3] Melanie Unseld: *Biographie und Musikgeschichte. Wandlungen biographischer Konzepte in Musikkultur und Musikhistoriographie*, Böhlau, Köln / Wien / Weimar 2014, S. 437.

[4] Constantin Floros: *The Origins of Western Notation*, Peter Lang, Frankfurt 2011, S. 371-376.

Axiologie I: Tschaikowsky

[1] Alfred Einstein: *Music in the Romantic Era*, New York 1947, deutsche Ausgabe: *Die Romantik in der Musik*, München 1950, zitiert aus der Ausgabe Stuttgart 1992, S. 279 f.

[2] Theodor W. Adorno: »Typen musikalischen Verhaltens«, in: *Einleitung in die Musiksoziologie. Zwölf theoretische Vorlesungen*, Reinbek bei Hamburg 1968, S. 12-30.

[3] Theodor W. Adorno: »Musikalische Warenanalysen«, in: *Quasi una fantasia. Musikalische Schriften II*, Frankfurt am Main 1963, S. 64-66.

[4] Theodor W. Adorno: *Philosophie der neuen Musik*, Frankfurt am Main 1958; Constantin Floros: »Die Wiener Schule und das Problem der deutschen Musik«, in: Otto Kolleritsch (Hg.): *Die Wiener Schule und das Hakenkreuz*, Studien zur Wertungsforschung 22, Wien/Graz 1990, S. 35-50.

[5] Theodor W. Adorno: *Mahler. Eine musikalische Physiognomik*, Frankfurt am Main 1960, S. 83.

[6] Constantin Floros: *Peter Tschaikowsky*, Reinbek bei Hamburg 2006, S. 119-121.

[7] Ebd., S. 121 f.

[8] Siehe die Tabellen auf S. 97 und S. 125 in meinem Buch.

[9] Vgl. Edward Garden: *Tschaikowsky. Leben und Werk*, Stuttgart 1986, S. 213-218.

[10] Doppel-CD bei der Deutschen Grammophon.

Axiologie II: Rachmaninow

[1] Adorno: »Musikalische Warenanalysen«, S. 59-61. Siehe dazu Karen M. Bottge: »Reading Adorno's Reading of the Rachmaninov Prelude C-sharp Minor. Metaphors of Destruction, Gestures of Power«, in: *Society for Music Theory*. Vol. 17, Nr. 4, Dezember 2011.

[2] Andreas Wehmeyer: *Sergej Rachmaninow*. Reinbek bei Hamburg 2000, S. 75.

[3] Sergei Bertensson and Jay Leyda: *Sergei Rachmaninoff. A Lifetime in Music*, New York 1956, S. 150.

[4] Max Harrison: *Rachmaninoff. Life, Works, Recordings*, London/New York 2005, S. 150.

[5] So Schluss des cis-moll-Präludiums op. 3 Nr. 2; Beginn des zweiten Klavierkonzerts op. 18; Die Glocken op. 35 (1913).

[6] Siehe dazu mein Buch *Music as Message. An Introduction to Musical Semantics,* Peter Lang, Frankfurt am Main/New York 2016.

[7] Apetjan S. (Hrsg.): *S. W. Rachmaninoff. Briefe,* Moskau 1955 (russ.)

[8] Bertensson/Leyda, S. 368 ff.

Musikalische Semantik

[1] Friedrich Nietzsche: »Menschliches, Allzumenschliches«. Erster Band § 215. Zitiert nach Friedrich Nietzsche: *Werke,* hrsg. von Karl Schlechta, Frankfurt a.M./Berlin/Wien 1979, Band I, S. 573.

[2] Theodor W. Adorno: »Fragment über Musik und Sprache«, in: ders.: *Quasi una fantasia. Musikalische Schriften* II, Frankfurt a.M. 1963, S. 9-16; Roland Harweg: »Noch einmal: Sprache und Musik«, in: *Poetica* 1967, Nr. 1, S. 556-566.

[3] Albert Wellek: *Musikpsychologie und Musikästhetik,* Frankfurt a.M. 1963, S. 38 ff.

[4] Ebd., S. 103 und S. 166 ff.

[5] Floros: *Der Mensch, die Liebe und die Musik,* S. 69.

[6] Umberto Eco: *Einführung in die Semiotik,* München 1972; John Lyons: *Semantics,* 2 Bände, München 1980.

[7] Rainer Warning (Hrsg.): *Rezeptionsästhetik. Theorie und Praxis,* München 1975.

[8] Floros: *Alban Berg. Musik als Autobiographie.*

[9] Zu Mahlers Symbolwelt siehe mein Werk: *Gustav Mahler,* 3 Bände, Wiesbaden 1977- 1985.

Warum ist die Musik Mahlers heute so beliebt?

[1] Zitiert nach Juliane Wandel: *Die Rezeption der Symphonien Gustav Mahlers zu Lebzeiten des Komponisten* (Europäische Hochschulschriften, Bd. 193), Frankfurt am Main 1999, S. 9.

[2] Rudolf Louis: *Die deutsche Musik der Gegenwart,* 2. Aufl. München 1912. Richard Batka: *Das Jüdische bei Gustav Mahler,* in: Der Kunstwart XXIII (1910), S. 97 f.; Karl Blessinger: *Mendelssohn, Meyerbeer, Mahler. Drei Kapitel Judentum in der Musik als Schlüssel zur Musikgeschichte des 19. Jahrhunderts,* Berlin 1939.

[3] Theodor W. Adorno: *Mahler. Eine musikalische Physiognomik,* Frankfurt a.M. 1960. Vgl dazu meinen Aufsatz »Eine musikalische Physiognomik:

Über Theodor W. Adornos Mahler-Interpretation«, in: Dan Diner (Hrsg.): *Simon-Dubnow-Institut. Jahrbuch. Yearbook* XI 2012, S. 235-243.

[4] Clytus Gottwald: »Gustav Mahler und die musikalische Utopie. Gespräche zwischen György Ligeti und Clytus Gottwald«, in: *Neue Zeitschrift für Musik* 135 (1974), S. 7-11 und S. 288-291.

[5] *Gustav Mahler in den Erinnerungen von Natalie Bauer-Lechner nach Tagebuchaufzeichnungen* hrsg. von Herbert Killian, Hamburg 1984 (Sigle: BL).

[6] Alma Mahler: *Gustav Mahler. Erinnerungen und Briefe*, 2. Aufl. Amsterdam 1949, S. 92.

[7] Ebd.

[8] Alfred Roller: *Die Bildnisse von Gustav Mahler*, Leipzig/Wien/Zürich 1922, S. 23 f.

[9] BL 33.

[10] *Gustav Mahler. Briefe. Neuausgabe erweitert und revidiert von Herta Blaukopf*, Wien/Hamburg 1982, S. 122 (Sigle: GMB).

[11] Theodor W. Adorno: *Philosophie der Neuen Musik*, Frankfurt am Main 1958, S. 45.

[12] Näheres darüber in meinem dreibändigen Werk: *Gustav Mahler*, Wiesbaden 1977-1985, Bd. I, S. 20-35.

[13] GMB 254.

[14] Näheres darüber im zweiten Band meiner Mahler-Trilogie (Anm. 12), S. 107-183.

[15] Dazu Floros: *Mahler*, Bd. III, S. 157.

[16] BL 50.

[17] GMB 106.

[18] Floros: *Mahler*, Bd. III, S. 35-41.

[19] Adorno: *Mahler* (Anm. 3), S. 179.

[20] Ebd., S. 182.

[21] Ebd., S. 131.

[22] Floros: *Mahler*, Bd. III, S. 242.

[23] Ebd. S. 270.

[24] Floros: *Gustav Mahler. Visionär und Despot*, Hamburg/Zürich 1998, S. 237.

[25] Krystyna Tarnawska-Kaczorowska: »The musical Work as Sign. Signicative Constituents, Layers, Structure«, in: Eero Tarasti (Hrsg.): *Musical Signification. Essays in the Semiotic Theory and Analysis of Music*, Berlin/New York 1995, S. 123-139.

Nachwort

[1] John Gray: *Raubtier Mensch. Die Illusion des Fortschritts*, Klett-Cotta 2015.

[2] Otto Kraus: »Was ist der Mensch? Die Sicht der Biologie«, in: Annelie Kümpers-Greve/Günter Gorschenek (Hrsg.):. *Was ist der Mensch?* Falken-steiner Gespräche 3, 2014, S. 79-92.

Schriftenverzeichnis Constantin Floros

Hochschulschriften

Carlo Antonio Campioni als Instrumentalkomponist, Diss. phil. Universität Wien 1955 (Masch.). Teildrucke: Musici di livornesi. C. A. Campioni, in: Rivista di Livorno I, 1955, S. 134-150; L'opera strumentale di C. A. Campioni, in: Rivista di Livorno III, 1959, S. 27-39.

Das mittelbyzantinische Kontakienrepertoire. Untersuchungen und kritische Edition, 3 Bände, Habilitationsschrift Universität Hamburg 1961 (Masch.). Erstveröffentlichung als PDF-Datei auf der Homepage des Instituts für Historische Musikwissenschaft der Universität Hamburg, Januar 2015 (http://www.fbkultur.uni-hamburg.de/de/hm/forschung/publikationen.html)

Bücher

Universale Neumenkunde. Bd. I: Entzifferung der ältesten byzantinischen Neumenschriften und der altslavischen sematischen Notation. Das modale System der byzantinischen Kirchenmusik. Beiträge zur Geschichte der byzantinischen Kirchendichtung. Bd. II: Ursprung und Deutung der lateinischen Neumen. Beiträge zur Figurenlehre und Rhythmik des gregorianischen Chorals. Die byzantinische Herkunft des lateinischen Dodekaechos. Bd. III: Die byzantinischen, slavischen und gregorianischen Tonfiguren und Formeln. Dokumentation. Kassel: Bärenreiter (jetzt Wilhelmshaven: Noetzel) 1970.

Gustav Mahler. 3 Bände, Wiesbaden: Breitkopf 1977-1985. Gustav Mahler I. Die geistige Welt Gustav Mahlers in systematischer Darstellung, Wiesbaden: Breitkopf 1977; Gustav Mahler II. Mahler und die Symphonik des 19. Jahrhunderts in neuer Deutung. Zur Grundlegung einer zeitgemäßen musikalischen Exegetik, Wiesbaden: Breitkopf 1977; Gustav Mahler III. Die Symphonien, Wiesbaden: Breitkopf 1985 und öfters.

Beethovens Eroica und Prometheus-Musik. Sujet-Studien, Wilhelmshaven: Heinrichshofen 1978.

Mozart-Studien I. Zu Mozarts Sinfonik, Opern- und Kirchenmusik, Wiesbaden: Breitkopf 1979.

Brahms und Bruckner. Studien zur musikalischen Exegetik, Wiesbaden: Breit-kopf 1980.

Einführung in die Neumenkunde. Wilhelmshaven: Heinrichshofen 1980.

Johannes Brahms. Sinfonie Nr. 2 D-Dur, op. 73. Taschenpartitur. Einführung und Analyse. Originalausgabe, München / Mainz: Goldmann / Schott 1984; Neudruck der Einführung und Analyse in: Johannes Brahms. Die Sinfonien, hg. von G. Schubert, C. Floros und C. M. Schmidt, Mainz: Schott 1999, S. 75-138.

Musik als Botschaft, Wiesbaden: Breitkopf 1989.

Alban Berg. Musik als Autobiographie, Wiesbaden / Leipzig / Paris: Breitkopf 1992.

Gustav Mahler: The Symphonies, transl. by Vernon Wicker, Jutta Wicker, Pompton Plains / Cambridge: Amadeus Press 1993.

Alban Berg und Hanna Fuchs. Briefe und Studien. Erstveröffentlichungen (Österrei-chische Musikzeitschrift Special), Wien: UE 1995.

György Ligeti. Jenseits von Avantgarde und Postmoderne, Wien: Lafite 1996.

Johannes Brahms. »Frei, aber einsam«. Ein Leben für eine poetische Musik, Zürich / Hamburg: Arche 1997.

Gustav Mahler. Visionär und Despot. Porträt einer Persönlichkeit, Zürich / Ham-burg: Arche 1998.

Η ελληνική παράδοση στίς μουσικές γραφές του Μεσαίωνα (erweiterte griechische Ausgabe der Einführung in die Neumenkunde), übers. von Kostas Kaka-velakis, Thessaloniki 1998.

Der Mensch, die Liebe und die Musik, Zürich / Hamburg: Arche 2000.

Alban Berg und Hanna Fuchs. Die Geschichte einer Liebe in Briefen, Zürich / Hamburg: Arche 2001.

Gustav Mahler: The Symphonies. Portland (OR): Amadeus Press 2003.

Ο άνθρωπος, ο έρωτας και η μουσική (Der Mensch, die Liebe und die Musik), Athen: 2003.

Anton Bruckner. Persönlichkeit und Werk, Hamburg: Europäische Verlagsan-stalt 2004.

gusutafu ma-ra-: koukyou kyoku (Gustav Mahler: Die Symphonien), Tokyo 2004.

Peter I. Tschaikowsky, Reinbek: Rowohlt 2005.

Alban Berg y Hanna Fuchs. Barcelona: 2005.

Introduction to Early Medieval Notation. Enlarged second edition, revised, transl. and with an illustrated chapter on cheironomy by Neil K. Moran, Warren (MI): 2005.

Neue Ohren für neue Musik. Streifzüge durch die Musik des 20. und 21. Jahrhunderts, Mainz: Schott 2006.

Въведение в невмознанието: Средновековни нотни системи (Einführung in die Neumenkunde: Mittelalterliche Musiksysteme), Sofia: 2006.

Hören und verstehen. Die Sprache der Musik und ihre Deutung, Mainz: Schott 2008.

Alban Berg and Hanna Fuchs. The Story of a Love in Letters, transl. by Ernest Bernhardt-Kabisch, Bloomington: Indiana University Press 2008.

The Origins of Russian Music. Introduction to the Kondakarian Notation, revised, translated, and with a chapter on »Relationships between Latin, Byzantine and Slavonic Church Music« by Neil K. Moran, Frankfurt / Main u.a.: Lang 2009.

Gustav Mahler, München: Beck 2010.

Gustav Mahler. Οραματιστής και δυνάστης (Gustav Mahler. Visionär und Despot), Athen: Nefeli 2010.

The Origins of Western Notation, revised and transl. by Neil Moran, with a report on »The Reception of the Universale Neumenkunde, 1970–2010«, Frankfurt / Main u.a.: Peter Lang 2011.

Humanism, Love and Music, New York: Peter Lang 2011.

Gustav Mahler. Visionary and Despot. Portrait of A Personality. New York: Peter Lang 2011.

Anton Bruckner. Persönlichkeit und Werk. Hamburg: 2. Aufl., Europäische Verlagsanstalt 2011.

Anton Bruckner. The Man and his Work. Frankfurt / Main: Peter Lang 2012 (zweite Aufl. 2015).

Beethoven's Eroica. Thematic Studies. New York: Peter Lang 2013.

New Ears for new Music. New York: Peter Lang 2013.

Alban Berg et Hanna Fuchs. Suite lyrique pour deux amants. Arles: Actes Sud 2014.

Gustav Mahler and the Symphony of the 19th Century. New York: Peter Lang 2014.

Alban Berg. Music as Autobiography. New York: Peter Lang 2014.

György Ligeti. Beyond Avant-garde and Postmodernism, transl. by E. Bernhardt-Kabisch, Frankfurt / Main: Peter Lang 2014.

Brahms and Bruckner as Artistic Antipodes. Studies in Musical Semantics, Peter Lang: New York 2015.

Music as Message. An Introduction to Musical Semantics, Peter Lang: New York 2016.

Gustav Mahler's Mental World: A Systematic Representation, Peter Lang, Frankfurt am Main/New York 2016.

L'homme – l'amour et la musique, Editions des archives contemporaines, Paris 2017.

Listening and Understanding and how to interpret It. Peter Lang: Frankfurt am Main/New York 2017.

Aufsätze

Transkription des nubischen Gesangs-Stücks »Dakkâkiny«, in: *Catalogue d'enregistrements de musique folklorique égyptienne*, hg. von H. Hickmann und Ch. G. Duc de Mecklenbourg, Straßburg 1958, S. 34-38.

Das Kontakion, in: *Deutsche Vierteljahrsschrift für Literaturwissenschaft und Geistesgeschichte* 34, 1960, S. 84-106.

Die Musik der Ostkirche, in: *Das Buch der heiligen Gesänge der Ostkirche*, hg. von E. Benz, H. Thurn und C. Floros, Hamburg 1962, S. 143-174.

Die Thematik in Johann Sebastian Bachs Orchestersuiten, in: *Studien zur Musikwissenschaft* 25, 1962, S. 193-204.

Kompositionstechnische Probleme der atonalen Musik, in: *Kongreßbericht Kassel 1962, Kassel 1963*, S. 257-260.

Das ›Programm‹ in Mozarts Meisterouvertüren, in: *Studien zur Musikwissenschaft* 26, 1964, S. 140-186.

Fragen zum musikalischen und metrischen Aufbau der Kontakien, in: *Actes du XIIe Congrès International des Études Byzantines II*, Belgrad 1964, S. 563-569.

Musik aus der Zeit vor Bach, in: *Festbuch zum 40. Deutschen Bachfest, Hamburg 1965*, S. 122-125.

Mozart und die österreichisch-kirchenmusikalische Tradition, in: *Kongreßbericht Salzburg 1964*, Kassel 1966, S. 234-236.

Die Entzifferung der Kondakarien-Notation, in: *Musik des Ostens* III, Kassel 1965, S. 7-71, und IV, Kassel 1967, S. 12-44.

Zur Antithese Brahms-Bruckner, in: *Brahms-Studien* Bd. 1, Hamburg 1974, S. 59-90.

Zur Deutung der Symphonik Mahlers, in: *De ratione in musica, Festschrift Erich Schenk zum 5. Mai 1972*, hg. von Th. Antonicek, R. Flotzinger und O. Wessely, Kassel / Basel u. a.: Bärenreiter 1975, S. 228-236.

Zu den ältesten Notationen einstimmiger Musik des Mittelalters, in: *Beiträge zur Musikkultur des Balkans* Bd. 1. Walter Wünsch zum 65. Geburtstag, hg. von R. Flotzinger, Graz 1975, S. 11-28. (Auch in Zeitschrift für Semiotik 9, 1987, H. 3-4, S. 251-268.)

Das esoterische Programm der Lyrischen Suite von Alban Berg. Eine semantische Analyse, in: *Hamburger Jahrbuch für Musikwissenschaft* Bd. 1, Hamburg 1975, S. 101-145.

Über Zusammenhänge zwischen der Musikkultur des Ostens und des Westens im Mittelalter, in: *Musica antiqua Europae orientalis* IV, Bydgosz 1975.

Zu den ältesten Notationen einstimmiger Musik des Mittelalters, in: *uni hh Forschung* Nr. 8, Kulturgeschichte und Kulturkunde, Hamburg: Pressestelle der Universität Hamburg 1976, S. 195-210.

Literarische Ideen in der Musik des 19. Jahrhunderts, in: *Hamburger Jahrbuch für Musikwissenschaft* Bd. 2, Hamburg 1977, S. 7-62.

Das esoterische Programm der Lyrischen Suite von Alban Berg. Eine semantische Analyse, in: *Alban Berg. Kammermusik I* (= Musik-Konzepte 4), München: text + kritik 1978, S. 5-48; italienisch in: *Com' era dolce il profumo del Tiglio. La musica a Vienna nell' età di Freud*, Monfalcone 1988, S. 233-277.

György Ligeti. Prinzipielles über sein Schaffen, in: *Musik und Bildung* 10, 1978, S. 484-488; schwedisch in: Nutida Musik 24, 1980/81, H. 3, S. 3-7.

Das Kammerkonzert von Alban Berg. Hommage à Schönberg und Webern, in: *Alban Berg. Kammermusik II* (= Musik-Konzepte 9), München: text + kritik 1979, S. 63-90.

Die Faust-Symphonie von Franz Liszt. Eine semantische Analyse, in: *Franz Liszt* (= Musik-Konzepte 12), München: text + kritik 1980, S. 42-87.

Richard Strauss und die Programmusik, in: *Ars musica, musica scientia. Festschrift Heinrich Hüschen zum 65. Geburtstag am 2. März 1980*, hg. von D. Altenburg, Köln 1980, S. 143-150.

Die Fassungen der Achten Symphonie von Anton Bruckner, in: *Bruckner-Symposion »Die Fassungen« Linz 1980*, Bericht, hg. von F. Grasberger, Graz 1981, S. 53-64.

Weltanschauung und Symphonik bei Mahler, in: *Gustav Mahler Kolloquium Wien 1979*. Ein Bericht, hg. von R. Klein, Kassel u. a.: Bärenreiter 1981, S. 29-39; Nachdruck in: *Gustav Mahler*, hg. von H. Danuser, Darmstadt: Wissenschaftliche Buchgesellschaft 1992, S. 344-361; russisch in: *Muzikalnaja Akademija* 1, 1994, S. 152-157.

Stilebenen und Stilsynthese in den Opern Mozarts, in: *Hamburger Jahrbuch für Musikwissenschaft* Bd. 5, Laaber 1981, S. 155-168.

Die Skizzen zum Violinkonzert von Alban Berg, in: *Alban Berg Symposion Wien 1980*, Bericht, hg. von F. Grasberger und R. Stephan (= Alban Berg Studien II), Wien: UE 1981, S. 118-135.

Schumanns musikalische Poetik, in: *Robert Schumann I* (= Musik-Konzepte, Sonderband für 1981), München: text + kritik 1981, S. 90-104.

György Ligeti: Tre stycken för tra pianon. In: Nutida Musik, Jg. 1980/81, Nr. 3, S. 8-9; deutsche Fassung in: Programmheft der 42. Sommerlichen Musiktage Hitzacker 1987, S. 14-18.

Brahms' Popularität, in: *Johannes Brahms.* Eine Ausstellung der Deutschen Bank Hamburg, Hamburg 1981, S. 7-18; russisch in: *Musikalnaja Akademia* 1, 1998, S. 173-177.

Verschwiegene Programmusik, in: *Anzeiger der philosophisch-historischen Klasse der Österreichischen Akademie der Wissenschaften* 119 (= Mitteilungen der Kommission für Musikforschung 34), Wien 1982, S. 204-225.

Studien zur Parsifal-Rezeption, in: *Richard Wagner. Parsifal* (= Musik-Konzepte 25), München: text + kritik 1982, S. 14-57.

Parallelen zwischen Schubert und Bruckner, in: *Festschrift Othmar Wessely zum 60. Geburtstag,* hg. von M. Angerer und E. Diettrich, Tutzing 1982, S. 133-145.

Zur Rhythmik der byzantinischen Kirchenmusik, in: *Die Musikforschung* 35, 1982, S. 154-155.

Zur Deutung der Symphonik Bruckners. Das Adagio der Neunten Symphonie, in: *Bruckner-Jahrbuch* 1981, Linz 1982, S. 89-96.

Thesen über Bruckner, in: *Anton Bruckner* (= Musik-Konzepte 23/24), München: text + kritik 1982, S. 5-14; englisch in: *The Bruckner Journal,* March 1997, S. 4-5, July 1997, S. 8-9, November 1997, S. 10-11.

Carl Maria von Weber. Grundsätzliches über sein Schaffen, in: *Festschrift Heinz Becker zum 60. Geburtstag am 26. Juni 1982,* hg. von J. Schläder und R. Quandt, Laaber 1982, S. 116-130; Nachdruck in: *Carl Maria von Weber* (= Musik-Konzepte 52), München 1986, S. 5-21.

Bruckner und Mahler. Gemeinsamkeiten und Unterschiede, in: *Bruckner-Symposion »Die österreichische Symphonie nach Bruckner« Linz 1981,* Bericht, hg. von Uwe Harten, Graz 1983, S. 21-29.

Historische Phasen der Bruckner-Interpretation, in: *Bruckner-Symposion »Bruckner-Interpretation« Linz 1982, Bericht, hg. von Othmar Wessely, Linz 1983,* S. 93-102.

Grundsätzliches über Programmusik, in: *Programmusik. Studien zu Begriff und Geschichte einer umstrittenen Gattung* (= Hamburger Jahrbuch für Musikwissenschaft Bd. 6), Laaber 1983, S. 9-29.

Der »Beziehungszauber« der Musik im Ring des Nibelungen von Richard Wagner, in: *Neue Zeitschrift für Musik* 144, 1983, H. 7-8, S. 8-14.

Gedanken über Brahms und Bruckner, in: *Österreichische Musikzeitschrift* 38, 1983, S. 393-402.

Studien zu Brahms' Klaviermusik, in: *Brahms-Studien* Bd. 5, Hamburg 1983, S. 25-63.

Brahms – ein Januskopf, in: *Neue Zeitschrift für Musik* 144, 1983, H. 4, S. 4-7.

Brahms – der »Messias« und »Apostel«. Zur Rezeptionsgeschichte des Artikels »Neue Bahnen«, in: *Die Musikforschung* 36, 1983, S. 24-29.

Laudatio [auf Hans Werner Henze], in: *Reden anläßlich der Verleihung des Bach-Preises 1983 an Hans Werner Henze*, Hamburg 1983, S. 11-20; Nachdruck unter dem Titel »Musik muß zur Sprache werden«, in: *Oper in Hamburg 1982/83* (= Jahrbuch 10 der Hamburgischen Staatsoper), Hamburg 1983, S. 84-89.

Kunstanschauung und Stil [bei Johannes Brahms], in: *Johannes Brahms. Leben und Werk*, hg. von Chr. Jacobsen, Wiesbaden 1983, S. 89-92.

Die Werke für Klavier [von Johannes Brahms], in: *Johannes Brahms. Leben und Werk*, hg. von Chr. Jacobsen, Wiesbaden 1983, S. 120-123.

Die Idee der Kunstreligion bei Schopenhauer und Richard Wagner, vorgesehen für: *Schopenhauer und Wagner, Tagungsbericht 1983*, hg. von d. Schopenhauer-Gesellschaft (nicht erschienen); aufgenommen in: C. Floros: *Musik als Botschaft*, Wiesbaden 1989, S. 39-53.

Die Zitate in Bruckners Symphonik, in: *Bruckner-Jahrbuch* 1982/83, hg. von O. Wessely, Linz 1984, S. 7-18.

Über Brahms' Stellung in seiner Zeit, in: *Brahms und seine Zeit* (= Hamburger Jahrbuch für Musikwissenschaft Bd. 7), Laaber 1984, S. 9-19.

Brahms – der zweite Beethoven?, in: *Brahms und seine Zeit* (= Hamburger Jahrbuch für Musikwissenschaft Bd. 7), Laaber 1984, S. 235-258.

Ligetis *Drei Phantasien* nach Friedrich Hölderlin (1982), in: *Neue Zeitschrift für Musik* 146, 1985, H. 2, S. 18-20; schwedisch in: *Nutida Musik* 1983/84, Nr. 1, S. 14-16; englisch ebenda, S. 18-20.

Alban Bergs »Requiem«. Das verschwiegene Programm des Violinkonzerts, in: *Neue Zeitschrift für Musik* 146, 1985, H. 4, S. 4-8; auch in japanischer, griechischer und bulgarischer Übersetzung.

Zur Gegensätzlichkeit der Symphonik Brahms' und Bruckners, in: *Bruckner-Symposion »Johannes Brahms und Anton Bruckner« Linz 1983*, Bericht, hg. von O. Wessely, Linz 1985, S. 145-153.

Über den Motivbegriff in der Musikwissenschaft, in: *Studien zur Systematischen Musikwissenschaft* (= Hamburger Jahrbuch für Musikwissenschaft Bd. 9), Laaber 1986, S. 209-221; Nachdruck in: *Proceedings of a Symposium held on 8th December 1984 at the Vrije Universiteit Brussel*, ed. by M. Vanhelleputte and L. Somville, Leuven 1987, S. 61-75.

Bruckners Symphonik und die Musik Wagners, in: *Bruckner-Symposion »Bruckner, Wagner und die Neudeutschen in Österreich« Linz 1984*, Bericht, hg. von O. Wessely, Linz 1986, S. 177-184.

Das verschwiegene Programm des Kammerkonzerts von Alban Berg, in: *Neue Zeitschrift für Musik* 148, 1987, H. 11, S. 11-22; japanisch in: *Jahrbuch der Alban Berg Gesellschaft Japan* 1986/87, S. 64-84.

Die Angst vor der Tiefe, in: *Neue Zeitschrift für Musik* 148, 1987, H. 6, S. 14-18.

Hommage à Ligeti, in: *Neue Zeitschrift für Musik* 149, 1988, H. 5, S. 25-29.

Das Brahms-Bild Eduard Hanslicks, in: *Brahms-Kongreß Wien 1983*, Bericht, hg. von Th. Antonicek u. O. Biba, Tutzing 1988, S. 155-166.

Probleme der Amalgamierung von Dichtung und Musik in der Kunst des 20. Jahrhunderts, in: *Zum Verhältnis von zeitgenössischer Musik und zeitgenössischer Dichtung* (= Studien zur Wertungsforschung Bd. 20), hg. von O. Kolleritsch, Wien / Graz 1988, S. 35-50.

György Ligetis pianokonsert, in: *Nutida Musik*, 1988/89, Nr. 2, S. 21-25.

Von Mahlers Affinität zu Bruckner, in: *Bruckner-Symposion »Bruckner, Liszt, Mahler und die Moderne« Linz 1986*, Bericht, hg. von O. Wessely, Linz 1989, S. 109-118.

Bruckner und Liszt, Diskussionsbeitrag in: *Bruckner-Symposion »Bruckner, Liszt, Mahler und die Moderne« Linz 1986*, Bericht, hg. von O. Wessely, Linz 1989, S. 181-188.

Bruckner – der Progressive, in: *Anton Bruckner. Leben. Werk. Interpretationen. Rezeption*, Bericht zum V. Internationalen Gewandhaus-Symposium anläßlich der Gewandhaus-Festtage Leipzig 1987, hg. von S. Lieberwirth, Leipzig 1989, S. 144-149.

Anton Bruckner, in: *Heritage of Music*, Vol. III: *The Nineteenth-Century Legacy*, ed. by M. Raeburn and A. Kendall, Oxford / New York 1989, S. 215-225; deutsch München 1993, *Geschichte der Musik* Bd. III, S. 211-233.

Gustav Mahler, in: *Heritage of Music*, Vol. III: The Nineteenth-Century Legacy, ed. by M. Raeburn and A. Kendall, Oxford / New York 1989, S. 263-277; deutsch München 1993, *Geschichte der Musik* Bd. III, S. 283-297.

Tragische Ironie und Ambivalenz bei Mahler, in: *Gustav Mahler* (= Musik-Konzepte, Sonderband für 1989), München: text + kritik 1989, S. 213-220.

Anton Bruckner in neuer Sicht, in: The ongakugeijutsu, April 1989, S. 77-81 und Mai 1989, S. 80-85 (in Japanisch).

Prinzipien des Liedschaffens von Gustav Mahler, in: *Österreichische Musikzeitschrift* 45, 1990, S. 7-14.

Sterben, um zu leben. Mahlers Auferstehungssymphonie und seine Weltanschauung, in: *Neue Zeitschrift für Musik* 151, 1990, H. 10, S. 13-17.

Die Wiener Schule und das Problem der »deutschen Musik«, in: *Die Wiener Schule und das Hakenkreuz* (= Studien zur Wertungsforschung 22), hg. von O. Kolleritsch, Wien / Graz: 1990, S. 35-50.

Psychodramen, tönende Autobiographie und illustrierende Programmusik. Zu Richard Strauss' Tondichtungen, in: *Richard Strauss. Leben, Werk, Interpretation, Rezeption*, Bericht zum VI. Internationalen Gewandhaus-Symposium anläßlich der Gewandhausfesttage 1989, Leipzig 1991, S. 36-50.

Laudatio für György Ligeti, in: *Für György Ligeti* (= Hamburger Jahrbuch für Musikwissenschaft Bd. 11), Laaber 1991, S. 11-19.

Versuch über Ligetis jüngste Werke, in: *Für György Ligeti* (= Hamburger Jahrbuch für Musikwissenschaft Bd. 11), Laaber 1991, S. 335-348.

Die »Symphonie der Tausend« als Botschaft an die Menschheit, in: *A »Mass« for the Masses. Proceedings of the Mahler VIII Symposium Amsterdam 1988* (= Mahler Studies Vol. 2), ed. by E. Nikkels / R. Becqüe, Rotterdam 1991, S. 121-130.

Alban Bergs »Wozzeck« als Botschaft an die Menschheit, in: *Der kulturpädagogische Auftrag der Musik im 20. Jahrhundert* (= Musik im Diskurs Bd. 9), hg. von U. Jung-Kaiser, Regensburg 1991, S. 25-42.

Zur Wirkungsgeschichte Mahlers, in: *Bericht über das Internationale Gustav Mahler-Symposion Utrecht 1986* (= Mahler Studies Vol. 1), ed. by P. Op de Coul, Rotterdam 1991, S. 181-192.

Gustav Mahler und die »böhmische Musik«, in: *Musica* 45, 1991, S. 160-168.

Zu Bruckners frühem symphonischen Schaffen, in: *Bruckner-Symposion »Anton Bruckner als Schüler und Lehrer« Linz 1988*, Bericht, hg. von O. Wessely u. a., Linz 1992, S. 173-190.

Weltliches und Religiöses in Bruckners Symphonik, in: *Bruckner-Symposion »Orchestermusik im 19. Jahrhundert« Linz 1989*, Bericht, hg. von O. Wessely u. a., Linz 1992, S. 179-188.

Zum Beethoven-Bild Schönbergs, Bergs und Weberns, in: *Beethoven und die Zweite Wiener Schule* (= Studien zur Wertungsforschung 25), hg. von O. Kolleritsch, Wien / Graz 1992, S. 8-24.

Zur Einheit von Persönlichkeit und Werk [Anton Bruckners], in: *Bruckner-Symposion »Anton Bruckner – Persönlichkeit und Werk« Linz 1992*, Linz 1995, S. 11-18.

Brahms, Bruckner und die Wiener Philharmoniker, in: *Symposion »Klang und Komponist«*, Tutzing 1992, S. 157-165.

Von der Auferstehungssymphonie zur »Symphonie der Tausend«. Religiöse Momente in Mahlers Symphonik, in: *Über Gustav Mahler*, hg. von E. Biser und C. Floros, Hamburg 1993, S. 23-37.

Neue Thesen über Mahlers Zehnte Symphonie, in: *Österreichische Musikzeitschrift* 1993, S. 73-80.

Alban Berg und die Wiener Moderne, in: *Die Wiener Jahrhundertwende. Einflüsse, Umwelt, Wirkungen,* hg. von J. Nautz und R. Vahrenkamp, Wien / Köln / Graz 1993, S. 607-618.

Tragik und Komik in Mozarts Meisteropern, in: *Wege zu Mozart. W. A. Mozart in Wien und Prag. Die großen Opern,* hg. von H. Zeman, Wien 1993, S. 12-22.

Nachdenken über die Stilforschung, in: *Bericht über den Internationalen Musikwissenschaftlichen Kongreß Baden 1991,* Tutzing 1993, Bd. 1, S. 93-103.

Tag und Nacht in Wagners »Tristan« und in Mahlers Siebenter Symphonie, in: *Österreichische Musikzeitschrift* 49, 1994, S. 9-17.

Wohin orientiert sich die Musik? [Gespräch mit György Ligeti], in: *Österreichische Musikzeitschrift* 49, 1994, S. 5-8.

Publizitäre und private Botschaften in der Musik, in: *Musikalische Hermeneutik im Entwurf* (= Schriften zur musikalischen Hermeneutik Bd. 1), hg. von G. Gruber und S. Mauser, Laaber 1994, S. 117-130; auch in: *Hudba ako posolstvo,* Symposion Bratislava 1993, S. 97-106.

Zur Einheit von Persönlichkeit und Werk, in: *Bruckner-Symposion »Anton Bruckner – Persönlichkeit und Werk« Linz 1992,* Bericht, hg. von O. Wessely u. a., Linz 1995, S. 11-18.

Der Mensch, die Liebe und die Musik, in: *Musik im Unterricht* 32, 1995, H. 6, S. 5-10.

Struktur und Semantik in Alban Bergs Lyrischer Suite, in: *Kammermusik zwischen den Weltkriegen. Symposion Wien 1994* (= Studien zu Franz Schmidt, Bd. XI), hg. von C. Ottner, Wien / München 1995, S. 136-147.

Gustav Mahler, Alban Berg und das Österreichische in der Musik, in: *Bruckner-Symposion »Entwicklungen – Parallelen – Kontraste. Zur Frage einer ›österreichischen Symphonik‹« Linz 1993,* Bericht, hg. von O. Wessely, Linz 1996, S. 165-173.

»Ein Luftzug von dem Sturmflug unserer großen Zeit«. Gustav Mahlers Aktualität, in: *Gustav Mahler – »Meine Zeit wird kommen«. Aspekte der Gustav Mahler-Rezeption* (= Schriftenreihe der Gustav Mahler Vereinigung Hamburg Bd. 1), hg. von G. Borchardt, Hamburg: Dölling 1996, S. 11-23.

Gustav Mahlers Aktualität, in: *Gustav Mahler – »Meine Zeit wird kommen«. Aspekte der Gustav Mahler-Rezeption* (= Schriftenreihe der Gustav Mahler Vereinigung Hamburg Bd. 1), hg. von G. Borchardt, Hamburg: Dölling 1996, S. 11-23.

Alban Berg und Gustav Mahler, in: *Gustav Mahler – »Meine Zeit wird kommen«. Aspekte der Gustav Mahler-Rezeption* (= Schriftenreihe der Gustav Mahler Vereinigung Hamburg Bd. 1), hg. von G. Borchardt, Hamburg: Dölling 1996, S. 75-85.

Musik als Bekenntnis. Karl Amadeus Hartmann und seine Sechste Symphonie, in: *Das Orchester* 44, 1996, H. 7/8, S. 2-8.

Eine Weltsprache der Musik? Multikulturelle Phänomene in der Neuen Musik nach 1945, in: *Das Orchester* 44, 1996, H. 12, S. 2-9.

György Ligeti. Jenseits von Avantgarde und Postmoderne, in: *Kritische Musikästhetik und Wertungsforschung. Otto Kolleritsch zum 60. Geburtstag* (= Studien zur Wertungsforschung Bd. 30), Wien / Graz 1996, S. 35-41.

Schönbergs Gurrelieder, in: *Festskrift Jan Maegaard*, hg. von N. B. Foltmann und C. Rollum-Larsen, Kopenhagen 1996, S. 33-42.

Musik als Autobiographie. Neue Thesen über Alban Berg, in: *Neue Mahleriana. Essays in Honour of Henry-Louis de La Grange on his Seventieth Birthday*, hg. von G. Weiß, Bern: Lang 1997, S. 47-61.

Beethovens späte Streichquartette, in: *Musik / Revolution. Festschrift für Georg Knepler zum 90. Geburtstag*, Bd. 2, hg. von H.-W. Heister, Hamburg: von Bockel 1997, S. 49-61.

Bruchstücke einer großen Konfession: Zur Musik Anton Bruckners, in: *Das Orchester* 45, 1997, H. 10, S. 2-7.

Der irisierende Klang. Anmerkungen zu Ligetis »Atmosphères«, in: *»Laß singen, Gesell, laß rauschen«. Zur Ästhetik und An-ästhetik in der Musik* (= Studien zur Wertungsforschung Bd. 32), hg. von O. Kolleritsch, Wien / Graz 1997, S. 182-193.

Sprache und Musik in Ligetis Requiem, in: *Festschrift Hans Schmidt zum 65. Geburtstag*, hg. von H. Klein und K. W. Niemöller, Köln-Rheinkassel 1998, S. 281-288.

Ein Vorläufer Gustav Mahlers? – Hans Rott, in: *Österreichische Musikzeitschrift* 53, 1998, H. 6, S. 8-16.

Geheime Botschaften in Schumanns Klaviermusik, in: *Das Orchester* 46, 1998, H. 9, S. 2-8.

Eine Vater-Sohn-Beziehung besonderer Art, in: *»Ganz Dein zärtlicher Sohn Johannes«. Johannes Brahms' Briefwechsel mit seinem Vater*, Hamburg 1998, S. 5-12.

Gustav Mahler und Franz Schubert, in: *»Dialekt ohne Erde...«. Franz Schubert und das 20. Jahrhundert* (= Studien zur Wertungsforschung Bd. 34), hg. von Otto Kolleritsch, Wien / Graz 1998, S. 41-55.

Entwurf einer integralen Musikwissenschaft, in: *50 Jahre Musikwissenschaftliches Institut in Hamburg. Bestandsaufnahme – aktuelle Forschung – Ausblick,* hg. von P. Petersen und H. Rösing (= Hamburger Jahrbuch für Musikwissenschaft Bd. 16), Frankfurt am Main: Lang 1999, S. 15-22.

Der Schöpfungsmythos in Gustav Mahlers Dritter Symphonie, in: *Musik und Mythos* (= Neue Aspekte der musikalischen Ästhetik V), hg. von H. W. Henze, Frankfurt am Main: Fischer 1999, S. 168-177.

Form und Gehalt in der Musik, in: *Archiv für Musikwissenschaft* 56, 1999, S. 71-72.

Musik und Astrologie. »Die Planeten« von Gustav Holst, in: *Das Orchester* 47, 1999, H. 5, S. 2-7.

Aspekte der Brahms-Biographie, in: *Quellen – Text – Rezeption. Internationaler Brahms-Kongreß Hamburg 1997,* hg. von F. Krummacher, M. Struck, C. Floros und P. Petersen, München: Henle 1999, S. 43-55.

Über Beziehungen zwischen der byzantinischen und der mittelalterlichen Choraltheorie, in: *Miscellanea Musicae. Rudolf Flotzinger zum 60. Geburtstag* (= Musicologica Austriaca 18), hg. von W. Jauk, J.-H. Lederer und I. Schubert, Wien 1999, S. 125-139.

Tradition und Innovation in der Ersten Symphonie von Johannes Brahms, in: *Bruckner-Symposion »Bruckner – Vorbilder und Traditionen« Linz 1997,* Bericht, hg. von U. Harten u. a., Linz 1999, S. 233-241.

Musik als Klangsprache der Liebe, in: *Das Orchester* 47, 1999, H. 12, S. 2-6.

Das Ende der Avantgarde?, in: *Kultur Bildung Politik. Festschrift für Hermann Rauhe zum 70. Geburtstag* (= Musik und... Bd. 3), hg. von H.-W. Heister und W. Hochstein, Hamburg 2000, S. 729-733.

On Unity between Bruckner's Personality and Production, in: *Perspectives on Anton Bruckner*, ed. by H. Crawford, P. Hawkshaw and T. Jackson, Ashgate-Aldershot 2001, S. 285-298.

Max Kalbecks »neugierige Fragen eines wissensdurstigen Brahms-Biographen«. Die Fragebögen für Joseph Joachim und Albert Dietrich, in: *Bericht über den Internationalen Brahms-Kongreß Gmunden 1997*, hg. von I. Fuchs, Tutzing 2001, S. 359-375.

Arnold Schönberg – fünfzig Jahre nach seinem Tod, in: *Das Orchester* 49, 2001, H. 7/8, S. 21-25.

Poetisches bei Chopin. Die Nocturne nach »Hamlet«, in: *Muzyka w kontekśie kultury. Festschrift für Mieczyslaw Tomaszewski*, Krakow 2001, S. 45-54; Nachdruck in: *Das Orchester* 49, 2001, H. 5, S. 16-20.

»Was immer aus seiner Feder kam, ist gold«. Ein Schönberg-Schüler in Berlin, in: *Neue Zeitschrift für Musik* 162, 2001, H. 5/6, S. 58-61.

Zur byzantinischen Tonartenlehre, in: *Musikästhetik und Analyse. Festschrift Wilhelm Seidel zum 65. Geburtstag*, hg. von M. Märker und L. Schmidt, Laaber 2002, S. 25-39.

Und immer wieder für eine bessere Welt – Annäherungen an den Komponisten Hans Werner Henze, in: *Hans Werner Henze. Die Vorträge des internationalen Symposions am Musikwissenschaftlichen Institut der Universität Hamburg 28. bis 30. Juni 2001*, hg. von P. Petersen (= Hamburger Jahrbuch für Musikwissenschaft Bd. 20), Frankfurt am Main: Lang 2003, S. 195-204; Vorabdruck in: Das Orchester 52, 2003, H. 3, S. 38-44.

Zum spirituellen Gehalt des Finales der Neunten Symphonie [Anton Bruckners], in: *Bruckners Neunte im Fegefeuer der Rezeption* (= Musik-Konzepte 120/121/122), München: text + kritik 2003, S. 108-131.

Frauengestalten bei Richard Wagner, in: *Frauengestalten in der Oper des 19. und 20. Jahrhunderts*, hg. von C. Ottner, Wien / München 2003, S. 44-52.

Jenseits von Schönberg und Debussy. Die »32 Klavierstücke« von Nikos Skalkotas, in: *Musik in allen Dingen. Festschrift für Günther Weiß*, hg. von G. Gruber, Tutzing 2003, S. 99-107.

Vergänglichkeit, Tröstung und Hoffnung als semantische Felder bei Johannes Brahms, in: *Johannes Brahms. Ein Deutsches Requiem. Vorträge. Europäisches Musikfest Stuttgart 2003* (= Schriftenreihe der Internationalen Bachakademie Stuttgart Bd. 13), hg. von N. Bolin, Stuttgart 2004, S. 42-57.

Byzantinische Musiktheorie, in: *Vom Mythos zur Fachdisziplin. Antike und Byzanz* (= Geschichte der Musiktheorie Bd. 2), hg. von F. Zaminer und T. Ertelt, Darmstadt: Wissenschaftliche Buchgesellschaft 2006, S. 257-318.

Inszenierungen aus dem »Geiste der Musik«. Gustav Mahler und das Musiktheater, in: *Gustav Mahler und die Oper*, hg. von C. Floros, Zürich / Hamburg 2005, S. 9-20.

Béla Bartók, Arnold Schönberg und der Folklorismus, in: *Verflechtungen im 20. Jahrhundert. Komponisten im Spannungsfeld elitär – populär*, hg. von W. Salmen und G. Schubert, Mainz 2005, S. 146-153.

»Meine einzige Freude sind meine Symphonien.« Anton Bruckner in neuer Sicht, in: Internationale Bruckner-Gesellschaft (Hg.): *Studien & Berichte*, Mitteilungsblatt 65, November 2005, S. 6-13.

Mahler und Beethoven, in: Internationale Gustav Mahler Gesellschaft (Hg.): *Nachrichten zur Mahler-Forschung*, Heft 55, Frühling 2007, S. 25-32.

»Auch das Schöne muß sterben«: Brahms' Nänie op. 82, in: *Schiller und die Musik*, Hg. H. Geyer / W. Osthoff, Köln / Weimar / Wien: Böhlau 2007, S. 395-408.

Don Juan in Kierkegaards Deutung, in: *Musik & Ästhetik* 11, 2007, H. 44, Stuttgart 2007, S. 69-75.

Plädoyer für die interdisziplinäre Öffnung der Musikwissenschaft, in: Friedhelm Brusniak (Hg.): *Musikwissenschaft und Musikpädagogik im interdisziplinären Diskurs. Festschrift für Ute Jung-Kaiser*, Hildesheim 2008, S. 111-117.

Gedanken zu Beethoven. Warum es noch keine authentische Beethoven-Monographie geben kann, in: *Erika Schuchardt: Diesen Kuss der ganzen Welt. Beethovens schöpferischer Sprung aus der Krise*, Bonn 2008, S. 233-240.

Figur und Transfiguration bei Mozart. Das Phänomen der Kantabilität in seiner Instrumentalmusik, in: *Verwandlungsmusik. Über komponierte Transfigurationen*, hg. von A. Dorschel (Studien zur Wertungsforschung, Bd. 48), Wien/London/New York: UE 2007, S. 76-90.

»Ein unverdientes Geschenk an die Menschheit.« Zum 250. Geburtstag von Wolfgang Amadé Mozart, in: *Das Orchester*, Jg. 54, Januar 2006, S. 21-26.

György Ligeti. Klassiker der Moderne, in: *MUSIKforum* 6, Oktober-Dezember 2008, S. 55-58.

Diener am Werk. Der »Dirigentenlehrer-Lehrer« Hans Swarowsky, in: *Das Orchester*, Februar 2009, S. 34-37.

Alban Berg, Anton Webern und die Neue Musik, in: *Wiener Musikgeschichte. Annäherungen, Analysen, Ausblicke. Festschrift für Hartmut Krones*, Wien 2009.

Die Zweite Wiener Schule in den zwanziger Jahren. In: *Hamburger Jahrbuch für Musikwissenschaft*, Band 26, Frankfurt am Main 2009, S. 143-148.

Artikel über Bruckner, Brahms und Mahler, in: Nada Hrcková (Hg.): *Dejiny hudby* V. Hudba 19. storocia (in slowakischer Sprache), IKAR 2010, S. 200-245; in tschechischer Sprache, Prag 2011.

Artikel Auferstehung, in: Dan Diner (Hg.): *Enzyklopädie jüdischer Geschichte und Kultur*, Stuttgart/Weimar 2011, Band 1, S. 184-188.

Zur ältesten Überlieferung der Kontakienmelodien, in: Nina-Maria Wanek (Hg.): P*saltike. Neue Studien zur byzantinischen Musik: Festschrift für Gerda Wolfram*, Wien 2011, S. 115-123.

Autobiographisches in Schumanns früher Musik, in: Helmut Loos (Hg.): *Robert Schumann. Persönlichkeit, Werk und Wirkung*, Leipzig 2011, S. 25-37.

Die Klaviervariationen op. 23 von Johannes Brahms. Ein Monument für Robert Schumann, in: Freia Hoffmann, Markus Gärtner und Axel Weidenfeld (Hg.): *Beiträge zur Kulturgeschichte der Musik. Musik im sozialen Raum. Festschrift für Peter Schleuning zum 70. Geburtstag*, München 2011, S. 123-129.

Zur Relevanz der »Programme« in Mahlers Symphonien, in: Peter Revers und Oliver Korte (Hg.): *Gustav Mahler. Interpretationen seiner Werke*, Laaber 2011, Band 1, S. 398-415.

Mahlers intellektuelle Neugier, in: Erich Wolfgang Partsch / Morten Solvik (Hrsg): *Mahler im Kontext*, Wien / Köln / Weimar 2011, S. 9-12.

»Ich bin dreifach heimatlos«: Gustav Mahlers geistige Welt, in: Hanns-Werner Heister (Hg.): *»Wo die schönen Trompeten blasen«. Vokale und instrumentale Semantik im Werk Gustav Mahlers*, Berlin 2011, S. 13-21.

Warum ist die Musik Mahlers heute so beliebt? in: Ute Jung-Kaiser und Matthias Kruse (Hg.): *»Was mir die Engel erzählen...«. Mahlers traumhafte Gegenwelten*. Wegzeichen Musik 6, Hildesheim 2011, S. 3-12.

»Die Musik soll nicht schmücken, sie soll wahr sein« - Zur Ästhetik der Zweiten Wiener Schule, in: Thomas Phleps und Wieland Reich (Hg.): *Musik-Kontexte. Festschrift für Hanns-Werner Heister*, Münster 2011, Band 1, S. 258-264.

Gustav Mahlers antwoord op de laatste vragen. In: *Nexus* 2011, Nummer 59, S. 29-36.

Gedanken über Brahms heute. In: *Brahms-Studien* Bd. 16, Tutzing 2011. S. 181-186.

Eerst Makcedonie, daarna de hele were ld. Vergina, Griekenland. In: *Nexus* 2012, Nummer 60, S. 83-88.

The Influence of Byzantine Music on the West. In: *Greece as an intercultural pole of musical thought and creativity*. International Musicological Conference, June 2011. Thessaloniki. (Siehe auch: uni-hamburg.academia.edu /ConstantinFloros)

Zum Mozart-Bild von Alban Berg. In: H. Krones / C. Meyer (Hrsg.): *Mozart und Schönberg. Wiener Klassik und Wiener Schule*, Wien/Köln/Weimar 2012, S. 301-307.

Gedanken über die Tiefendimension der Musik. In: Michael Schwalb (Hrsg.): *Liber amicorum. Gedanken über Musik, Literatur, Kunst. Hommage an Karl Anton Rickenbacher*, Hildesheim, Zürich, New York 2012, S. 106-112; polnisch in: Teoria Muzyki, Krakau, S. 23-29.

"Eine musikalische Physiognomik": Über Theodor W. Adornos Mahler-Interpretation. In: Dan Diner (Hrsg.): *Simon-Dubnow-Institut. Jahrbuch. Yearbook* XI 2012, S. 235-243.

Wagner und Verdi. Manche Gemeinsamkeiten - viele Antithesen. *Ars lyrica*, Vol. 21, 2012, S. 71-87.

Wagner als Vegetarier und Pazifist. In: *Frankfurter Allgemeine Zeitung* vom 22. Mai 2013, S. 28.

Musik zur Regeneration der Welt. Liebe, Vegetarismus und Pazifismus beim späten Richard Wagner. In: *Das Orchester* Oktober 2013, S. 26-29.

The deciphering of the Old Slavonic kondakarian notation. In: *Bulgarian Musicology* 1/2013, S. 95 f.

Ligetis le Grand Macabre. Von der Absurdität der menschlichen Existenz. In: *Musik und Ästhetik* 17. Jg. Heft 28, Oktober 2013, S. 24-31.

Refleksie nad wymiarem glebi w muzyce, in: *Teoria Muzyki*, Band 2, Krakau 2013, S. 23-28.

Vier ernste Gesänge für Bass und Klavier Op. 121. In: Claus Bockmaier und Siegfried Mauser (Hrsg.); *Johannes Brahms. Interpretationen seiner Werke* in 2 Bänden, Band II, Laaber 2013, S. 893-898.

Mahler als Visionär auf der Opernbühne, in: *Musiktheater in Wien um 1900. Gustav Mahler und seine Zeitgenossen*, hg. von C. Ottner und E. W. Partsch. Tutzing: Schneider 2014, S. 141-149.

Über Liszts musikalische Symbolsprache in: Márta Grabocz: *Proceedings Liszt. Actes du colloque Liszt (Strasbourg 2011)*, Editions Herman, Paris 2014 (im Erscheinen).

Alexander der Große als Vorläufer der Globalisierung. In: MUT. Forum für Kultur, Politik und Geschichte, Nr. 565, März 2015, S. 42-49.

Was Musik bedeuten kann. Hat Musik eine Tiefendimension? in: MUT Nr.568, Juni 2015, S. 60-70.

Tiefpunkt der Musik? An Tschaikowsky scheiden sich heute die Geister. in: Das Orchester 2015/6, S. 40-43.

Gustav Mahler. Böhme, Wiener, "Judenchrist" in: MUT Nr. 570, September 2015, S. 74-84.

Przesłania muzyki upublicznione i prywatne. in: Teoria Muzyki, Krakau, Vol. 6, S.11-25.

Tragedia y comedia en des óperas maestras de Mozart, in: Paulino Capdepón Verdú (Hrsg.): *Mozart en Espana. Estudios y reception musical,* Editorial Academia del Hispanismo 2016, S. 273-283.

Rachmaninow – Kunst oder Kitsch? In: Das Orchester Januar 2017, S.27-29.

Rezensionen

Egon Wellesz: A History of Byzantine Music and Hymnography, London 1961, in: *Die Musikforschung* 17, 1964, S. 309-312.

Egon Wellesz: Die Hymnen der Ostkirche, Basel 1962, in: *Die Musikforschung* 17, 1964, S. 312-313.

Essays presented to Egon Wellesz, Basel 1962, in: *Die Musikforschung* 22, 1969, S. 503-505.

Queens College. Flushing, N.Y. Dept. Of Music. Twenty-fifth anniversary Festschrift, 1937-1962, ed. by Al Mell, New York 1964, in: *Die Musikforschung* 22, 1969, S. 507-509.

Studies in Eastern Chant. Vol. 1, ed. by Egon Wellesz, London 1966, in: *Die Musikforschung* 24, 1971, S. 201-202.

Jan van Biezen: The Middle Byzantine Kanon-Notation of Manuscript H., Bilthoven 1968, in: *Die Musikforschung* 25, 1972, S. 375-377.

Harry Goldschmidt: Beethoven-Studien 2. Um die unsterbliche Geliebte. Eine Bestandsaufnahme, Leipzig 1977, in: *Musica* 32, 1978, S. 376-377.

Lied und Lyrik, Bände I-III, hg. von Albrecht Dümling, München 1981, in: *Neue Zeitschrift für Musik* 142, 1981, S. 618.

Christian M. Schmidt: Johannes Brahms und seine Zeit, Laaber 1983; Karla Hökker: Johannes Brahms. Begegnungen mit dem Menschen, Berlin 1983, in: *Neue Zeitschrift für Musik* 145, 1983, H. 7/8, S. 66.

Hans-Jürgen Schmelzer: Johannes Brahms. Zwischen Ruhm und Einsamkeit. Eine Biographie, Tübingen 1983; Johannes Brahms. Briefwechsel mit dem Mannheimer Bankprokuristen Wilhelm Lindeck 1872-1882, Heidelberg 1983, in: *Neue Zeitschrift für Musik* 145, 1983, H. 11, S. 48-49.

Anton Bruckner in Wien. Eine kritische Studie zu seiner Persönlichkeit (= Anton Bruckner. Dokumente und Studien 2), Graz 1980, in: *Bruckner-Jahrbuch* 1982 / 83, S. 191-192.

Elisabeth Maier/Franz Zamazal: Anton Bruckner und Leopold von Zenetti (= Anton Bruckner. Dokumente und Studien 3), Graz 1980, in: *Bruckner-Jahrbuch* 1982/ 83, S. 193.

Carl Dahlhaus: Die Musik des 19. Jahrhunderts (= Neues Handbuch der Musikwissenschaft Bd. 6), Laaber 1980, in: *Die Musikforschung* 37, 1984, S. 139-141.

Gustav Mahler in den Erinnerungen von Natalie Bauer-Lechner, hg. von H. Killian, Hamburg 1984, in: *Neue Zeitschrift für Musik* 147, 1985, H. 6, S. 57.

Margit L. McCorkle: Johannes Brahms. Thematisch-bibliographisches Werkverzeichnis, München 1984, in: *Neue Zeitschrift für Musik* 146, 1985, H. 10, S. 54.

Rosemarie Puschmann: Magisches Quadrat und Melancholie in Thomas Manns Doktor Faustus. Von der musikalischen Struktur zum semantischen Beziehungsnetz, Bielefeld 1983, in: *Neue Zeitschrift für Musik* 146, 1985, H. 3, S. 57.

Musikalischer Lustgarten. Kostbare Zeugnisse der Musikgeschichte. Ausstellung der Herzog-August-Bibliothek Wolfenbüttel 1985, hg. von U. Konrad, A. Roth und M. Staehlin, in: *Neue Zeitschrift für Musik* 146, 1985, H. 11, S. 62.

Alma Mahler-Werfel: Mein Leben, Frankfurt am Main 1985, in: *Concerto* 12, 1985, S. 54.

Renate Grasberger: Bruckner-Bibliographie (bis 1974) (= Anton Bruckner. Dokumente und Studien 4), Graz 1985, in: *Bruckner-Jahrbuch* 1984/85/86, S. 159.

Gustav Mahler: Symphony No. 2 in C Minor »Resurrection«, London 1986, in: *Neue Zeitschrift für Musik* 148, 1987, H. 3, S. 61.

Simon Michael Namenwirth: Gustav Mahler. A critical bibliography, Wiesbaden 1987, in: *Neue Zeitschrift für Musik* 149, 1988, H. 6, S. 74-75.

Rudolf Flotzinger / Gernot Gruber: Musikgeschichte Österreichs, 3 Bände, Wien / Köln / Weimar 1995, in: *Österreichische Musikzeitschrift* 52, 1997, II. 4, S. 79-81.

Manfred Wagner: Anton Bruckner. Sein Werk – sein Leben, Wien 1995, in: *Österreichische Musikzeitschrift* 52, 1997, H. 4, S. 81-82.

Henry-Louis de La Grange: Gustav Mahler. Vol. 2: Vienna: The Years of Challenge (1897-1904), Oxford / New York 1995, in: *Die Musikforschung* 51, 1998, S. 247-248.

Nike Wagner: Wagner Theater, Frankfurt am Main / Leipzig 1998, in: *Österreichische Musikzeitschrift* 54, 1999, H. 3, S. 86-87.

Anton Bruckner: Sämtliche Werke, Bd. 24/1: Briefe. Bd. I: 1852-1886, vorgelegt von Andrea Harrandt und Otto Schneider, Wien 1998, in: *Österreichische Musikzeitschrift* 54, 1999, H. 6, S. 68.

Donald Mitchell & Andrew Nicholson: The Mahler Companion, Oxford 1999, in: *Österreichische Musikzeitschrift* 55, 2000, H. 6, S. 67.

Susanne Rode-Breymann: Die Komponistin Alma Mahler-Werfel, Hannover 1999, in: *Österreichische Musikzeitschrift* 55, 2000, H. 8/9, S. 87.

Anthony Pople: Alban Berg und seine Zeit, Laaber 2000, in: *Österreichische Musikzeitschrift* 55, 2000, H. 10, S. 81.

Uwe Harten: Hans Rott (1858-1884). Biographie, Briefe, Aufzeichnungen und Dokumente aus dem Nachlaß von Maja Loehr (1888-1964), Wien 2000, in: *Österreichische Musikzeitschrift* 57, 2002, H. 6, S. 88.

Friedbert Aspetsberger, Erich Wolfgang Partsch: Mahler-Gespräche. Rezeptionsfragen – literarischer Horizont – musikalische Darstellung, Innsbruck 2002, in: *Nachrichten zur Mahler-Forschung* 48, 2003, S. 35-36.

Elisabeth Maier: Verborgene Persönlichkeit. Anton Bruckner in seinen privaten Aufzeichnungen (= Anton Bruckner. Dokumente und Studien 11), 2 Bände, Wien 2001, in: *Österreichische Musikzeitschrift* 57, 2002, H. 6, S. 84-85.

Anton Bruckner: Sämtliche Werke, Bd. 24/2, Briefe Bd. II: 1887-1896, vorgelegt von A. Harrandt und O. Schneider, Wien 2003; Erich Wolfgang Partsch: Anton Bruckner und Steyr (= Anton Bruckner. Dokumente und

Studien 13), Wien 2003, in: *Österreichische Musikzeitschrift* 59, 2004, H. 5, S. 91.

Wolfgang Gratzer: Komponistenkommentare. Beiträge zu einer Geschichte der Eigeninterpretation (Wiener musikwissenschaftliche Beiträge, Bd.. 22), Wien 2003, in: *Musicologica Austriaca* 24, 2005, S. 103-105.

Herwig Knaus (Hg.): Alban Berg. Handschriftliche Briefe, Briefentwürfe und Notizen (Quellenkataloge zur Musikgeschichte, Bd. 29). Wilhelmshaven 2004, in: *Österreichische Musikzeitschrift* 60, 2005, Heft 12, S. 77.

Hartmut Krones (Hg.): Die österreichische Symphonie im 20. Jahrhundert (Wiener Schriften zur Stilkunde und Aufführungspraxis, Sonderband 5), Wien 2005, in: *Österreichische Musikzeitschrift* 61, 2006, Heft 7, S. 78.

Kordula Knaus: Gezähmte Lulu. Alban Bergs Wedekind-Vertonung im Spannungsfeld von literarischer Ambition, Opernkonvention und „absoluter Musik", Freiburg im Breisgau 2004; [und] Herwig Knaus und Thomas Leibnitz (Hg.): Alban Berg. Maschinenschriftliche und handschriftliche Briefe, Briefentwürfe, Skizzen und Notizen (Quellen zur Musikgeschichte, Bd. 34), Wilhelmshaven 2005, in: *Österreichische Musikzeitschrift* 62, 2007, Heft 5, S. 76 f.

Herwig Knaus. Wilhelm Sinkovic: Alban Berg. Zeitumstände – Lebens-Linien. St. Pölten –Salzburg 2008; [und] Martina Steiger (Hg.): „Immer wieder werden mich thätige Geister verlocken". Alma Mahler-Werfels Briefe an Alban Berg und seine Frau, Wien 2008, in: *Österreichische Musikzeitschrift* 64, 2009, Heft 6, S. 69-71.

Marion Lamberth: Interaktion von Leben und Werk bei Schönberg. Analysierend anhand der Ehekrise des Jahres 1908, Bern 2008, in: *Österreichische Musikzeitschrift* 65, 2010, Heft 1, S. 72-73.

Herausgegebene Schriften

Hamburger Beiträge zur Musikwissenschaft (Dissertationenreihe), Bd. 7–37, Hamburg: Wagner 1972 ff.

Hamburger Jahrbuch für Musikwissenschaft Bd. 1–13 (zusammen mit H. J. Marx und P. Petersen), Hamburg: Wagner, später Laaber: Laaber 1974 ff.

Brahms-Studien Bd. 1, Hamburg: Wagner 1974.

Johannes Brahms. Quellen – Text – Rezeption – Interpretation. Internationaler Brahms-Kongreß Hamburg 1997 (zusammen mit F. Krummacher, M. Struck und P. Petersen), München: Henle 1999.

Komposition als Kommunikation. Zur Musik des 20. Jahrhunderts (= Hamburger Jahrbuch für Musikwissenschaft Bd. 17), (zusammen mit F. Geiger und T. Schäfer), Frankfurt am Main: Lang 2000.

Gustav Mahler und die Oper, Zürich / Hamburg: Arche 2005.

Festschriften

Musikkulturgeschichte. Festschrift für Constantin Floros zum 60. Geburtstag, hg. von P. Petersen, Wiesbaden: Breitkopf 1990.

Musik als Lebensprogramm. Festschrift für Constantin Floros zum 70. Geburtstag, hg. von G. Krieger und M. Spindler, Frankfurt am Main u. a.: Lang 2000.

(Zusammenstellung des Schriftenverzeichnisses: Peter Petersen)

Der Abdruck des Bildes von Wolfgang Rihm (S.113) erfolgt mit freundlicher Genehmigung der Universal Edition AG (Eric Marinitsch), der Abdruck des Portraits von Alfred Uhl (S. 16) mit Genehmigung des Wiener Doblinger Verlages (Christian Heindl).